高等职业院校劳动教育

叶颖娟　成晓静　范光林　许亚非　主编

版权专有　侵权必究

图书在版编目（CIP）数据

高等职业院校劳动教育/叶颖娟等主编. --北京：北京理工大学出版社，2022.7

ISBN 978-7-5763-1464-9

Ⅰ.①高… Ⅱ.①叶… Ⅲ.①高等职业教育-劳动教育-研究-中国 Ⅳ.①G40-015

中国版本图书馆CIP数据核字（2022）第116826号

出版发行 / 北京理工大学出版社有限责任公司

社　　址 / 北京市海淀区中关村南大街5号

邮　　编 / 100081

电　　话 / （010）68914775（总编室）

　　　　　（010）82562903（教材售后服务热线）

　　　　　（010）68944723（其他图书服务热线）

网　　址 / http://www.bitpress.com.cn

经　　销 / 全国各地新华书店

印　　刷 / 三河市天利华印刷装订有限公司

开　　本 / 787毫米×1092毫米　1/16

印　　张 / 11.75　　　　　　　　　　　　　　　　责任编辑 / 江　立

字　　数 / 276千字　　　　　　　　　　　　　　　文案编辑 / 江　立

版　　次 / 2022年7月第1版　2022年7月第1次印刷　责任校对 / 周瑞红

定　　价 / 38.00元　　　　　　　　　　　　　　　责任印制 / 施胜娟

图书出现印装质量问题，请拨打售后服务热线，本社负责调换

前　言

习近平总书记在全国教育大会上指出，劳动是推动经济社会发展的根本力量，是人的本质。具备劳动素质，能够弘扬劳动精神、崇尚劳动、懂得劳动最光荣，并能够辛勤劳动、诚实劳动和创造性劳动是时代新人的重要特征。

2020年3月，中共中央、国务院印发的《关于全面加强新时代大中小学劳动教育的意见》中强调劳动教育是中国特色社会主义教育体系的重要内容，是学生们成长成才的必要途径，具有树德、增智、强体、育美的综合育人价值。要正确把握育人导向，立德树人，把劳动教育落实到人才培养方案中，实现知行合一，促进学生树立正确的人生观、世界观、价值观。

2020年6月，教育部印发了《高等学校课程思政建设指导纲要》，其中提到课程思政内容建设要紧扣学生理想信念，深化职业理想和职业道德教育，进行中国特色社会主义劳动教育。

对于劳动教育课程，许多职业院校都先行一步积极探索。开展劳动教育课程，可以培养学生的劳动精神，使学生成为具有素质的劳动者；可以培养学生的工匠精神，鼓励其成为优秀的工作者；学习劳模精神，促使学生今后爱岗敬业、艰苦奋斗、甘于奉献，成为可以影响他人的杰出劳动者。

劳动教育课程是大学生必修的一门学科。本书结合了新时代国家与社会发展以及当代大学生个人成长需求，兼顾学科理论性与教学趣味性于一体，穿插了很多社会真实案例，帮助学生建立正确的劳动观，引导学生形成正确的劳动习惯，进而激发学生的劳动热情。

本书是融思想性、实用性、科学性为一体的创新型教材。主要以培养学生劳动观念、指导学生劳动实践、提升学生劳动能力为基本理念，其主要内容涉及树立劳动观念、把握劳动科学、传承劳动精神、提升职业素养及保障劳动权益等学生高度重视并与未来职业发展贴合的五个方面。

劳动教育是一门实践性很强的课程，为了增添学习趣味性，本书设置了案例导入、案例总结、名言警句、劳动体验等多方面内容。通过学习本书的内容，让学生能够坚定树立马克思主义劳动观，正确认识劳动现象与本质，理解劳动与社会相互关系，并能处理好中国特色社会主义劳动关系，真正懂得劳动创造价值，劳动创造财富，劳动创造美好未来的道理。

目 录

第一章　树立劳动观念 ··· 1
　第一节　劳动认知 ··· 2
　第二节　劳动价值观 ··· 12
　第三节　我国劳动教育的前世今生 ··· 19
　劳动体验　向劳动者致敬 ·· 26

第二章　把握劳动科学 ··· 27
　第一节　劳动者概述 ··· 28
　第二节　社会劳动分工 ··· 44
　第三节　劳动基本制度 ··· 62
　劳动体验　做一名劳动观察员 ··· 70

第三章　传承劳动精神 ··· 71
　第一节　劳动精神 ··· 72
　第二节　工匠精神 ··· 86
　第三节　劳模精神 ··· 96
　劳动体验　争当一名实习榜样 ··· 107

第四章　提升职业素养 ··· 108
　第一节　恪守职业精神 ··· 109
　第二节　树立职业意识 ··· 121
　第三节　担当职业责任 ··· 128
　第四节　提升职业素养 ··· 137
　劳动体验　做一名校园的绿化大使 ·· 147

第五章　保障劳动权益 ··· 149
　第一节　合法劳动 ··· 150
　第二节　权利保障 ··· 161
　劳动体验　我是一名普法宣传员 ·· 179

参考文献 ··· 180

第一章
树立劳动观念

　　劳动是发生在人与自然界之间的活动。其本质是人有意识的、有目的的通过自身活动来调整和控制自然界，使之发生物质变换。通过改变自然物的形态或性质，为人类生活和需要服务即为劳动。

　　劳动是人类社会生存和发展的基础，主要是指生产物质资料的过程，是能够对外输出劳动量或劳动价值的人类运动。劳动是人维持自我生存和自我发展的唯一手段。按照传统的劳动分类理论，劳动可分为脑力劳动和体力劳动两大类。

　　劳动是人类运动的一种特殊形式。在商品生产体系中，劳动是劳动力的支出和使用。马克思给我们下了这样的定义："劳动力的使用就是劳动本身。劳动力的买者消费劳动力，就是让劳动力的卖者为其提供劳动。"

　　本章主要包含劳动的定义、价值、劳动观、中国劳动教育的发展等。通过学习本章内容，大学生可以树立科学的劳动观，培养吃苦耐劳、埋头实干的劳动精神，形成在劳动实践中发现问题、展开研究、解决问题，使本是单一的体力劳动变为具有思维含量的创造性的劳动意识。让劳动教育真正凸显实效，绽放魅力，开花结果；让劳动教育成为大学生的终身发展和人生幸福的奠基。

> **名言警句**
>
> 　　我们在我们的劳动过程中学习思考，劳动的结果，我们认识了世界的奥妙，于是我们就真正来改变生活了。
>
> ——高尔基

第一节 劳动认知

例引入

脑力能赢，体力也要赢——科学家黄大年

1958年8月，黄大年出生于广西南宁的一个教师家庭，当时虽然生活条件十分艰苦，但受父母的教育和引导，黄大年从小就对科学知识产生了强烈的兴趣，英雄模范的故事更是让他百听不厌。

1975年10月，17岁的黄大年考入广西第六地质队工作。

地质队的工作流动性很大，几个月就要换一个工区，搬家是经常的事。对黄大年来说，自己最重要的家当是书。物探工作需要用到炸药，队里有好多废弃的炸药箱，他就挑一个冲洗干净用来装书。每次搬家，打包行李和在搬家路上时，那箱书被保护得最好。

当时，黄大年和同事有时会租住在农村，有时会住工棚，白天背着仪器到野外作业，晚上回到住处还要绘图制表、整理档案。无论多累，他都坚持在煤油灯下学习到深夜。他的话语中有时会突然跳出"拉普拉斯方程""傅里叶级数"等数学名词，令身边所有人都感到吃惊。他还自己动手土法测试岩石磁化率与岩石温度的关系，尝试发现地质目标。

1977年，黄大年的高考成绩超出了当时很多学校的录取分数线。那时，为国家寻找矿产和能源已经成为地质队员黄大年的职业理想，于是，他来到了长春地质学院，专业就是金属及非金属地球物理探矿。

紧张充实的大学四年里，黄大年一如既往地惜时如金，每天最晚下自习的永远是他，路灯下、走廊里，经常会看到黄大年读书的身影。毕业分别时，他在给同学毛翔南的留言簿上写下了自己践行一生的誓言——振兴中华，乃我辈之责。

1986年，黄大年以优异的成绩完成硕士阶段的学业后留校任教。作为青年教师，他努力学习和提高教学水平，想方设法给学生上好每一堂课。

有一次，他利用去北京出差的机会到北京大学的本科生课堂去旁听。工作人员很快就发现了他。当他说明了来意之后，对方被他的精神所打动，破例允许他在教室听课，使黄大年可以近距离体会顶尖高校的教学理念和教学方法。

不过，中国在重磁数据处理技术国际前沿的跟踪研究与发达国家的差距让黄大年经常夜不能眠，因此他下定决心出国深造。

1992年，黄大年获"中英友好奖学金项目"的全额资助，被选送英国攻读博士学位，成为当时全国30个公派出国留学生中地学领域唯一的一个。

从北京出发前，黄大年找到当时从学校岗位调任地矿部教育司的孟宪来老师，在他办公室郑重地说："孟老师，请祖国放心，我一定会回来的！"

2009年年底，黄大年从英国归国，回到吉林大学地球探测科学与技术学院任职。此后七年，他带领400多名科学家创造了多项"中国第一"，为中国"巡天探地潜海"填补多项技术空白。

黄大年的办公室里，窗前倒放一方木凳，支着一对大哑铃。据说，他忙得没功夫出门时，会偷闲举两下。

黄大年的办公室窗子总是开着，连冬天都敞着，别人走进他的屋子，冻得一激灵。黄大年却说这样他头脑清醒。黄大年留给大家的印象，是精力充沛，身体强壮。他带着学生周末打羽毛球，去长春的两个近郊公园徒步。

"黄老师回来第一年，还没有后来那么忙，师母每周都会约我们跟黄老师打羽毛球。他的球打得特别棒，我们打1个小时累得腿软，他可以打上3个小时。"学生周文月回忆。

南湖徒步，黄大年背着大相机，似旋风一样走在队伍前面，不停给大家拍照。有的年轻同事一路小跑跟着他，他回过头来大笑："你们走不过我吧？我们地质人，走路就是快，翻山越岭，走南闯北，身体好啊！"学生乔中坤回忆，一次夏日午饭后，大家到楼下广场散步。看到穿着高跟鞋的学生赵思敏走路有些吃力，黄大年便建议她光脚走。他带头脱了鞋子，带大家在田径场走了四圈，说是足底按摩。几年前，在一次接受记者采访时，黄大年曾说，他在国外周末睡半天觉，再运动一天。但在国内，周末都用来工作、开会。原来这种周末补休、补锻炼的习惯就没了。

秘书王郁涵说："我不喜欢锻炼。黄老师经常让我站起来走一走。他还教我坐姿。并称自己坐十几个小时都不会腰疼。这是坐功。"

黄大年争强好胜。他游泳姿势标准，游得很快。"国外专家来交流，大家比赛游泳，他赢了，就高兴得很，说：'中国人不但脑力上能赢，体力也不比外国人差。'"

王郁涵回忆说，有一次黄大年在伦敦出差，看到街边一个强壮的黑人在玩单杠，连做好多个引体向上。他笑道："平常我就上去玩了。但我做不了他那么多，就不上去了。不能输给他。"

名言警句

一分耕耘，一分收获；要收获的好，必须耕耘的好。

——徐特立

一、劳动的定义

劳动是人类的本质特征，社会上一切的物质财富与精神财富都来源于劳动。没有劳动，亦没有人类的生活。故劳动是人类社会存在和发展最基本的条件，在人类形成过程中，劳动起到了决定性作用。

劳动是人类特有的，为满足个人的物质和精神需要，有目的地调整、控制、改变自然物的社会实践活动。恩格斯在《劳动在从猿到人转变过程中的作用》一文中指出："我们在某种意义上不得不说：劳动创造了人本身。"

劳动是指运用一定的生产工具，作用于劳动对象，创造物质财富和精神财富的有目的的活动。

二、劳动的分类

按照劳动复杂程度，劳动可以分为简单劳动和复杂劳动两类。简单劳动是指在一定社条件下，不需要经过特别的专门训练，每个普通劳动者都能从事的一种劳动。复杂劳动是对"简单劳动"的对称，是需要经过专门训练学习，在技术方面比简单劳动复杂的一种劳动。也可以称为强化了的简单劳动。

劳动依据其所依靠的运动器官，可以分为体力劳动、脑力劳动和生理性劳动。体力劳动是以人体肌肉与骨骼的劳动为主，以大脑和其他生理系统等的劳动为辅的一种人类劳动。而脑力劳动则是指以大脑神经系统的劳动为主，以其他生理系统的劳动为辅的一种人类劳动。生理性劳动便是除去体力劳动和脑力劳动以外的其他形式的一种人类劳动。

人类劳动按照不同的比例关系由体力劳动、脑力劳动和生理性劳动组合而成。一般情况下，脑力劳动是那些脑力劳动占主要比例的复合型劳动，体力劳动是指体力劳动占主导地位的复合型劳动，生理性劳动是指主要以生理性劳动为主的复合型劳动。例如，人的呼吸就是以生理性劳动为主，但同时也有脑力劳动和体力劳动的支撑。

劳动本身具有两重性，即具体劳动和抽象劳动。具体劳动（亦称为有用劳动）是创造商品的使用价值。而抽象劳动是指撇开劳动的具体形式，无差别的人类劳动。抽象劳动只有量的差别，没有质的差别。抽象劳动是价值的源泉，但抽象劳动不等于价值，抽象劳动只有凝结到商品中才能形成价值。抽象劳动是撇开劳动的具体形式的无差别的人类一般劳动。抽象劳动是商品价值的唯一源泉，在价值中不包括任何一个自然物质。

案例1-1

合理分配劳动

某年轻小说家创作的第一本小说出版发行后轰动了整个行业和市场，这为他赢得了巨大的声誉与优厚的版税收入，改善了他长期贫困的生活和写作环境。

一天，一位朋友慕名来小说家的家里做客，小说家听闻后让朋友稍等片刻。朋友知道小说家正在创作，也不敢过多惊扰。几分钟后，小说家走到朋友面前，朋友好奇地问他："你每天大概要创作多长时间？"他回答道："我每天只写1 000字左右，每周只写5天，第6天会将前5天的内容反复推敲，进行修改。第7天则会适当做一些体力劳动，调节创作产生的心理疲惫。"

朋友好心地建议道："以你现在的名气和威望，可以多写一些，这样可以挣更多的钱呀！"小说家不同意朋友的建议，他回答道："我当然可以花更多的时间去获得更多的财富，但我更愿意合理分配脑力劳动与体力劳动的时间，这样才能保证作品的质量！"

主人公小说家深知作品质量的重要性，他主动在每周结束脑力劳动后增加体力劳动，为的就是合理分配脑力劳动与体力劳动，让身心得到合理的休息和锻炼，从而写出高质量的作品。

三、劳动的价值

劳动是一切社会财富的源泉。劳动是创造物质世界和人类历史的根本动力，作为劳动者是非常光荣神圣的。按劳分配是合乎正义的分配原则，对于少劳多得、不劳而获的行为可耻不义。劳动价值是由人自身机体所产生的，也是在劳动过程中所释放出来的，是人劳动能力的价值体现。

（一）劳动创造人类

劳动创造人类，劳动是人类适应自然和改造自然的独特方式。恩格斯曾讲道："首先是劳动，其次是语言和劳动一起，成为猿人发展的主要推动力，猿的脑髓逐渐变成了人的脑髓。"劳动是人类生存的需要，也是安全的需要、爱的需要、发展的需要，是人最后自我实现的需要。劳动可以创造人类智慧，人类智慧可以创造生产工具。人通过发明制造劳动工具，可以让劳动创造出更多的价值。也就是说，没有劳动，就没有发明与创造；没有劳动，人类社会将永远停留在原始、野蛮的古代社会；没有劳动，也就不会创造出如此辉煌灿烂的物质财富和精神财富。

（二）劳动开动思维

人的思维活动离不了实践活动，而思维能力即是智力的核心。实践活动既包括学习活动，又包含创造活动，而劳动兼具创造与学习两大功能。举个例子，在劳动中，会出现很多在书本里、课堂上没有的内容，这就需要我们大脑的思维活动，学生们需要对其有所预判，从而达到设计目的的过程。大学生在克服劳动中的困难的过程中，既顺利解决了劳动问题，也收获了相应的劳动成果，因此便得到成功和喜悦，这更进一步地激发了他们的求知欲，增强了学习动力，并能够促进智力发展。这在其他活动中是很难获得的，这就是劳动的价值所在。

案例1-2

谭艳林："手工"映初心 柔肩担使命

1985年8月出生的谭艳林，因家庭贫困在读初三时便辍学外出务工，聪颖勤奋的她，一步一个脚印，边工边读，先后在工地、超市、工厂、外企工作，一直干到了部门经理。然而，天有不测风云，在她事业高峰期的时候，得知姑姑摔伤，半身瘫痪，失去生活信心。为了让心灵手巧、擅于编织的姑姑走出困境，她毅然放弃高薪工作，于2008年返乡创业，开设精品店，主要生产销售土家族手工编织产品，通过电商销售渠道，把手工编织产品远销到法国、意大利，订单从年销量10多万个逐步增加到上百万个。

"要为社会多尽一些责任，安置一些像姑姑一样的残疾人到公司就业，为残疾人家庭减轻经济负担。"看到姑姑从绝境走了出来，她决定要为更多残疾人点燃希望，这在她眼里是比单纯赚钱更有意义的事。

创办公司的强烈愿望就此萌生。惹巴妹手工织品有限公司成立后，她便招聘多名残疾人，先培训后上岗，卖不掉的产品公司也包回收，工人们的心被焐热，公司也成了她们的"家"。

"希望把湘西手工编织技艺推向世界，让民间手工艺产业化，以此帮助更多需要帮助的人，让他们的笑容成为自己的幸福。"谭艳林用朴实的语言道出了企业的温度和对于社会的责任担当。

创业的路，总是充满着崎岖和荆棘。公司起步伊始，经常碰到新员工技术不过关、资金周转困难等问题，但不管面临任何风雨，谭艳林总是坚守"诚实守信"的原则，真正做到一诺千金，用实际行动来诠释"诚信"的含义，硬是用"诚信"焐热员工的心，温暖了这个大家庭。

"材料浪费很大，织出的产品数量少、质量也不高，不能上市！"说起公司招收的第一批员工，她记忆犹新。原来，公司与员工的合同约定，员工按照公司设计编织制作，公司负责提供原材料和回收销售，但因为新员工技术生疏，生产过程中浪费了大量材料，产品质量也不高，公司面临极大的经济损失。

"诚实守信、质量为本，必须保证产品质量公司才能更好地生存下去，而为弱势群体谋福利也是公司创建的初衷。"面临这种情况，谭艳林咬牙不计损失，毅然回收了这一批不合格的产品。正是她的这一举动，让这个充满温情的"大家庭"焕发出了生机与活力。大家干劲十足，积极参加培训，主动"传、帮、带"，很快这一批员工就可以脱手生产，出众者还可以担任"老师傅"。两个月后，公司的 6 000 件优质产品新鲜出炉。

谭艳林还为公司制定了一条"铁律"——按时发放工资，这是给员工的"定心丸"，也成了员工与公司风雨兼程、相互依存走向成功的保障。公司经营现金流周转不济情况时常会出现，有一次，公司接到一批大单，流动资金几乎全部订购了原材料，但是发工资时间到了，艳林为此急得吃不下饭。

"要不和员工商量推迟一周，他们都会同意的。"财务人员很是心疼她。"不行，必须讲信用，既然承诺每月 5 号发工资，无论如何也不能拖欠。"她奔走四方，求亲访友，终于如期将工资发放下去。

"每次看到他们领工资的笑容，我就觉得特别有成就感！"艳林说，只要能看到她们在自己的帮助下，重燃生活的信心，生活有改善，家庭更幸福，受再多苦和委屈都觉得值。

"让家乡贫困兄弟姐妹们在家门口能赚到钱，是我的责任。"如今，谭艳林公司的扶贫车间全州"花开"：从 2018 年开始在湘西州 8 个县市开展免费手工技能培训，培训达 4 000余人次，并在全州设立了扶贫车间 23 个，共带动湘西州八县市城乡妇女上千名姐妹就业。一个个贫困妇女在家门口就能就业，一边带着孩子一边钩织手工编织，靠着双手脱贫了，更多的残疾人也通过手工编织实现了人生价值。

（三）劳动培养责任

衡量一个人综合素质的最后形式是劳动。通过劳动教育，人的知识、能力、道德、素质均可以得到全面、综合的提升并展示出来；有助于增强学生的公民意识和社会责任感；有利于培养学生独立自主的生活生存能力。大量研究数据表明，从小进行劳动教育，养成劳动习惯，长大后责任心更强，在职场工作和家庭生活方面也能兼顾得更好，但若从小不爱劳动，成为生活与职场的失败者可能性更大。当代大学生是有科学文化素养、有良好道德品质、有责任担当的青年。大学生在社会生活中，扮演着不同的角色，每种角色的背后往往都有不同的责任。当代大学生作为子女，孝敬父母是自身的责任；作为学生，尊敬师长和完成学习任务是自身的责任；作为朋友，宽容他人、互帮互助是承担责任的表现；作为陌生人，即使萍水相逢，但扶危济困也是一种自我责任；作为社会成员，保护环境、热爱和平是自身的责任。现在的大部分大学生都极其热心，忙他人的事比忙自己的事还尽心，亲友遇到难题自己也跟着着急上火，比如有的大学生做义工、做志愿者为不认识的人奉献爱心。但仍有很多大学生只顾自己，自我责任意识淡薄，自我责任感不强。因此，通过劳动教育，大学生可以脚踏实地，端正对自我责任感的态度，积极投身于自我责任感的实践中。

案例1-3

抗击疫情，重建院学子在一线

一方有难，八方支援，疫情就是命令，我们应当冲锋陷阵，重庆市沙坪坝区出现新冠疫情病例后，该区上下再次绷紧疫情防控"弦"。在这危难的时刻，重庆警备区沙坪坝人武部防化救援（民兵）连全体成员主动请缨，第一时间向人武部递交了抗疫请战书。

当然在这么危急紧张的关头，不只是人民武装部队冲向了前线。2021年11月4日，重庆建筑科技职业学院退役的29名学生民兵，他们不惧危险，他们集体表明了自己的态度，向学校武装部递交了"请愿书"，申请冲到前线。

他们的理由很简单："我们是学生，也是'兵'，防化专业是我们的强项，抗击疫情人人有责，无论生死，我们不图回报，就想到抗疫一线尽微薄之力，这是我们应该做的，也是必须做的"。他们庄严地宣誓，随时准备前往抗疫一线，怀着迫切的心情，时刻准备着战斗，一切行动听指挥，全体人员做好准备，真正做到一声令下，全员奔赴岗位。

利用课间时间，重庆建筑科技职业学院退役军人服务中心主任古馨悦将民兵和自愿抗疫的同学集合在了一起，正式递交了29个含有鲜红手印的"请愿书"，他们组织民兵庄严宣誓，要求大家随时准备前往抗疫一线志愿服务。但由于疫情防控工作整体安排，大家未能前往一线开展志愿服务工作，但他们有部分人却主动承担起了校内的疫情防控工作。

当然，不只是退伍军人敢勇于冲锋，重庆建筑科技职业学院委员会、校青年志愿者协会，组织了全校疫情防控抗议青年志愿者积极投身一线，和疫情作抗争，他们齐心协力，共筑防疫青春长城！

同学们敢于担当责任，背负使命，从发出招募信息到报满，仅用了几分钟，再到集结和出发，仅用一个小时的时间。同学们穿着防护服，认真积极地配合培训，为落实安全防护，有序参与防疫志愿服务工作，为打赢疫情防控战，贡献新时代文明实践志愿服务力量。

（四）劳动坚定信念

劳动除了是一种生活体验，同时也是培养我们尊重劳动、勤俭节约、劳动光荣等价值观的重要方式，更是锻炼我们社会实践能力和动手能力的重要途径。当今社会大学生都会面临就业难，但最让公司和企业头疼的是有些大学生工作态度不认真，高不成低不就的态度。这些大学生在家里娇生惯养，之后去上班就受不得苦，缺乏吃苦耐劳的精神，没有坚定的意志。故此，大学生在大学要多经历一些，多参与一些力所能及的劳动，苦中作乐，培养自我挑战的能力，要敢于吃苦，乐于吃苦，进而培养吃苦耐劳的劳动精神。随着科学的发展、社会的进步，智力劳动越来越超过体力劳动。虽然如此，基础的体力劳动仍然是必需的，而且脑力劳动不会完全取代体力劳动。

案例1-4

中国女排小郎平朱婷：从农村女孩到世界冠军

2007年13岁的朱婷坐在父亲的农用三轮车上，第一次走出村子。她的排球之路就像这条村头小路：一头连着普通的农家，一头接着星光熠熠的赛场，只有过来人才能体会到其中的酸甜苦辣。

朱婷并没有什么背景，姊妹五人，朱婷是老三。父亲朱安亮，是一个地地道道的农民，但是朱老没有让朱婷辍学去打工，而是用责任田及修车挣来的微薄收入支持她打球，可想而知，个中的艰辛，没有体会过的人很难想象。

2007年，朱婷13岁，身高已经长到了1.78米，正面临着"命运选择"：继续上学，还是南下无锡打工？经学校的体育老师劝说，他的父亲决定带着朱婷去周口学体育试试。来到周口体校，从普通小姑娘变成小运动员，朱婷不适应这种生活。训练很苦，但朱婷都在坚持。

还好，上天是公平的，不负天下有心人。2013年，朱婷受到郎平的赏识进入国家队。当时还没有多少人了解这位在联赛里并不太显山露水的小姑娘，但郎平却在朱婷的身上看到了中国女排的希望。郎导挖掘了朱婷，让她走上了排球巅峰人生之路。

2015年女排世界杯，中国女排3∶1击败日本女排，时隔11年重夺世界冠军。21岁的朱婷成了那届赛事最为耀眼的新星。2016里约奥运会女排决赛，中国女排时隔12年再次夺得奥运会冠军。女排队伍中来自河南的主攻手朱婷发挥出色，成为夺冠的重要功臣。赛后不久，国际排联官网宣布，朱婷荣膺里约奥运会女排最有价值球员，成为继郎平、冯坤之后，中国女排第三位获此殊荣的运动员。

朱婷的故事告诉我们只要有梦想，去努力一定可以实现，朱婷一直以来也是用自己的行动，阐释着女排精神的真谛。勤奋是实现理想和事业的基础，敬业是实现理想和事业的动力。

（五）劳动创造价值

习近平总书记在全国教育工作会议上提出"德智体美劳"的总体要求，把劳动教育纳入社会主义建设者和接班人的要求之中，尤其"要在学生中弘扬劳动精神，教育引导学生崇尚劳动、尊重劳动，懂得劳动最光荣、劳动最崇高、劳动最伟大、劳动最美丽的道理，长大后能够辛勤劳动、诚实劳动、创造性劳动。"教育的本质是培养人，从人发展的视角看，其根本目的是全面提高劳动者的素质，所以每个人必须认真看待劳动教育的观念，把劳动教育提高到全面贯彻教育方针的高度来认识。我们要通过劳动教育帮助大学生树立正确的劳动价值观，澄清对劳动价值观的模糊认识，消除把劳动当成一种负担的错误思想，扭转对苦脏累险工作不愿意干的不良做法，让人们认识到劳动之于社会、之于个人事业成功、之于理想抱负实现的重要性。新时代劳动教育是中国特色社会主义教育制度的重要内容，直接决定大学生作为社会主义建设者和接班人的劳动精神面貌、劳动价值取向和劳动技能水平。因此要重视大学生的劳动教育。树立正确的劳动观，以劳动为荣，把劳动当作一种乐趣融入物质和精神生活之中。

案例 1-5

张定宇：以"渐冻之躯"铸起战疫铜墙铁壁

"我们医务工作者是战胜疫情的中坚力量，是建设健康中国、推动卫生健康事业发展的主力军。"2021年8月18日，在第四个中国医师节前一天，"人民英雄"、湖北省卫健委副主任张定宇，来到湖北省人民医院（武汉大学人民医院），慰问奋战在医教研和疫情防控一线的医师代表，并致以崇高敬意。

8月初，湖北陆续出现外地输入性新冠肺炎关联病例。经过全省干部群众共同努力，目前社会面基本干净，疫情防控形势基本趋于平稳，初步打赢了这场疫情歼灭战。

时间回到2019年年底，一场突如其来的不明原因肺炎疫情在湖北武汉肆虐开来。12月29日，首批患者转入武汉市金银潭医院，这家传染病专科医院一时间成为"离炮火最近的战场"。

面对人类未知病毒，时任金银潭医院院长的张定宇感到了前所未有的挑战。医院门口排着渴望生命的长队，医院内医疗物资告急，连轴转的医护人员也都累得精疲力竭。"还要继续收病人吗？"张定宇的心里作着激烈的斗争。

"多收治一个病人，就是多帮助一个家庭。"他下定决心，"作为一名共产党员、医院院长、一名医生，无论哪个身份，在这危急时刻，都没理由后退半步，必须坚决冲上去！"

这一冲便很难停下来。迅速隔离病患、开辟专门病区、完成清洁消毒、紧急调配设备物资人员……那段时间，张定宇每天都要忙到凌晨，好几个夜晚，凌晨两点刚躺下，四五点又起来继续工作。

就在他日夜忙碌在抗疫一线时，同为医务人员的妻子程琳确诊，在另一家医院的重症监护病房治疗。铮铮铁汉因没顾得上妻子的安危，眼泪忍不住往下淌："很内疚，我也许是好医生，但不是好丈夫。"

在与病毒较量的同时，张定宇还要与自己身体的病痛斗争。早在2018年，他确诊患上渐冻症，双腿萎缩。高强度的工作让他的身体亮起了红灯，他踩着高低不平的脚步、拖着"渐冻"之躯在医院来回穿梭，有几次差一点摔倒。

"搞快点，搞快点，这个事情一哈（一下）都等不得，马上就搞！"即便腿脚不利索，张定宇还是忍着疼痛靠前指挥。在这场抗疫之中，他率领金银潭医院600多名医护，在援鄂医疗队的帮助下，救治2 800余名患者，其中不少为重症、危重症患者。

"身体状况都这样了，为何还这么拼？"面对别人的不解，张定宇回应："我必须跑得更快，才能跑赢时间，把重要的事情做完。"

因为在疫情防控中突出的劳动贡献，2020年9月，在全国抗击新冠肺炎疫情表彰大会上，张定宇被授予"人民英雄"勋章；2021年2月，身患绝症坚守抗疫一线的他入选"感动中国2020年度人物"。

在抗疫期间，全国各地的医护人员仍旧默默守护自己的岗位，时刻奋战一线，为患者的生命保驾护航，完美诠释劳动最光荣。

（六）劳动带来幸福

习总书记曾说"劳动是财富的源泉，也是幸福的源泉。人世间的美好梦想，只有通过诚实劳动才能实现。发展中的各种难题，只有通过诚实劳动才能破解；生命里的一切辉煌，只有通过诚实劳动才能铸就。"追求幸福是人类普遍愿望所在。但幸福应该建立在劳动创造的基础上，离开劳动，幸福会变得乏味无趣。在如今科技发达的社会，大学生想要适应社会发展就必须掌握多技能、多方面的劳动能力。今后无论工作与否，均需要动手参与，故在大学期间大学生们应倍加珍惜动手能力，学会解决日常生活和工作中的事情。长此以往，个人便可以形成较好的行动力，在未来工作和生活中能够很快适应。幸福从来不是免费午餐，身处新时代，我们要积极践行正确的劳动价值观，浇灌幸福之花，实现自我价值。

案例总结

95后蔡叶昭："揉"出来的世界冠军

"选择面包之路会有前途吗？"写下这段话的那一年，他还不到18岁。

谁会想到，就这样一个初中毕业就出来打工的95后男孩，会在短短几年之后，成为享誉全球的世界冠军。他还当选了第十三届全国青联委员。

2017年，他代表中国出征阿布扎比，一举拿下了第44届世界技能大赛烘焙项目的世界冠军，这是中国在堪称"技能奥林匹克"的世界大赛烘焙项目上取得的首金，可见含金量之重。

在夺冠之前，他独自经历了605天的练习，每天反复捶揉……如果你问他成功的秘诀是什么，他会告诉你四个字——耐心、坚持。

到底是怎样的精神，让他可以沉下心熬过了那么多无人问津的日日夜夜；到底是怎样的经历，让这个男孩子早早完成了自己人生的终极逆袭？

出生在1995年的蔡叶昭，来自安徽芜湖的一个小村庄。2012年刚初中毕业时，他特别迷茫。家里人因为他年龄太小，都支持他继续求学。他却有着自己的想法，深觉自己不是学习那块料，与其每天在课堂上昏昏欲睡，还不如学习一个一技之长，将来也好养家糊口。到底学什么，在父母的认知里，一技之长无非就是机械和理发之类的工种。他虽然没有明确的规划和方向，但他知道自己不喜欢这些。后来表哥向蔡叶昭推荐了自己的母校，学习西点西餐制作，并告诉他"只要掌握一门技能，就可以自强自立"。这一次蔡叶昭动心了。

他随后进入了这所学校，学习蛋糕裱花，在学习的过程中他的动手能力很强，做出的样式很别致，很快得到了老师的认可和赞许，觉得他是一颗好苗子。这份鼓励让他更加有信心、有方向地去努力学习。

毕业后，他在无锡做了一名蛋糕裱花师，一个月4 000~5 000元的工资，对于不到20岁的他来说，已经是一个很高的收入了。之所以后来又转行做面包，是因为在这个过程中他发现，裱花的很多技巧和手法，都是可以熟能生巧的。但面包不一样，它不仅仅要求工艺和手法的娴熟，更多讲究的是食材的精选，甚至每次面粉温度不同，心情不同，做出的口感和风味也是不一样的。

最简单的原材料，面粉、水和鸡蛋，居然能够变化出那么多的种类，而且每一个面包都有着自己的生命力,它简直就是一个"魔法世界"。从那时起,蔡叶昭有了明确的人生目标,做最优秀的面包师。

转行做面包师之后,他来到了上海,在一家法式面包店里工作,接触的是欧式、法式的面包,别人看他每天不说话,就在那里埋头工作,以为他过得特别枯燥无趣,但其中的快乐也只有他自己懂。

什么样的温度最合适,什么样的力度口感好,没有人要求他的技术精益求精,他却默默这样做,他知道自己要什么。机遇就在他每天的苦练中来临。

有一天,他接到了母校老师的电话,老师告诉他现在有一个面包比赛,由于他在学校出色的表现,符合各方面的条件,想让他代表学校参加。他通过自己三个月的努力,拿下了江苏队参加全国赛的名额。五个月后,他又拿到了国家队的入场券和全国技能大赛的第一名。他本以为打完了全国赛就已经结束了,没想到这个世界技能大赛跟奥运会是一样的,得层层选拔。经过全国的比赛后,一共有9人进入国家队。之后9进5,5进2,2选1,选出的这个人要去打欧洲的挑战赛,最后才有资格代表中国去参赛。

蔡叶昭就是这样一步一步拿到中国参加世界比赛资格的,其中付出的努力,流下的汗水和承受的心理压力,是常人无法想象的。

对于蔡叶昭而言,世界冠军不是目的,支撑他的是自己在这个异常艰苦过程中的成长。世界技能大赛的烘焙项目中国是第一次参赛,它的荣誉性和制高点,对于行业的影响也是非常大的。

四天的比赛结束,等待结果的时候,他很淡定,因为他从未想过自己能进入前三。突然间,中国的国旗在领奖台上升起,领队就拿了一面国旗给他。

打完世界比赛的蔡叶昭,以他现在的水平,完全可以入驻最好的西餐厅,拿着以前想都不敢想的高薪。可是,他还是选择回到母校,当一名老师。

作为老师,他想用自己的经验和经历,告诉每一个迷茫的年轻人,我们是可以通过专注自己的技能,去实现自己的理想。还有就是,他对于面包的喜欢,对这个行业的热爱,这些都是需要沉下心来坚持的。

他这一份专注和热爱,也是一般面包师所不具备的。他要磨炼的不仅仅是面包工艺,还有面包所赋予人们的温暖和精神。艺术上的领悟和自觉,看似是不经意的挥发,其实都是日日潜心钻研的积累。

蔡叶昭认为:保持内心的热爱,去坚持、努力做好自己的事,平凡的岗位也能有不平凡的成就,每一个微妙的我们都能创造时代的伟大。

第二节 劳动价值观

行行出状元，95后快递小哥被评为杭州高层次人才

快递小哥李庆恒，被评定为"高层次人才"，获得100万的政府补贴的新闻火了。

李庆恒从事快递分拣员工作已经有5年多的时间。李庆恒练就了一个本事，无论快件上标的是城市、区号、邮编还是航空代码，他都能准确无误地进行分拣。公司派李庆恒参加各种技能比赛，李庆恒也不负众望，拿了不少奖。2019年8月，李庆恒再次被公司选为"浙江省第三届快递职业技能竞赛"的参赛者，李庆恒最终拿到了"浙江省第三届快递职业技能竞赛"的第一名，为此，浙江省人社厅给他颁发了省级"技术能手"的奖状。凭借这个奖去评杭州市高层次人才，获杭州市高层次人才认定资格，李庆恒不敢相信。

按照杭州市高层次人才政策，评上D类高层次人才，不仅可以优先摇号选房，还可以领取100万元的购房补贴、3万元车牌补贴，并享受"杭州人才码"5大类、27小类百余项服务。

随着快递业的迅猛发展，对技能的要求也越来越高。俗话说："三百六十行，行行出状元"，李庆恒的热情和努力，为他带来了许多荣誉和奖金，而这些荣誉和奖金是支撑他继续前行的力量。新时代大学生，应该树立正确的劳动观，干一行，爱一行，在喜欢的领域努力钻研，终有出彩的一天。

> **名言警句**
>
> 那些为共同目标劳动因而使自己变得更加高尚的人，历史承认他们是伟人；那些为最大多数人们带来幸福的人，经验赞扬他们为最幸福的人。
>
> ——马克思

一、劳动观

劳动观是指人们在劳动的过程中，总会形成对劳动的认识和看法。劳动观反映劳动者对劳动的态度，决定了劳动者在劳动过程中的行为。习近平总书记提到，"劳动是人类的本质活动，劳动光荣、创造伟大是对人类文明进步规律的重要诠释"。随着科技的进步，经济的发展，劳动被赋予很多新的内涵。树立正确的劳动观，才能更好地去尊重劳动人民，珍惜劳动成果，并积极投身于社会生产过程中，提高劳动生产率，促进个人全面发展，为社会创造更多社会物质财富。树立了正确的劳动观，自觉强化劳动意识，用自己的双手和智慧去创造人生，实现自我理想，并对人生观、世界观、价值观起到积极的作用。

二、马克思主义劳动观

"全部人的活动迄今都是劳动。"劳动是马克思主义劳动观中的核心观念,是马克思主义劳动观理论研究的基础。劳动是人类生存的本质,劳动的发展史与人类的发展过程是同向的。马克思主义劳动观不仅在人类劳动学说史上具有重要的理论价值和历史地位,而且对新时代坚持和发展中国特色社会主义、实现中华民族伟大复兴的中国梦具有十分重要的意义。马克思主义劳动观,主要体现为劳动本质论,劳动价值论以及劳动解放论三个方面。

(一)劳动本质论。

马克思认为"任何一个民族,如果停止劳动,不用说一年,就是几个星期,也要灭亡,这是每一个小孩都知道的。"劳动本质论重点强调劳动创造世界、劳动创造历史、劳动创造人本身。

(二)劳动价值论。

马克思认为"商品的价值是由劳动者创造的,要生产出商品,就必须在这个商品上投入或耗费一定量的劳动。"劳动是商品价值的唯一源泉,如果我们承认某个商品有价值,相应地,那这个商品中就存在有社会劳动。

(三)劳动解放论。

劳动的发展过程推动了人类史的不断解放。劳动者解放是全人类的共同使命,一切社会制度都要致力于劳动者的社会解放。

三、中国特色社会主义劳动观

要把新时代坚持和发展中国特色社会主义这场伟大社会革命进行好,根本上靠劳动、靠劳动者创造。这是关于新时代中国特色社会主义劳动观最贴切的定义。

习近平总书记提出:"要在学生中弘扬劳动精神,教育引导学生崇尚劳动、尊重劳动,懂得劳动最光荣、劳动最崇高、劳动最伟大、劳动最美丽的道理,长大后能够辛勤劳动、诚实劳动、创造性劳动。"

总的来看,辛勤劳动是基础,诚实劳动是准则,创造性劳动是更高的要求,是方向,是目标。劳动改变生活,劳动创造历史,劳动开创未来。用劳动创造美好生活,是历史的呈递,是时代的要求,更是未来的召唤。

(一)辛勤劳动

民生在勤,勤则不匮。习近平总书记曾讲道"只要辛勤劳动,就不会缺衣少食",让我们明白辛勤劳动的朴实道理。幸福从来不会从天而降,美好的生活必须靠劳动才能创造。辛勤劳动是推动社会发展的不竭动力,是人民群众脱贫致富的基本保障。一个健康向上的民族,就应该鼓励劳动、鼓励就业、鼓励靠自己的努力养活家庭、服务社会、贡献国家。伟大出自平凡,英雄来自人民。2019年年底,一场突如其来的新冠肺炎疫情的到来,让千千万万的劳动人民拧成一股绳,从一线医护人员到各个方面参与疫情防控的人员,从快递小哥、环卫工人到生产防疫物资的工人，大家都在各自的岗位上埋头苦干、辛勤劳动、默默奉献，汇聚成战胜疫情的强大力量。面对新的挑战，劳动人民都齐心协力、坚定信念、干劲十足，弘扬劳动精神，克服艰难万险，在各自平凡岗位上做着不平凡的事情，用自己的辛勤劳动为疫情防控和经济社会发展贡献力量。作为新时代的大学生，更应该坚定保持"以辛勤劳动为荣，以好逸恶劳为耻"的观念，用自己的实际行动、自己的劳动为中华民族的伟大复兴添砖加瓦。

案例1-6

钟南山院士的传奇事迹

钟南山院士，中国工程院院士，著名呼吸内科专家，长期从事呼吸系统疾病的临床、教学和基础研究工作，是10余年来推动我国呼吸系统疾病研究水平走向国际前沿的学术带头人。他投身呼吸系统疾病的临床、教学和科研工作50年。在非典疫情中，率先带领团队投入救治行动，确立广东病原学，组织广东非典防治研究，获国际上最高存活率。在甲流防治中，成功抢救多例重症甲流患者，参与制定卫生部治疗方案。

钟南山是一个真实、普通、甚至是平凡的中国医生。他跟所有有责任感的医生一样，每周坚持出门诊看病人，每周坚持查房，一直到他76岁，还是如此。他说，这已经是一个习惯了。钟南山不仅医术精湛，医德高尚，他尊重科学，实事求是，敢医敢言的道德风骨和学术勇气更令人景仰。他勇敢地否定了卫生部所属国家疾病预防控制中心关于"典型衣原体是非典型肺炎病因"的观点，为广东卫生行政部门及时制定救治方案提供了决策论据，使广东成为全球非典病人治愈率最高、死亡率最低的地区之一。他最早制定出《非典型肺炎临床诊断标准》。他带领课题组，在全世界率先探索出了一套富有明显疗效的防治经验。这套经验被世界卫生组织的专家组认为对全世界抗击非典型肺炎有指导意义。

他是中国工程院院士。然而，在那些抗击非典的日子里，他成了一名骁勇的战士。钟南山以自己的精湛医术和坚强斗志，成为"非典"战场的不倒红旗。

2003年抗击"非典"中，钟南山不顾生命危险救治危重病人，奔赴疫区指导医疗救治工作，倡导与国际卫生组织合作，主持制定我国"非典"等急性传染病诊治指南，为战胜"非典"疫情作出重要贡献。主动承担突发公共卫生事件代言人角色，向公众普及卫生知识，积极建言献策推动公共卫生应急体系建设，为夺取应对甲型流感、H7N9禽流感等突发公共卫生事件的胜利发挥了重要作用。

在2003年，这位本可以成为运动员的医生，成为英雄。在抗击非典的过程中，钟南山的治疗方法得到了世卫组织的采纳，他开创性地使用了非侵入性通气技术，在舆论上他一直强调疾病的严重性，真正地成为一名杰出人物。多年以来，钟南山体现出令人羡慕的健康水平，他经常被人拍到露出健硕肌肉，做举重训练也得心应手，篮球场也经常能见到他的身影。虽然他最后没有选择成为一名职业运动员，但几十年来钟南山一直坚持进行身体锻炼，直到现在也是如此。他说"锻炼对于保持体形起着关键作用"。

2020年1月18日，疫情的前哨刚响。83岁高龄的钟南山临危受命，出任国家卫健委高级别专家组组长，义无反顾地赶往武汉疫情最前线。在动车上，他只能就坐于餐车中，却依然忙于工作。到达武汉后，钟南山没有片刻的休息。他马不停蹄地赶往医院前线了解最真实的疫情。1月19日，钟南山从武汉回北京，开会，一直到凌晨2点才睡下。1月20日，又是高强度的一天，才睡了4个小时，早上6点，钟南山便起床看文件准备材料，匆匆吃过早饭，工作就开始了。全国电视电话会议，新闻发布会，媒体直播连线……又是忙到深夜。在疫情的后期，钟南山还指导各位留学生在异国他乡疫情重灾区的自我防护。

"躯赴国难，视死忽如归"的英雄气概，身上的白袍就是战衣。钟南山夜以继日地工作，带领白衣天使们攻坚克难，为人类健康鞠躬尽瘁。在采访中他眼中泛泪说"武汉是个英雄的城市，是能够过关的"。这悬壶济世的情怀又一次让国人泪奔。钟南山，为武汉，为祖国，为人类无怨无悔地挥洒着自己的满腔热血。从非典到新冠肺炎，钟南山一直站在抗疫一线，成为公共卫生事件应急体系建设的推动者，促成了国家多项政策法规的制定，更成为突发公共卫生事件的代言人，成为稳定民心的科学家代表。新冠肺炎疫情发生后，他敢医敢言，提出存在"人传人"现象，强调严格防控，领导撰写新冠肺炎诊疗方案，在疫情防控、重症救治、科研攻关等方面作出杰出贡献。他是中国新时代最美的劳模，我们一定要向他学习，做一个对祖国对社会有用的人。

（二）诚实劳动

诚实劳动是基本的劳动伦理。诚实劳动有两层意思。一方面，是在各项政策和法规允许范围内，从事的有利于人民生活发展的体力劳动和脑力劳动的综合。例如从事工业加工、商业服务、农业生产、科研和文教卫生工作，以及社会咨询、信息传播等都属于诚实劳动。另一方面，诚实劳动又指劳动者以主人翁的态度对待劳动的一种道德规范。它主要表现如下：每一个有劳动能力的人都应该把为社会而劳动看作自己应尽的职责和神圣的义务，尽己所能地从事劳动；在劳动中发扬首创精神，不墨守成规，不满足现状，善于吸收各时代、各民族、各国的先进思想，敢于在前人、他人成果的基础上努力学习，掌握最新的科学技术，使用最先进的科技装备。诚实劳动应该是每个劳动者必须具备的优良品质。当今社会，人们的思想和文化都呈现出多元化、多样性的特点，诚实劳动就显得更为重要。只有通过诚实的劳动，才能改变自己的命运；也只有具备诚实的品质，才能真正体会生活的意义和获得他人发自内心的尊重。一个诚实的劳动者，必定于己无愧，于人无损，于国有益。"诚实劳动"的本质特征是自觉的工匠精神。

案例1-7

最美夫妻环卫工坚守岗位20年未曾回老家过春节

20年，是相当漫长的一段岁月。在海曙区江厦街道双梁小区，有一对夫妇，在这20年里，始终坚守岗位，20年没有回安徽老家过春节，甚至在老家年迈的父母病危之时，都没能赶回去见上最后一面……

这对夫妇就是双梁小区雅高物业公司的清洁工韩永孝和李洪芳。这对朴实的夫妇，2020年春节依然以小区为家，守护好居民的幸福年。

从安徽来到宁波当清洁工，一干就是20年

2020年1月21日上午，天气冷飕飕的，在海曙区江厦街道双梁小区，一对中年男女正在忙着扫地、清运垃圾。他们的脸和手冻得红扑扑的，但扫地的动作十分利索，整个小区被打扫得干干净净。他们便是这个小区的夫妻档清洁工，在这里已经干了20年。

"我们就是干个清洁工的活，并没做什么了不起的事。"得知记者过来，夫妇俩显得有点腼腆。这对夫妇是亚太物业下属公司雅高物业的员工，丈夫叫韩永孝，妻子叫李洪芳，年龄都是50多岁。

2000年，他们从安徽老家来到宁波，在双梁小区当清洁工。双梁小区是个开放式的老小区，又在市中心，清洁卫生工作任务重、要求高，夫妇俩每天凌晨4点半开始打扫小区、倾倒垃圾，工作到晚上八九点，再将一天最后的垃圾清理运走，回到家里经常已是半夜。这样的工作，他们一干就是20年，从未改变。

20年没回老家过年，老人弥留之际都没能见最后一面，或许是对宁波这座城市有着深厚感情，夫妇俩对工作特别负责。

小区的清卫工作是片区责任制，随便请假休息就没办法做好清卫工作，所以20年来，夫妇俩很少请假。就连回老家看老父母，都很少有机会。

"上一次去看我86岁的老母亲，是2018年7月，因为老母亲患了胃出血住院，于是工作由我老婆顶着，我回去看了她老人家一次，不过两三天就回来了。"韩永孝说，自己最亏欠的，就是家里的老人。

李洪芳的母亲是2018年11月底过世的，老人家在弥留之际都没有见上孩子一面。等夫妇俩交接好工作，连夜赶到老家时，老人已经走了。

"我们也不是不想老家的父母，但是小区的清洁卫生工作真的需要我们，我们离不开，放不下。"李洪芳说。

居民都把他们当亲人，他们对宁波感情很深。除了清洁卫生的工作，夫妇俩还帮助小区居民解决很多生活上的问题。比如哪户人家下水管道堵住了，住户给他们打电话，韩永孝就会拿着工具上门服务。

双梁小区是老小区，居民大多数是老人，家里下水道堵住找韩永孝夫妇解决，是最常见的事情。有时候因管道陈旧，疏通难度很大，韩永孝甚至将管道打开来进行修理，而这些工作，他从来不收居民一分钱。

老小区没有电梯，有一位家住五楼的老人身体不好，经常外出回来上不了楼。韩永孝就将老人背上五楼，老人每次都要给他20元钱酬谢，韩永孝从来不要。

因为市中心的房租太高，韩永孝夫妇没有住在小区附近，而是租住在10公里外的丽园北路，每天起早贪黑来回骑电动车。在双梁小区干了20年清洁工，他们和小区居民的感情非常好。

"我们在楼道里打扫,居民见到我们都会打招呼,过年过节的时候,热情的居民还会送我们礼物!"李洪芳说到居民,脸上露出笑容,"有一位老太太,80多岁高龄了,送给我们一个大礼包,我们很感动,居民对我们就像亲人一样!"

"我们很满足,因为是宁波给了我们现在的生活,现在我们有得吃,有得住,我已经57岁,属于退休后返聘,还能拿到养老金。"李洪芳说,现在他的大儿子已经成家,并有了小孩,在宁波也买了房,已经是新宁波人,"宁波是我们的第二故乡,孙子也在宁波出生,所以我们很感谢宁波。尽职尽责做好本分工作,这是应该的。"

2020年春节,夫妇俩还是不回老家,在宁波过春节,继续做好双梁小区的清洁卫生工作。"我们一定会让小区居民舒舒服服过好年,让小区干干净净的,那样我们心里也高兴!"

(三) 创造性劳动

人类创造历史,劳动开创未来。创造性劳动基于辛勤劳动,秉承诚实劳动的准则,形成劳动实践的最高级的形态。创造性劳动,就是通过人的脑力劳动进行技术、知识、思维的革新,通过高效提升劳动效率、得到超值的社会财富或成果的一类劳动。创造性劳动是建立在开放性思维和挑战性实践的基础之上进行的,同时以扎实的学识和熟练的技能为其逻辑支点。作为新时代的大学生,除了辛勤劳动,诚实劳动,更应在以后的工作中,通过发挥自己的主观能动性,将更多的体力劳动、重复性劳动转化成脑力劳动、创造性劳动,使创造性思维尽情发挥,从而在具体的生产实践中起到事半功倍的效益。

案例总结

为创新而生的"工人发明家"——王军

新时代的工人什么样?从一名普通的技校毕业生、一线岗位辅助工,一步步成长为国家科技进步二等奖获得者——宝钢股份热轧厂技能专家王军的经历给出答案:不论学历、岗位,只要甘于奉献、勤于学习、敢于创新,就能唱响新时代的"咱们工人有力量"。

初入宝钢,他还只是一名技校毕业生,为弥补知识短板,他利用业余时间深造学习,获得了同济大学"机械设计制造与自动化"专业的本科文凭,系统掌握了机械设计制造原理与机电一体化方面的专业知识。

知识武装头脑,实践提升技能。王军主动要求参加热轧厂举办的区域工培训,掌握了切边等岗位操作,不仅成为热轧厂首批拥有多个岗位操作证书的区域工,还连续两年在热轧专业技术工种操作比赛中获得第一名,被破格授予技师资格。

随着申请的专利越来越多,王军还学习了专利代理知识,逐渐对申报条件摸得"门儿清"。在他转岗到热轧厂设备管理室精卷机械作业区负责喷印机点检与维护的半年时间里,王军就针对喷印机存在的缺陷做了相应改进,并接连申请了7项专利。

正是通过刻苦学习，王军才由普通的岗位辅助工成长为"工人发明家"，累积总结先进操作法5项、技术秘密26项，获国家专利168项、PCT（专利合作条约）国际专利申请4项，诸多创新成果每年为宝钢创造直接经济效益超亿元。

"工人不仅需要体力，更需要智慧，激发一线工人创新，中国制造走向中国智造的道路就会更快、更顺。"在王军看来，一线工人要从被动创新逐渐过渡到主动创新，将发现的"问题点"作为"改进点"，实现"创新点"。

2008年，王军创新室成立，这一由10名一线工人、5名现场技术人员组成的团队，在王军的全程指导下，近年来培育出3名宝钢"工人发明家"。创新室2014年实现新增科研效益6 603万元、专利申请超过70件，他所在的宝钢股份热轧厂2000年至今累积实现合理化建议效益超过10亿元。

一个企业有一名"工人发明家"不稀奇，有一群发明家就是新鲜事。宝钢已经建立了成体系的科技创新机制，小到合理化建议，大到技术秘密、专利，都会配套相应的奖金以资鼓励，每年还会举办相当规模的群众性创新活动……企业的创新基因在不断延续。

第三节　我国劳动教育的前世今生

涅槃重生，侦察兵王健林：定个当"五好战士"的小目标

说起最优秀的商学院，大家可能都会想到美国哈佛商学院，据网络调查显示，哈佛大学是诞生最多顶尖 CEO 的学校，连续 13 年成为世界首富的比尔·盖茨也曾就读于哈佛大学。

在中国，同样有一批丝毫不逊色于哈佛商学院毕业生的知名企业家，他们得益于军队的培养和锤炼，部队勤恳低调的生活作风和艰苦奋斗的精神品质成就他们。

1954 年 10 月，王健林出生于四川省广元市的一个小县城，父亲王义全是曾参加过长征的老红军。1970 年，王健林参军入伍，成为一名吉林省吉安县鸭绿江边上的侦察兵，练武、打拳、翻跟头，什么都练过，军事素质过硬。

回忆过去的军旅生涯，王健林最常提起的就是那时候的野营训练：漫山林海雪原一走就是几千公里，两三个月下来，一千多人的团队能坚持走完的不足四五百人，当时还不到 20 岁的王健林，之所以能全程坚持下来，凭借的是心中不灭的信念。因为父亲也是军人，家人对其也赋予了厚望，当五好战士便是他当时给自己定下的目标。

野营训练队后跟着"收容车"，难以坚持的士兵往往会选择坐车，但这就意味着丧失该年度评选先进的机会。王健林自然不会服输，凭借着优异表现，入伍第一年他成功当上五好战士。

1979 年，王健林从以严格著称的大连陆军学院毕业，留校当参谋，1986 年从陆军学院管理处副处长任上转业，来到大连市西岗区住宅开发公司担任总经理，开始打造他的地产王国。

部队艰苦严格的训练经历不仅塑造了他守规矩能吃苦的性格，也使今天的万达集团充满了军事化色彩。

从商后的王健林仍保持着军人作息，每天七点钟准时到办公室，工作至晚上七八点，始终精力旺盛。还用六个字来概括万达的企业文化——军队、学校、企业。他甚至明确表示，万达首先是一支部队，然后才是一家公司。军旅生涯对他影响之深可见一斑。

王健林说："我感谢这段经历，没有它我可能没有现在这么抗压，这么坚定目标。"

聚是一团火，散作满天星。曾经，投身军旅报效祖国，褪下军装后的他们，仍保持着军人本色，生命不息，奋斗不止。

名言警句

劳动是社会中每个人不可避免的义务。

——卢梭

一、劳动教育定义

对劳动教育的定义见仁见智，总的来讲，主要是使受教育的一方树立正确的劳动观，并养成劳动习惯的教育。

高校劳动教育是高等教育人才培养体系的重要组成部分，是顺应新时代劳动发展趋势对大学生进行系统的劳动思想教育、劳动技能培育与劳动实践锻炼，全面提高大学生劳动素养的过程。其目的是引导新时代大学生在劳动创造中追求幸福感、获得创新灵感，培养具有社会责任感、创新精神和实践能力的高级专门人才。

二、新时代劳动教育的特征

"劳动教育是关于劳动的教育和通过劳动的教育的有机统一。"社会在发展，教育在进步。在新的时代，劳动教育必然要在与社会的互动中保持时代性，呈现出自己鲜明特色。

（一）劳动教育理念的科学化

观念是行为的先导，理论是行动的指南。劳动教育必须成为与德智体美并行的教育。要科学的认识劳动教育的价值，并准确地贯彻实行，不能使其"在学校中被弱化，在家庭中被软化，在社会中被淡化"。劳动教育需要价值化而不能工具化，要从培养学生良好的劳动价值观和促进学生全面发展的角度出发，设计规划劳动教育，而不能使其满足于简单的劳动技能、劳动知识的教育。

（二）劳动教育特质的时代化

劳动在不同的时代具有不同的特质。在农业文明时代，生产劳动主要是以经验或技术的方式进行。在工业文明时代，生产劳动是以技术加科学的方式进行，强调制造。而在信息时代，科技制胜，生产劳动演变成以科学技术的方式进行，人才成为第一资源，创新成为发展的第一动力，劳动更在于"智造"而非"制造"。因而，劳动教育需要适应时代发展特点，引导学生尚进尚新，以"有本领"的面貌实现自己的时代担当。

（三）劳动教育形式的多样化

劳动教育的实施要科学规划，做好设计，依据不同的教育目标，采取不同的教育形式。要统筹安排好学校、社会和家庭劳动教育的形式与关系，在具体形式上，要适应时代特点，在传统体力劳动的基础上更加重视创造性的非体力劳动形式，如科学技术的发明创造、公益活动、志愿服务，以及其他非物质劳动形式，如数字劳动、体育劳动等。

案例 1-8

清华冬奥志愿者的"幕后力量"

2020 年 4 月 7 日，随着最后一批闭环内冬奥志愿者返回学校，清华冬奥志愿服务工作圆满落下帷幕。在冬奥志愿者们凯旋的同时，有这样一群志愿者的"二次方"一直以来在他们的身后默默付出。清华大学研究生团委、研究生会面向研究生冬奥志愿者发起冬奥支持计划，从心理疏导、体育锻炼、生活保障、科研支持、思想引领等各方面为冬奥志愿们全心全意服务，为冬奥盛会保驾护航。

"你的后方我保障"是冬奥支持计划421名校内保障志愿者发自内心的承诺，当冬奥志愿者进入闭环管理春节不能与家人团聚时，为他们送去对亲人的问候和祝福；在冬奥志愿者连续多日进入场馆服务时，替他们向导师送去温暖贴心的导学信，并提供学习科研一对一答疑；当冬奥志愿者在凛冽寒风中坚守岗位时，帮助他们"跑腿"代办校内事务，分担压力解忧排难……冬奥支持计划总计服务982位冬奥志愿者，占总清华冬奥志愿者人数的70%。

在"冬奥青年讲"短视频的评论区中有这样一条评论，"原来冬奥志愿者是这样的风采！"七位冬奥青年从自身服务冬奥的经历出发录制宣讲短视频，向社会解读冬奥盛会表现出的"四个自信"深刻内涵，让社会看到冬奥志愿者群体中蕴藏的志愿精神和公益精神，感受到清华人爱国奉献、追求卓越的精神品质。"冬奥青年讲"系列宣讲从世界百年未有之大变局和中华民族伟大复兴中国梦出发，因势利导引领青年学子学习冬奥精神，践行使命担当，坚定前进信心。截至最后一批志愿者返校，"冬奥青年讲"系列短视频总浏览量达近1 600万次。

参与冬奥志愿服务工作是难得的人生体验。"这是我第一次没回家过年，但是很幸运能够通过'冬奥人的纸短情长'——志愿者邮寄家书活动与家人来一场跨时空的温馨交流。"车辆学院2021级博士生秦德通讲到。正如秦德通在信中所述"见字如面，原谅儿子没有回家过年。留京过年，是为了春天更好地团聚"。在无法与亲友见面的日子里，家书活动通过邮寄信件的方式，帮助志愿者们寄托深切的思念，表达真挚的祝福。

为丰富冬奥志愿者闭环和健康观测期间的生活，"我的冬奥手账"作品征集活动鼓励志愿者们通过制作冬奥主题手账，记录参与冬奥志愿服务的难忘经历和动人故事。从出征仪式中邱勇校长的赋诗，到除夕夜的画糖画写春联，再到冬奥开幕式当天的工作现场和所思所感，以及闭环期间的生活状态和观看冬奥赛事的激动心情，生动展现了清华志愿者服务冬奥的饱满热情和积极心态，也让同学们更加了解志愿者的日常，看到志愿服务背后的故事。

为做好闭环内冬奥志愿者心理关怀和情绪疏导，校学生心理发展指导中心为志愿者们带来心理状态"加油包"，对闭环志愿者心理变化、对隔离影响心态和情绪的因素进行解读，并给出针对性的心理调整策略。

虽然闭环管理志愿者在冬奥会和冬残奥会期间暂时离开学校，但是学校有203位结对志愿者在校内保障志愿者生活。他们为冬奥志愿者在学习、科研、生活、锻炼等各方面提供一对一服务，解决冬奥志愿者的后顾之忧。

清华冬奥志愿者化身"燃烧的雪花"，奉献着青春力量的同时，在他们背后同样闪耀着一群"无闻的雪花"为志愿者们提供全方位保障。这群"无闻的雪花"同样以最饱满的热情、最昂扬的姿态，用奉献、友爱、互助、进步的志愿精神，用不怕困难、不畏辛劳的担当精神，为北京冬奥会和冬残奥会的圆满举办贡献清华人的力量，向世界展现着中国青年的风采。

三、新中国劳动教育的前世今生

（一）劳动教育发展过程

1. 劳动教育初塑时期（1949—1955 年）

"劳动和劳动教育是人存活的自然手段。"1949 年中华人民共和国成立后的新民主主义时期，国家以建设与恢复发展为主要任务，劳动教育也以个人与国家的生存与发展为主要目的进行初塑。国家将这一时期的教育方针定义为"为工农服务，为生产建设服务"，通过教育支援工农生产，通过教育推动国家建设。1950 年，教育部副部长钱俊瑞在《改革旧教育，建设新教育》报告中最初提及"实行教育与生产结合"的教育方针。这一概念的提出使劳动教育在新中国国家政策中有了新的内涵，推动与基础生产相结合的劳动成为教育的新形式，在劳动中开展教育、通过劳动进行教育以及劳动推动教育发展。

2. 劳动教育政治化时期（1956—1977 年）

三大改造后，社会主义新制度确立下来，为新的政治制度服务成了这一时期劳动教育新的探索目标。1958 年《中共中央、国务院关于教育工作的指示》指出党的教育工作方针是"教育为无产阶级的政治服务，教育与生产劳动相结合"。

3. 劳动教育现代化初建时期（1978—1992 年）

1978 年改革开放揭开了时代新篇章，劳动教育改革也提上日程。这一时期的教育方针深深植根于经济建设大背景下，为国家的全方面改革建设服务，与国民经济快速发展相契合。国家通过根本大法的方式对教育进行进一步厘清。"国家发展社会主义的教育事业，提高全国人民的科学文化水平。"国家破旧立新，重新规定了教育的阶级属性。邓小平多次在全国工作会议上指出，要在新的社会背景下，研究如何在批判继承的基础上更好地贯彻落实教劳结合的教育方针，如何更好地让教育为经济建设添砖加瓦。积极探索教育与生产劳动在新时期新的融合发展模式成了新时期现代化发展的重要命题。

4. 劳动教育转型发展时期（1993—2000 年）

1993 年 11 月中国共产党十四届三中全会举行，社会的现代化建设步伐加快，劳动教育迎来了学科化向综合实践化发展转向的过渡时期。1993 年《中国教育改革和发展纲要》（以下简称《纲要》）指出，当前的教育工作任务是要进一步提高劳动者素质，推动形式上和技能上的劳动教育。《纲要》拉开了劳动教育现代化转型的序幕，推动劳动教育逐渐走向制度化和规范化。时任国家主席江泽民同志多次在全国工作会议上强调了党的教育方针要大力贯彻落实，推动了劳动教育的转型发展。

这一阶段劳动教育的发展处于重大转型阶段，综合实践化、人本化和素质教育化是该阶段过渡的重点和目标，人的劳动培养由此有了更全面的内涵和意义，为 21 世纪全面建设小康社会中劳动教育的发展奠定了思想理论根基与初步探索经验。

5. 劳动教育整合发展时期（2001—2011 年）

2001 年《国务院关于基础教育改革与发展的决定》（以下简称《决定》）发布，赋予了劳动教育愈加丰富的内涵与要求，推动了劳动教育迈入整合发展的时代。

推行综合实践活动课程，实现课程形式整合发展。整合发展是这一时期劳动教育最显著的特征。"教育为人民服务",落实课程价值整合。劳动教育的推行以培养个人意识与能力为落脚点,将广泛的资源整合在每个个体之中,以人为本重视劳动价值和主体意识。注重劳动情感教育,充实课程精神世界。"加强劳动教育,培养学生热爱劳动、热爱劳动人民的情感"为劳动教育注入了新内涵。

进入21世纪以后,对知识和人才的尊重融合进了教育的发展,劳动教育进入整合发展时期,通过综合实践活动课程的方式让劳动教育更加多元化,以人为本凸显课程内在人文性价值的丰富化,劳动情感教育对劳动情感进行整合塑造,使精神世界繁盛。全面推进学生自主参与社会综合性实践,培养独立意识,认知劳动创造的乐趣与重要性。

6. 劳动教育新时代发展时期(2012年至今)

2012年党的十八大后,我国进入中国特色社会主义新时代,教育的改革发展也进入了新时代。在综合素质评价稳步推进以及立德树人教育体系逐步完善的大背景下,将"劳"纳入教育方针提上了工作日程。

新时代以来,劳动教育开始加速发展,关于劳动教育的落实机制也愈加健全,劳动教育更加趋向价值观的引领,多学科资源的相互整合与开放性包容性的方式方法不断涌现,新时代劳动教育健全的实践体系正在构建。

(二) 我国劳动教育的历史经验与展望

教育与生产劳动相结合是马克思主义关于教育的基本原理。虽然马克思未对劳动教育进行明确界定,但他多次详细阐明"教育与生产劳动相结合"的独到思想,是劳动教育在全世界范围内广泛推行的理论基石,也是马克思主义中国化在教育领域的血脉与灵魂。马克思在《资本论》中阐述:"未来教育对所有已满一定年龄的儿童来说,就是生产劳动与智育和体育的结合,它不仅是提高社会生产的一种办法,而且是造就全面发展的人的唯一办法。"在中华人民共和国成立70年的沧桑巨变中,劳动教育的新旧形态不断更迭,带来劳动教育内涵及功能全面而深刻的变革。站在时代高速发展的当下,梳理劳动教育演变脉络可知得失,展望劳动教育时代发展可助复兴。

(三) 我国劳动教育的典型经验

新中国的劳动教育变迁留下了前人探索与实践的坚实脚印,积极总结劳动教育发展演变中的经验与教训,认真吸纳各类新创意的思想营养,以丰富和完善劳动教育格局,推动新时代的劳动教育体制不断与时俱进。70年来劳动教育的实践经验大致可以归纳为劳动教育课程设置、价值倾向和其在教育体系中的地位等方面。

(四) 我国劳动教育的未来展望

对劳动教育的思考始于当下,但是应高于当下。针对劳动教育在中华人民共和国成立以来所摸索出来的经验与突出性的问题,我们认为应该从以下方面探索劳动教育的未来发展新模式,推动劳动教育成为一种开放的、因人制宜的幸福教育。

第一,高度重视劳动教育对于国家发展的战略意义。劳动创造价值,劳动是改造客观物质世界与人类精神世界的重要手段。劳动之于中小学生而言,不仅能培养劳动能力、劳动意识,更是孕育劳动精神、培养创新精神与实践能力的重要途径。建设富强中国与创新中国,从中国制造到中国智造的飞跃之根本在于创新。国家发展的核心依靠的是创新型人才,这是建设人才强国的中国共识,也是实现"两个一百年"奋斗目标和中华民族伟大复兴的中国梦的核心所在。创新型人才对于国家发展具有核心价值与重要意义,而劳动正是创新之基础与核心途径。因此,必须从国家发展战略的高度来重视劳动教育。

第二,确立劳动教育的学科地位且重视劳动教育学科体系建设。由于历史原因,对于劳动教育(及相关的劳动技术教育、劳动与技术等)与其他德智体美"四育"或德智体"三育"之间的地位与关系,学界一直莫衷一是,相关教育政策或领导人讲话也未有始终如一的说法。直到2018年习近平总书记在全国教育大会的讲话,才让劳动教育又回到"五育并举"的地位。建议今后应加强劳动教育的基础性研究,梳理清楚劳动教育的发展脉络以及新时代劳动与劳动教育的确切内涵,这样才能真正确立劳动教育的学科地位,才有可能进行劳动教育学科体系建设。

第三,加强与完善劳动教育的落实机制,确保劳动教育能够落实为学校课程与学生活动。一是加强劳动教育的学科渗透,将"劳动"贯穿各科教学中,潜移默化加强劳动教育,避免劳动教学孤立化、简单化的倾向。二是处理好劳动教育与综合实践活动课程、专题教育、研学课程之间的关系。三是增强师资队伍的现代化建设,教师数量不足,缺乏专职教师是劳动教育难以推行的阻碍之一,增进师资力量,在教师中贯彻劳动教育的正确思想是劳动教育落实的重要方面。四是协调社会各界力量,搭建劳动教育合作平台,密切家校合作、社会合作,保证学校、家庭、社会对学生的劳动教育是连贯的、一致的。紧紧把握新时代发展的机遇,以马克思主义关于教育与生产劳动相结合的理论思想为指导,推动劳动教育历史与未来的接轨、与教育观念和制度的协调,实现劳动技能和品德的共同跨越。

案例总结

"大国工匠"翟国成:辽宁舰上一种工具以他的名字命名

在辽宁舰上有一个高级士官群体,他们从接舰的那一天起,就工作生活在我国首艘航空母舰上,从试验试航到跨海区训练,从歼-15首次着舰到多批次放飞战鹰,他们见证了我国航母工程建设取得的每一项成就,也伴随着辽宁舰一同成长。

翟国成是辽宁舰首个获得国家专利的航空母舰舰员。3本国家专利证书、10余项创新研究成果、4次荣立三等功、全军优秀士官人才奖一等奖……这是二级军士长翟国成在航母上收获的一份成绩单。更让这位航空保障部门支持设备区队区队长骄傲的是,有一种工具,能以自己的名字命名——"翟国成扳手"。

翟国成精通所带区队的10多个专业,先后保障过4型战机。车辆应急启动装置、甲板专用警戒杆等十多项研究成果,让翟国成成为战友们眼中的士兵发明专家。其中,管线导引装置、立式开盖扳手、管线升降装置获国家实用新型专利证书。绿色的证书封面上,"实用新型专利证书"8个金色大字醒目耀眼。每次从箱底翻出,他都要细细地端详,将它们在手中抚摸好几遍。这几本证书从立项到研发,从申报到审批,他等了足足两年,这份对航母舰员发明创造"唯一性"的肯定,在他心中分量何其重。

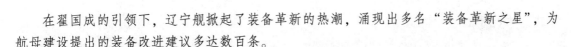

　　在翟国成的引领下，辽宁舰掀起了装备革新的热潮，涌现出多名"装备革新之星"，为航母建设提出的装备改进建议多达数百条。

　　"是航母给了我平台，让我去创新。"而关于发明创造的初心，翟国成说，一切都为了能打仗、打胜仗。"装备改进一点，航母的战斗力就提高一点。"

　　一群年轻人，用吃苦耐劳的劳动精神、精细精准的工匠精神、无私奉献的劳模精神，见证了我国航母工程建设取得的每一项成就，也伴随着辽宁舰一同成长，用他们精益求精的追求演绎着无悔青春，成为为社会主义现代化建设作出突出贡献的"大国工匠"。

> **劳动体验**

向劳动者致敬

　　哪有什么岁月安好，不过是有人在默默守护我们。向每位光荣的劳动者致敬，为新时代青年点赞，不管哪一行，每一位劳动者都在努力让这个世界变得更好。向辛勤奉献的劳动者们致敬，感谢各行各业辛苦劳动的每一个人，为每一个有梦想的人加油。为此本课程组织学生参与"向劳动者致敬"的体验活动，具体安排如下。

　　一、活动名称
　　向劳动者致敬。
　　二、活动宗旨
　　突如其来的新冠肺炎疫情，改变了人们的生活节奏。好在一切都在向着积极的方向发展。为培养学生动手实践能力和陶冶审美情操，提高学生的劳动意识，树立劳动最光荣的观念，展现自己的劳动风采，做最美的劳动者，开展以"向劳动者致敬"为主题的活动意义重大。
　　三、活动内容
　　（1）以小组为基本组织单位。
　　（2）每组选派数名学生，在校园内寻找身边的劳动者，开展小记者访问、调查身边的劳动者寻访活动，了解他们平时的工作情况，感受他们在平凡的岗位中默默无闻的奉献精神。通过身边的感人故事，学会尊重、关爱身边的普通劳动者，以积极的心态面对生活。将调查访问做好记录，并形成报告，每组挑选一篇，班级进行汇总，组长在课上进行汇报。
　　一周内，在老师的指导下，开展"向劳动者致敬"主题的摄影展，每组学生寻找身边的劳动者进行拍摄，每组选择两张照片，并在照片下附上简短的文字说明。
　　四、活动要求
　　（1）校园内注意文明用语，尊敬劳动者。
　　（2）完成调查任务，按时写好总结。
　　（3）拍摄过程中，请征求劳动者意见，尊重对方。
　　五、活动总结
　　在本次活动中学生体验了与小组同学交流、配合的过程。请客观评价本次劳动的成效，评价自己在劳动过程中的积极性、诚实性、知识与技能、沟通能力、团队管理能力、合作意识和个人价值等情况，然后思考自己的不足之处，并提出改善计划，形成调查报告并进行汇报。

第二章
把握劳动科学

劳动权益事关每个劳动者的切身利益,是劳动者作为人力资源的所有者,在劳动关系中,凭借从事劳动或从事过劳动这一客观存在获得的应享有的权益,包括平等就业和选择职业的权利、取得劳动报酬的权利、休息休假的权利、获得劳动安全卫生保护的权利、接受职业技能培训的权利、享受社会保险和福利的权利、提请劳动争议处理的权利以及法律规定的其他劳动权利等。

自人类出现社会分工以后,以劳动力为对象的社会分工与协作、劳动组织与管理等部门相继出现,劳动不再是单纯的人的体力或脑力的支出,而是有组织、有分工、有协作、具有复杂关系和形态、内部构造细密的人类社会生产系统。劳动作为人的第一需要,是人类社会赖以存在、产生和发展的基础。劳动不仅创造了人本身、生活资料和生产资料,同时也在生产人类的一切社会关系,劳动是人类社会存在的基础。

以人类劳动实践作为总的研究对象,以劳动者在劳动过程中产生的劳动问题以及劳动问题相关的一切自然和社会关系及其调整问题是劳动科学的研究内容,劳动科学是具有内在联系和分布规律的一类学科群。随着人类社会的发展,劳动分工越来越精细化,劳动部门以及劳动形态也趋向多样化和复杂化,而为了帮助高职院校学生科学地了解劳动科学与劳动、就业及社会生活的密切关系,特编写了与劳动有关的科学常识部分。

本章包括劳动者概述、社会劳动分工、劳动基本制度三部分,希望通过系统学习,学生可以多维度地了解社会分工、劳动组织、劳动就业、劳动保障、收入分配等劳动科学的基本问题,促进他们的劳动认知和劳动素养的提升,从而更好地把握劳动科学。

> **名言警句**
>
> 在重视劳动和尊重劳动者的基础上,我们有可能来创造自己的新的道德。
>
> ——高尔基

第一节 劳动者概述

案例引入

同心抗疫 劳模在行动

在抗击疫情的紧要关头,福建省泉州市泉港区各级劳模立足平凡岗位,越是困难、越是坚守,执着敬业、敢于奉献,为战"疫"注入劳模力量。

守护环境卫生的"城市美容师"——苏文连

即使疫情越来越紧张,苏文连还是如往常一样,每天6点多就要赶赴保洁工作区开始一天忙碌的工作。

疫情期间,除了坚守岗位之外,她对自己的工作要求更高,清扫更仔细,消杀更全面,为营造"干净、整洁"的环境卫生默默付出,因为她明白,越是非常时期,越要守护好泉港这一片净土。

逆行冲锋战"疫"一线的基层工作者——林丽娜

她一边化身"小喇叭",走街串巷,宣传疫情防控知识,一边化身"防疫员",开展社区消毒,清理社区垃圾死角。在核酸检测现场,林丽娜也没闲着,维持秩序,疏导人群,帮助答疑解惑,做好服务保障工作。

"英雄守前线,我们援后方!"林丽娜联系爱心企业,向石狮市总医院、石狮市妇幼保健院、石狮市中医院等核酸检测工作人员送去盐典、小面包、小桶面等饮料餐点共计800余件,致敬向"疫"而行的医护工作者。同时,向坚守在防疫检测点的工作人员送去牛奶饮品、乳酸菌饮料、小面包等饮料餐点共计100件。

郑荣海积极履行疫情防控"监督员"职责,深入各重点商超、住宿场所开展专项督导。重点检查出入人员体温检测情况、是否佩戴口罩等,查看消杀工作是否落实到位,以及集中空调系统运行情况和清洗消毒记录,将监督工作移至"疫"线,筑牢防疫安全线,为疫情防控奉献出"卫监人"责无旁贷的力量。

为防疫抗疫奉献爱心的劳模志愿者——陈加友

陈加友心系家乡同心抗疫,积极发动佳友茶叶机械智能科技股份有限公司为抗疫一线捐献爱心物资。2021年9月24日中午,装载着抗疫物资的车辆运抵安溪龙涓乡防疫一线,为当地群众送上爱心。这批物资包括1万斤大米和2 500升食用油,共分成500份。"疫情发生后,时刻牵挂着家乡群众的健康安全。"陈加友表示,将继续发挥劳模表率作用,助力疫情防控工作。

疫情发生后,受泉港区劳模协会理事会委托,吴良江第一时间发动各级劳模捐款捐物,号召大家捐献爱心、携手战疫;积极联系厂家,紧急采购空调,为防控一线送去清凉慰问。

在公司,他主动请缨、争当志愿者,协助做好核酸检测前期准备工作,维护现场秩序。

为生产部员工审核、办理身份证明，发放口罩、日常用品等，保障生产有序进行。

用镜头记录抗"疫"时光的劳模摄影师——庄绍坤

庄绍坤是一位低调的企业家，同时也是一位低调的摄影师。疫情当下，他"疫"不容辞，携带着摄影设备冲锋在疫情防控最前线，用手中的镜头聚焦着人间最美的那一抹动人身影，与白衣战士结伴逆行，及时反映疫情最新动态。

疫情防控哪里有需要，哪里就有劳模们的身影。在疫情防控一线，泉州各级劳模与一线医务人员、疾控工作人员同心战疫，携手逆行，为我市统筹推进常态化疫情防控和经济社会发展工作作出贡献。

> **名言警句**
>
> 既然思想存在于劳动之中，人就要靠劳动而生存。
>
> ——苏霍姆林斯基

一、劳动者认知

（一）劳动者

劳动者即劳动的人，是指在一定的社会分工体系下，具有一定的劳动能力，遵循一定的劳动规范，处于一定的劳动岗位，有目的地、相对持续地从事或向他人提供有价值物品与服务活动的社会人。凡具有劳动能力，以从事劳动获取合法收入作为生活资料来源的公民都可称为劳动者。劳动者是需达到法定年龄，拥有劳动能力，以从事某种社会劳动获得收入为主要生活来源，依据法律或合同的规定，在用人单位的管理下，从事相应劳动并获取劳动报酬的自然人。但反过来讲，并不是所有的自然人都是合法的劳动者，要成为合法的劳动者必须具备一定的条件并取得劳动权利能力和劳动行为能力，区别于"非法劳动者"，如偷渡者打工。

（二）劳动力

劳动力即人的劳动能力，劳动力就是从事增加商品价值的有用劳动的能力，是蕴藏在人体中的脑力和体力的总和。传统或者早期的定义，劳动力是从事体力劳动为主的"劳工"，即"工人阶级"或产业工人。马克思理论把劳动力划分为生产部门的劳动者和非生产部门的劳动者。

劳动力是人所特有的一种能力，自然界的任何能力，包括如今的现代科技所展示的人工智能等都无法称为劳动力；劳动力是人在劳动中所运用的能力，即生产使用价值时的能力；劳动力存在于活的人体中；劳动力是人在劳动中运用的体力和智力的综合。

在我国，有劳动能力和就业要求的劳动适龄人口，包括从事社会劳动并取得劳动报酬或经营收入的在业人员和要求工作而尚未获得工作职位的失业人口。

（三）劳动年龄人口

社会总人口中处于劳动年龄范围内的人口即为劳动年龄人口。在人的寿命期中，儿童阶段由于身体发育很不成熟，不具有劳动能力；在老年阶段，由于身体逐渐衰老而丧失了劳动能力。因此，人体只有在一定年龄阶段才具有劳动能力，从事各种社会劳动，成为劳动年龄人口。劳动年龄人口的年龄会由于地理自然条件和社会经济条件不同而有差别。国际上一般把15~64岁列为劳动年龄人口，我国男女都以16岁为进入劳动年龄的下限；男59周岁、女54周岁为劳动年龄上限。我国规定男子介于16岁~60周岁，女子介于16岁~50周岁，这部分人口被视为劳动年龄人口。该年龄段内丧失劳动力的人口不属劳动适龄人口。劳动年龄的上限和下限不会永远不变，随着生产发展、文化水平的提高劳动力也会相应提高，劳动年龄的下限也会向后推移。随着寿命延长和人体力劳动的减轻，年龄上下也会做出相应的调整。

案例2-1

关于童工这些事你必须知道……

近日，蜜雪冰城一门店违法使用童工被处罚，此事登上热搜，引起广大网友热议。2022年4月8日，蜜雪冰城公司总部工作人员称，应聘的人员需要年满16岁。

专家指出，企业必须坚决遵守国家的法律法规，并在规章制度、招商加盟政策中，明确写明禁止使用童工。

天眼查APP显示，2022年4月2日，浙江省台州市天台县蜜雪冰城饮品店因违反《浙江省实施〈禁止使用童工规定〉办法》第二条第一款的规定，已构成违法使用童工，被天台县综合行政执法局处罚款1.25万元。

据媒体报道，涉事门店负责人称该童工为15岁女孩，被家庭抛弃后辍学。该负责人表示，这是当时他的错误决定，导致使用童工情况发生。此事引起网友热议。

新闻记者采访了多家茶饮企业负责人，均表示从未招收过童工。奈雪的茶相关负责人介绍，该品牌门店均为自营，公司遵守劳动法合法雇佣，自创立至今从未有过使用童工的情况发生。

茶颜悦色相关负责人告诉记者，其所有门店都是直营的，人员都是由公司统一招聘和管理的，从未有过使用童工的现象。

北京市中闻（上海）律师事务所孟庆恩律师分析，根据《劳动法》《未成年人保护法》的相关规定，只有文艺、体育和特种工艺单位在遵守国家有关规定，并保障未成年人接受义务教育的权利的情况下，才可以招用未满16周岁的未成年人，其他单位是被禁止招用未满16周岁未成年人的。蜜雪冰城不属于文艺、体育和特种工艺单位，却雇佣15岁女孩为店员，其行为明显是违法的。

企业违法使用童工，将承担什么后果？孟庆恩律师以蜜雪冰城童工事件为例，根据《劳动法》《禁止使用童工规定》的相关规定，对于蜜雪冰城非法用工行为，劳动保障行政部门有权按照每使用一名童工每月处5 000元罚款的标准给予处罚，并责令店方限期将童工送回原居住地交其父母或者其他监护人。如果逾期不改正的，劳动保障行政部门有权按照每使用一名童工每月处1万元罚款的标准对其进行处罚，并由工商部门吊销其营业执照。

如果该童工确是被家庭抛弃辍学的15岁女孩呢？孟庆恩律师认为，女孩的父母或其他监护人有义务保护她的身心健康，保障其接受义务教育的权利。如果父母或其他监护人允许女孩被蜜雪冰城非法招用，其所在地政府部门应给予批评教育。如果父母或其他监护人拒绝抚养而将她遗弃，情节恶劣的涉嫌构成遗弃罪，小女孩的法定代理人、近亲属可以提起刑事自诉追究刑事责任。

中南财经政法大学营销管理系主任、新媒体营销研究中心研究员杜鹏副教授认为，企业除创造经济价值外，还应承担和履行社会责任。蜜雪冰城招聘童工，有损其品牌形象，对其品牌资产、口碑、企业绩效会产生负面影响。

杜鹏指出，类似蜜雪冰城这样的加盟品牌，企业及加盟商必须加强法律法规的学习，在政策、规章、制度中明确要求遵守《劳动法》《未成年人保护法》的相关规定。同时，公司规章制度、招商加盟政策中，应明确写明禁止使用童工，进行动态巡查，并欢迎社会监督。

涉事的蜜雪冰城门店称，系出于责任心才招的这个女孩。对此杜鹏认为，打铁还需自身硬，无论出于何种目的，无论有何种理由，企业必须坚决遵守国家的法律法规，树立"红线意识"和"底线意识"。

（四）我国劳动力市场现状

劳动力市场的完善和发展是我国经济持续稳定增长的重要基础。近年来，我国劳动力市场进入了一个新的关键阶段，主要表现为以下几方面。

1. 劳动力市场供给需求发生变化

劳动力数量庞大，劳动参与率高，中国是世界上劳动力资源最丰富的国家。人口转变快速完成，中国人口已经进入了低生育、低增长的一个阶段，人口发展和劳动的参与率趋势决定了劳动年龄人口和劳动力供给发生明显变化，主要表现为劳动力规模的变化。整体就业总量矛盾突出，中国将长期面临巨大的就业压力。

2. 劳动力总体素质参差不齐

我国的技能型人才总量严重不足；在技能型人才中，高级技能人才更为短缺。劳动力总体素质不能适应产业结构调整和提升的需要，"有人没活干和有活没人干"，就业的结构性矛盾突出，也成为制约扩大就业的一个主要原因。

3. 就业形势依旧严峻

当前和未来很长一段时间，我国就业形势依旧严峻，不仅面临着劳动力规模的问题，也面临着劳动力结构的重大挑战，结构性就业问题尤其突出，传统产业如农业、采掘业、制造业的就业人数大幅度下降，而第三产业的就业人数幅度提高。就业的所有制分布也发生变化，国有企业和集体企业的就业人数大幅度减少，而非公有制部门的就业人数大幅度增加。非正规就业人数庞大，这部分就业者就业不稳定，基本没有社会保险，缺乏劳动保护，工资收入低下，工作时间长且不固定等。规模庞大的非正规就业，一方面为缓解就业压力和贫困发挥了积极作用，同时也带来一系列问题，如劳动者权益得不到有效保障。

4. 流动就业规模日益扩大

中国目前流动就业人数在1.2亿以上，流动就业的大多数是所谓农民工。其中跨省流动就业人数约6 000万人，约占全部流动就业人数的一半；绝大多数流动就业人员进入城镇就业，占城镇全部从业人员的近40%。目前农民工占加工制造业职工总数的近60%、建筑业的 80%、服务业的近 50%。这种流动就业是在中国特殊的城乡分割和地区分割的制度下形成的一种特殊的农村富余劳动力转移就业的方式，其最大特点和问题是：一是农民工长期处于"候鸟式"流动就业状态，二是由于城乡和地区分治，进城农民工难以实现与城市人平等的劳动权益和社会保护。建立城乡统一的劳动力市场，推进中国城市化进程的健康发展，是我们面临的一项艰巨任务。

5. 劳动力市场分层和工资分化明显

依据各地公布的劳动力市场价位，普通技术工种（初中级技工）的工资一般是非技术工种工资的 1.5～2 倍，如 2006 年统计数据显示，沿海地区技术工人的月工资一般在 1 500～3 000 元，而非技术工人的月工资一般在 600～1 000 元。高级技工的工资更高。普通劳动者、特别是农民工的工资增长缓慢。由于劳动力市场供大于求，更由于劳资力量对比失衡，工人缺乏制衡资本的组织力量与手段，普通劳动者特别是民营企业的普通工人的工资普遍低且长期得不到增长。例如珠江三角洲地区民工的名义工资 20 年来基本上没有增长，实际意味着工资大大下降了。类似情况在全国普遍存在。这种情况是导致中国收入分配差距越拉越大，社会分配不公平，经济发展不能惠及广大群众的一个重要原因。

案例 2-2

2021 年大学生就业形势分析

就业是最大的民生，无论是防控疫情还是发展经济，稳就业被摆在了突出的位置。2021 年的《政府工作报告》中，更是 35 处提到"就业"二字。

2021 年我国就业形势将延续总体平稳态势。但不确定、不稳定因素仍然很多，就业形势依然比较复杂，面临诸多挑战。

1. 毕业生规模再创新高

一方面高校应届毕业生再创新高。2021 年的高校应届毕业生为 909 万人，比 2020 年又增加 35 万人；另一方面留学生回流。疫情导致更多海外留学生选择回国找工作，这让 2021 年的职场新人们面临更加激烈的竞争。最新数据显示，2020 年，向国内岗位投递简历的海归人才数量较 2019 年增长了 33.9%，而在 2021 年春节后第二周，随着考研成绩公布，更多应届生流向就业市场，求职人数同比增长 143.1%。

2. 疫情影响的不确定性

2021 年《经济蓝皮书》指出，目前中国的新冠肺炎疫情防控已取得阶段性成效，但从全球范围来看，疫情形势并没有得到缓解，疫情的发展形势仍存在较大的不确定性。

3. 校园招聘岗位数量有所减少

据统计，截至 2021 年 3 月 16 日，24365 校园招聘服务面向 2021 届高校毕业生已举办 25 场专场招聘会，参与企业 7.5 万多家，提供岗位 256 万多个。2020 年 2 月 28 日自 24365 校园招聘启动一周，便已推出 200 多万岗位。

4. 新领域新业态从业人数增多

2021 年《政府工作报告》中强调要"要支持和规范发展新就业形态，加快推进职业伤害保障试点"，体现了国家对于新就业形态发展的重视。

根据国家信息中心《分享经济发展报告》的数据显示，参与共享经济的平台从业者人数,2015—2020年增加3 400万人,年均增长率9%。可以看到,新就业形态群体已经成为我国当前以及未来劳动力市场不容忽视的就业群体,是我国劳动力市场发展的重要趋势,蕴含着巨大的发展动力和潜力。

5. 部分群体就业难度持续增加

《中华人民共和国职业分类大典》将我国职业归为8个大类,66个中类,413个小类,1 838个细类,然而,在众多的职业中,却仍旧有部分群体"无业可就"。部分毕业生由于内在或外在、可控或不可控、稳定或不稳定的因素,造成在就业市场上竞争力不足,在求职过程中处于弱势地位,加上2021年岗位竞争激烈,一方面是受到疫情影响,一方面是2020年待业的毕业生的累积,此外还有留学回国的学生,就业难度持续增加。

6. "高期望""慢就业"加剧

当大多数高校毕业生为找工作而焦急忙碌时,有一小部分学生既不着急就业,也没有继续深造,而是选择去游学、支教或者创业考察等,慢慢考虑人生道路。这种做法被称为"慢就业"。

大学生"慢就业"现象的出现,一方面是人们的思维不再受到"毕业即就业"观念的限制,此外,随着社会经济的发展,大学生就业观念发生了转变,已经从"要找到一个饭碗"转变成"要找到一个金饭碗"。简单来说,不着急找工作,很大程度上是因为家长和学生本人对工作期望值高。既然一时之间无合适工作,更多的家长宁愿选择让孩子继续深造。

7. "互联网+就业"模式尚需完善

"互联网+"通过其自身的优势,对传统行业进行了优化升级转型,使得传统行业能够适应当下的新发展,从而推动社会不断向前,推进大学生精准就业。但同时,当前"互联网+就业"模式建设还存在理念认知上的偏颇、大数据技术在大学生就业服务中的应用还不够充分、就业指导服务方式还不够科学等现实之困。要让"互联网+就业"模式成为推进大学生精准就业的新样态,还需要进一步完善其实现路径。

二、劳动者素质

(一)劳动者素质定义

劳动者素质是指从事劳动或者能够从事劳动的人的体力因素、智力因素和品德因素的有机结合。

(二)劳动者素质的构成

1. 劳动者的体力
体力是人体活动时所能付出的力量,表现为人的筋骨肌肉力量、灵敏度和感官能力。

2. 劳动者的智力
智力是人认识客观事物并运用知识解决实际问题的能力。通常表现为人的生产经验、思维能力、文化知识、专业知识、劳动技能等。一定时期劳动者的智力,既是生产力发展的结果,又是生产力进一步发展最强大的推动力量。

3. 劳动者的思想品德
人是活的有意识的物,劳动者的思想品德直接关系到劳动者的劳动热情和劳动积极性。

三方面内容互相联系，有机结合，构成劳动者素质。其中，体力是劳动者从事劳动的物质基础，丧失了体力的人也就丧失了作为劳动者的基础条件，无从发挥其智力。任何体力的发挥，总包含着一定的智力内容，历史上的劳动者都是具有一定智力的劳动者。劳动者的思想品德则是决定其体力和智力增进以及运用状况的主观因素。

案例2-3

职场"软技能"提升已成就业者和用人单位迫切需求

提升劳动者素质，造就一大批与高质量就业岗位要求相匹配的人才是实现高质量发展的重要支撑。当前，以数字经济为代表的新经济、新业态对中国社会经济发展带来了深刻的影响，但同时就业结构也出现了一定的不适应，滞后于产业结构的调整，新的发展格局对劳动者能力体系的升级换代提出了新的要求。

据得到联合中国人民大学职场研究项目组近日发布的《2022年中国职场人群发展建议白皮书》（以下简称《白皮书》），职场"软技能"提升已经成为就业者和用人单位的迫切需求，同时也是促进高质量就业的重要方面。

当下中国就业人员的整体素质已经较以前有了较大提升，人口受教育程度持续改善，人力资本不断提升。可以说，就业人口的"硬技能"已有相当保障。然而根据《白皮书》的调研报告，超过85%的职场人正经历职场困境与挑战，"职场能力不足"的问题占比达到66.9%。

这样一种看似矛盾的局面实际上也正是中国结构性就业矛盾中的一个侧面，即较高发展水平的"硬技能"与欠缺的"软技能"之间的失衡。《白皮书》也指出，数字化和人工智能时代对劳动者的自我学习和知识更新能力提出了更高要求，职场人的"软技能"危机更为突出。

"能力失衡"的问题在数字经济时代的就业问题中不容小觑。实际上，相比于"硬技能"，"软技能"更偏重非认知能力，包含学习和创造性解决问题的能力、管理能力、社会交往能力和自组织能力等。

这也与数字经济所体现的要求相契合，即生产和价值创造方式加速迭代使得及时洞察并满足客户需求成为企业的核心能力，组织结构趋于扁平化、人机交互成为主流、更加灵活的团队协作要求人作为"节点"的沟通作用更为突出。这些都强化了"软技能"在数字经济时代的不可替代性。

面对数字经济、人工智能等冲击之下"软、硬技能"平衡的问题，多数职场人表达了清晰的诉求。以计算能力、读写能力等认知技能为代表的"硬能力"已经不是劳动者在职业上获得成功的限制性因素。

《白皮书》调研数据显示，受访职场人对职场能力的重要性认知中更偏重非认知能力的"软技能"，其中，"工作沟通能力、时间管理及目标管理能力、社会交往能力、管理能力和学习能力"位居前五位。劳动者普遍认为自己最想提升的也是"软技能"。

来自就业人群的反馈实际上也是对于就业岗位"软能力"需求的一种直观反映。一方面，新一轮科技革命和产业变革深入发展，新兴就业创业机会日益增多，但能否驾驭新岗位，拥有适应性的职业技能对于劳动者就业来说至关重要。

另一方面，随着数字技术加速取代简单重复工作，"软技能"在职业发展中发挥着愈发关键的作用。同时，来自雇主的期待也是明确的，对"团队合作、人际沟通与协调、快速学习"等劳动者的"软技能"也有迫切的提升诉求。

通过《白皮书》上述对于职场人的调研可以看到，劳动者转型的主动性已积聚起来，而问题是通过何种方式提升自身"软技能"以适应高质量就业岗位。对于当下人才供需错位的矛盾，《白皮书》指出，一方面是职场技能培训尚滞后于市场需求，另一方面职场技能培训的供给数量和质量也存在参差不齐的状况。

解决影响高质量发展与高质量就业的劳动者"技能平衡"问题，需要多方发力。来自国家与政府层面的重视是破解这一难题的核心关键。人社部等四部门针对"十四五"期间的职业技能培训发文指出，鼓励更多的培训机构、职业院校参与提升培训的供给能力和质量，并健全完善终身职业技能培训体系，大力开展企业职工岗位技能提升培训。

随着职场人愈发关注自我发展与提升且企业人力资本投资意识不断增强，也需要企业与教育培训平台关注到当下的高质量就业的堵点与难点，作为社会化和市场化的补充式教育供给，更好地满足职场人更加丰富多元的自我提升需求，成为加速从"人口红利"向"人才红利"转变的有效途径，厚植起高质量就业的基础。

（三）提高劳动者素质的途径

提高劳动者素质的途径是多方面的，具体表现在以下几方面。

（1）提高劳动者的体力水平，包括与健壮体魄有关的全过程。如优生、优育、体育、劳动保护以及衣、食、住、行等。

（2）提高劳动者的智力水平，即不断总结劳动者的直接生产经验，进行间接的科学知识的学习。如进行文化教育、专业教育，进行实践经验的总结等。

（3）提高劳动者的思想品德。包括进行政治教育、精神鼓励和物质鼓励等。

现代化的生产对劳动者的智力，对劳动者的科学知识水平要求越来越高，劳动者在生产过程中智力支出所起的作用越来越大，智力支出比例也越来越大。劳动者劳动能力的大小，主要取决于他所掌握并能运用的科学技术知识的多少，因此，教育是提高劳动者素质的根本途径。

案例 2-4

苏雅拉达来：绿色牧野的"科技达人"

"我生活在牧区，知道农牧民的需求，还会发明更多智能机器，减轻农牧民负担增加收入。"获得"2020年全国劳动模范"的鄂尔多斯市乌审旗苏力德苏木沙尔利格嘎查牧民苏雅拉达来讲道。

从普通牧民到多项专利的"科技达人"，从平凡劳动者到人人称赞的嘎查党支部书记，苏雅拉达来为农牧区制造实用"智能机器"，带领嘎查农牧民脱贫致富。

1993年，苏雅拉达来在呼市学习无线电、机电家电维修技术后，选择回家乡创业，在生产中发现，饲草淡季圈养牲畜比放养效益高，可饲草料和人工成本高，苏雅拉达来决定研发机器替代人工。7年后，他设计制造的初级智能"全自动牲畜饮水机"试用成功，大大降低了劳动力成本。

从2008年起，苏雅拉达来开启发明创造之路，查资料、画图纸、买零件、做实验、造机器，先后研制出了铁轨式喂料机、全自动牲畜饮水机、饲料调配机、羊羔喂奶机等一系列农牧业机械配套设施，改善了农牧区机械化水平，促进牲畜良种发育，提高农牧民收入，带领农牧民率先进入自动化、高效率的养殖新时代。苏雅拉达来举例说，比如铁轨式喂料机，一天能喂400~500头牛，年节约人工成本5万元。

作为嘎查党支部书记，苏雅拉达来创办农牧业开发公司，推行"党支部+专业合作社或公司+贫困户"模式，建立贫困户与新兴经营主体利益联结机制，带领嘎查牧民重塑炒米加工智能化样板间，为贫困户免费提供机械设施，促进牧民增收致富。在他的带领下，每年吸纳周边20多人就业，帮扶嘎查10户贫困户全部脱贫，嘎查集体经济收入达到每年60多万元，农牧民人均收入近3万元。"我要继续深挖细研，做出更符合当地实情、更适用于农牧民养殖的智能机器，为农牧民减轻负担，增加他们的收入。"

在鄂尔多斯市乌审旗图克镇图呼勒岱嘎查，敖特根脑日布有了占地7 200平方米的厂房。"我们的乳清饮料和乳酪饮品通过了食品生产许可SC认证，这是本行业在全区唯一一家"。

敖特根脑日布：让草原乳香飘得更远

敖特根脑日布上大学时，常常带着家乡的酪丹、牛肉干等食品和同学们分享，大家赞不绝口，他有了进一步推广的打算。2015年，在上海举办的一场黄油品鉴活动上，敖特根脑日布带来的黄油，无论是色、香还是味道，受到大家的一致好评，这让敖特根脑日布心里有了底气。随后，敖特根脑日布带着400多瓶黄油到美国做实地调研，受到当地居民的青睐。2016年4月，敖特根脑日布在乌审旗图克镇成立牧名食品，"牧名"黄油及乳清和乳酪饮品正式上市。

"让家乡的、民族的、传统手工制作的乳制品进入更多人的视野，让草原上的乳香飘得更远。"这是敖特根脑日布开发本土特色产品的初衷，公司采取"党支部+公司+合作社+农牧户+贫困户"的模式发展。"嘎查合作社里112头奶牛为我们提供基础奶源，同时从周边合作的25户农牧户那里高价收取鲜奶，还有两名贫困户在公司打工，带动周边农牧户发展。"

敖特根脑日布正在建设草饲标准化养殖场，在自然放养的状态饲养奶牛，鲜奶的品质可以保证。而作为原料的品质得到保证后，产品的品质也会提升。基于这个理念，"我们从可追溯体系的建设，从奶源入手，每头奶牛都有自己的'身份证'，活动范围和轨迹都可以被追踪到。"敖特根脑日布说，下一步，公司到呼和浩特、榆林和山西等地开拓市场。

三、人力资本

（一）人力资本的定义

人力资本是体现在人身上的资本，对生产者进行教育、职业培训等支出及其在接受教育时的机会成本等的总和，表现为蕴含于人身上的各种生产知识、劳动与管理技能以及健康素质的存量总和。人力资本是一种与物质资本相对应的资本形式，它表现为能为任何个人带来永久性经济收入的能力和知识等。

理解人力资本管理，可以从以下两个方面来探讨。

1. 对人力资源外在要素——量的管理

对人力资源进行量的管理，就是根据人力和物力及其变化，对人力进行恰当的培训、组织和协调，使二者经常保持最佳比例和有机的结合，使人和物都充分发挥出最佳效应。

2. 对人力资源内在要素——质的管理

主要是指采用现代化的科学方法，对人的思想、心理和行为进行有效的管理（包括对个体和群体的思想、心理和行为的协调、控制和管理），充分发挥人的主观能动性，以达到组织目标。

（二）人力资本的特征

1. 群体性

不是所有的人力都能成为资本，往往需要达到一定的规模，单独的个体劳动力往往无法构成资本，没有形成规模，很难叫人力资本。特别是在劳动密集型产业，拥有庞大的劳动力，才能称得上是人力资本。中国之所以有人力资本优势，就在于有庞大的劳动力市场。

2. 稀缺性

没有质量的人力资源，是不能成为人力资本的，比如，有很多人，但是所有人都很懒，不愿意工作，不愿意学习，就是人再多，也不能成为人力资本，特别是对企业来说。

而对一个高科技企业来说，高质量的人力资本，特别是稀缺型人才就是绝对优势。比如，现在芯片高科技企业，芯片人才就成了稀缺的人力资本。

3. 动态性

人力资本不是静态的概念，对于国家和企业而言，随着人力资源的流动，会形成不同的人力资本优势。企业的人力资本也是如此，当一个企业长期不招揽外部人才的时候，会让人力资本失去竞争优势，使得企业人才枯竭。

4. 不可再生性

人力资本建立在独立的个人身上，一旦失去，就不太可能轻易出现。正如，十年树木百年树人。当一个企业失去一个非常有才华的领导和员工，会对企业造成致命的冲击，特别是依靠人力资本的企业。

5. 时效性

人力资本依靠个人，而个人的生命是有周期的，年轻的时候，人力资本更具有优势，特别是一些需要青壮年劳动力的企业；而当一个科技企业，需要非常有经验的劳动力，这就需要时间了。每种人力资本都会有时效性，过去的人力资本优势，一旦过了某个黄金周期，就不会再产生效果。

案例 2-5

"垦三代"种出"致富果"　产业规模破千万

"看到红土地上长出火龙果，大家有了致富的奔头和希望，我这些年的努力都值得了。"广东省广前糖业发展有限公司（以下简称"广前公司"）广前名优水果公司副经理陈晓军感慨道。从自己摸索到带大家种植，在陈晓军的帮助下，火龙果产业已成为湛江雷州水标村的支柱产业。

陈晓军是一名"垦三代"。2009年，陈晓军回到了湛江广前公司牧场队，顶替退休的母亲承包了三十亩的甘蔗地，成为一名农业职工。他辛勤耕作、勤劳致富，率先在当地尝试发展火龙果种植，他还将自己的种植经验技术与当地村民共享，甚至免费提供优质种苗带动当地一同致富。十余年来，陈晓军已从普通农工成长为职业经理人。如今，他创建的"广前壹号"火龙果品牌产业规模已突破1 000万元。2022年，陈晓军被授予"全国五一劳动奖章"。

2009年，陈晓军回到牧场后，开始种植甘蔗。一开始对甘蔗种植不熟悉，陈晓军看到别人家的甘蔗苗长得很高，自己的甘蔗苗却很小，他就主动请教队里的高产职工，学习良好的种植经验和技术。当年，他承包种植的甘蔗平均亩产6吨，获得了丰收，赚到了"第一笔收入"。

种植甘蔗的成功，也成为陈晓军人生的一个重要转折点。随后，陈晓军满怀信心扩大承包面积、准备大干一场的时候，突遇国际糖价下跌，甘蔗收购价格大幅降低，一年辛苦下来，收入所剩无几。一个偶然的机会，陈晓军认识了火龙果，火龙果的种苗结果多、果实大、果味好，还不用人工授粉，但是每棵种苗的价格是普通种苗的好几倍。陈晓军决定抓住机会，拿出了之前种植甘蔗的全部收入，又向亲友借了钱，承包了20亩土地种植火龙果。经过一年多的辛勤劳作和精心管理，先后投入资金16万多元，火龙果种植成功了，陈晓军当年收入就达40多万元，清空了债务。

火龙果要想卖出好价钱，走向高端市场，除了高质量的果品，还得树立自己的火龙果品牌。2020年，陈晓军成功注册了"广前壹号"火龙果品牌商标，努力推进公司辖区内火龙果产业发展，带动更多的职工增收致富。截至2022年2月，种植基地共收获火龙果1 500多吨，总收入1 000多万元，同时也解决了疫情影响下周边100多人的就业问题，陈晓军成为引领职工劳动致富的"领头雁"。

雷州市客路镇水标村是广东农垦对口扶贫帮扶村，2019年，广东省农垦总局决定发展火龙果种植作为水标村的脱贫产业。虽然陈晓军并不是水标村的驻村队员，但他每周都挤出几天时间，驱车数十公里到水标村指导村民种植。

"当时水标村的土地多为沙土地，肥力不足；村民虽然有种植火龙果，但缺乏管理技术，残弱病枝都没有有效管理。"陈晓军回忆道，一到水标村，他就向广东农垦总局争取有机肥的经费支持，按每亩3吨的标准投入有机肥，帮水标村解决自身无力承担的土壤改善问题；同时为当地村民无偿提供优质种苗，改善管理技术。如今，欣欣向荣的火龙果已成为水标村的支柱产业，该村成功脱贫摘帽。

在水标村的经历，也让陈晓军系统总结了自己经营火龙果产业的经验。2020年12月，陈晓军成立创新工作室，致力探讨实践和推广火龙果种植新技术。工作室先后发明或推广了双排种苗种植、地膜覆盖保水肥、灯照延长产季、施用有机肥料等新种植技术，实现了以基地为依托、以科技为支撑，辐射引领周边地区，乃至整个雷州半岛的目标。

在陈晓军的带动下，近几年，湛江遂溪县的火龙果种植面积成几何倍增长，遂溪县的火龙果也成为"粤字号"品牌。湛江市各县区，甚至广西、海南等地的种植户，也纷纷到陈晓军的火龙果种植基地参观取经。

陈晓军创新工作室还网罗了广前公司生产、种植方面有突出才能的年轻人才。"我们时常聚在一起探讨火龙果种植技术的创新，有时候聚在一起交流，能够产生许多新点子。比如2022年，我们经过探索，购买了几台粉碎机，将摘除下来多余的火龙果枝进行粉碎发酵，制成有机化肥，实现了取之于土、用之于土的探索。"陈晓军说。

获得"全国五一劳动奖章"后，陈晓军没有骄傲自满。如今，他计划为湛江引入火龙果深加工，延伸火龙果产业链。希望能在不久的将来，自己亲手种植的优质霸王花能登上大湾区消费者的餐桌，惠及更多消费者。

（三）人力资本投资的主要形式

人力资本投资指的是一个国家为了经济发展，在教育经费和技术训练等方面所进行的投资。它旨在通过对人的资本投入，投资者未来获取价值增值的劳动产出及由此带来的收入的增加，或者其他收益。人力资本投资的方式一般有以下几种。

1. 教育投资

这是一种极为有效的人力资本投资方式，其成本包括：为受教育而支出的各种费用，即教育投资的直接成本；因受教育而放弃的收入，即教育投资的间接成本。这种投资形式增加了人力资本的知识存量，表现为人力资本构成中的普通教育程度，即用学历来反映人力资本存量。因此，我们可以依据劳动者接受学校教育的年限、劳动者的学历构成，清楚地判断和比较一个国家或地区、家庭和劳动者在某一特定时期的人力资本存量。

2. 培训投资

这是企业参与人力资本投资的主要方式，可以增加劳动者的技能存量，是用于在职培训的支出；人们为获得与发展从事某种职业所需要的知识、技能与技巧所发生的投资支出。这类投资方式主要侧重于人力资本构成中的职业、专业知识与技能存量。其表现是人力资本构成中的专业技术等级。

3. 流动投资

流动本身不能增加人力资本的价值，但流动可以促使人力资源与物质资源之间的优化配置，使潜在的经济资源转化为现实的生产力，实现人力资本的增值。

4. 卫生保健投资

这是通过对医疗、卫生、营养、保健等项服务进行投资来恢复维持和改善提高人的健康水平，进而提高人的生产能力；用于健康保健、增进体质的费用也是人力资本投资的主要形式，这方面的投资效果主要表现为人口预期寿命的提高和死亡率的降低。

5. 感情投资

这是一种非常特殊的人力资本投资，感情投资更多的是精神上的、无形的，但力量却是强大的。那种通过感情投资使得员工忠诚于企业的事例就说明了其巨大的作用。

四、人力资本投资的特点

人力资源投资一般是指企业投资在人力资产上的各种支出。它作为将资金转化为增加人力资产潜力的过程，与固定资产投资有很大区别。其特点主要表现在以下几方面。

1. 人力资源投资具有高收益性

根据有关资料显示，人力资源存量增加带来的产量增加，相当于实物资产存量增加带来的产量增加额的3倍。许多高科技企业不惜重金开发技术型人力资产，其主要目的就是取得技术成果这一高额回报。即便不是技术型人力资产，用较小的培训投入，仍能获得较丰厚的收益。

2. 人力资源投资具有高风险性

由于人力资产是唯一"活"的资产，自身具有能动性，虽然其潜力会与投资同步增长，但其潜力是否转化为劳动成果，什么时候转化为劳动成果，则取决于人力资产本身的努力程度。这一点完全不同于固定资产投资。人力资源投资的预期收益是一个较为主观的概念，在管理中只能先认定一个目标值，进而对人力资产进行约束和激励，使之尽可能地完成或超额完成目标。另外，也正是由于人力资源具有能动性，企业所能支配的仅仅是其一定时期的使用权，而非所有权，这样便难免出现人力资产在投资回收的最佳状态时离开企业的可能。为此，企业在进行人力资源投资时，必须与人力资源承载人进行谈判，根据合同来规避投资可能存在的高风险。

3. 人力资源投资存在较多的非货币计量因素

人力资源投资所投向的主体毕竟是人而不是物，人是有思维的，思维的发展在每个人身上都有所不同。有的人不需要进行高额投资，也会产生许多高收益的成果，而有的人则相反。所以企业在投资前，首先就是选择人力资源，进行定性分析，而在整个投资过程中，成本与收益的配比可能也不会像固定资产等投资那么显现货币化。投资支出换来的收益中可能会存在难以计量的效益，如职工道德水准的提高，整个群体的关系进一步融洽等。

案例2-6

你所不知道的董明珠管理思维

最近，"董明珠要求食堂给员工降价"的话题上了热搜，再次展示董明珠对员工慈爱的一面！有网友反映，这和平时印象中雷厉风行的董明珠不一样。

在大多数人印象里，董明珠一直是女中豪杰的形象，是高喊着"让世界爱上中国造"宣言的格力形象代言人，更是与雷军同台对赌10亿元的中国制造业女豪杰！然而，这个刚柔并存的女中豪杰对企业管理有一套自己的模式。

权力是用来谋公的，不能谋私。20多年前，董明珠还是格力空调经营部部长。到了旺季，格力空调供不应求。有个经销商绞尽脑汁，找到了董明珠哥哥，承诺只要能帮他拿到100万元的货，他便给董明珠哥哥2万~3万元的提成。

当哥哥找到董明珠，说明来意后，董明珠一口就拒绝了。无论哥哥如何游说，董明珠只有坚定的两个字："不行。"哥哥和经销商都百思不得其解。这不是一举两得的好事吗？拿货对于格力来说，没有损失。对于董明珠哥哥来说，还有不菲的提成。但董明珠说："如果找到董明珠的哥哥就能把事办成，那么，一个企业的诚信在哪里？"

但哥哥不理解董明珠的用意，觉得这个妹妹太不近人情，一点亲情都不讲，越想越生气，后来给董明珠写了一封信，这封信的主要内容是告诉董明珠：以后，家中族谱没你这个人了！我不再认你这个妹妹！兄妹二人从此不相往来，直到2015年，董明珠哥哥生病才冰释前嫌。

董明珠仍然表示，一个人的权力，不是为自己和家人服务的。亲人缺钱可以资助，但绝不能用她的权力在格力电器这家企业里做交易。董明珠的哥哥终于理解了她。

董明珠就是这样的铁手腕，不管对方是不是自己的亲戚，在亲情面前，也不能丧失原则。正是因为这样的董明珠，不以公谋私，才有了格力今天的成就。

企业管理，制度遵守是王道。没有规矩不成方圆，董明珠在管理上一向是雷厉风行，主张制度管人，对员工的严苛程度在业界是出了名的。

用她自己的话来说，就是她喜欢"天天带个放大镜来看问题"。她担任经营部长时，对一些员工在办公室里打打闹闹，甚至吃零食的行为很不满意，于是制定了一条"不能在办公场合吃东西"的纪律。

董明珠说，有一天员工正在吃的时候被她看见了，这时候下班铃声刚好响起，她不留情面指出"你们的嘴在吃东西的时候没有响铃，所以一人罚款50元！"那年是1995年，50块钱对他们来讲还是一笔不小的数目，个个都来求情。但是董明珠义正词严地拒绝说不行，必须罚！

以儆效尤，这件事之后员工一下子就改变了，到现在为止都绝对不会带吃的到公司去。虽然这是件小事，但是在董明珠看来细节决定成败，公司的治理必须坚守原则，遵守制度。

制度之下，福利锦上添花。在董明珠看来，为企业员工创造良好的社会环境，是一个企业家的担当与责任。因此，她认为作为企业想要更好地管理员工，除了有严苛的制度，还要有相关的人才福利政策。

格力电器于2018年开始建设的3 000余套人才公寓于2021年竣工完成，员工可拎包入住。"我们做企业的，就一定要思考怎么给员工提供一个很好的环境，从而解决他们的后顾之忧"，董明珠如是说。

目前，格力电器已解决1.2万珠海员工住房问题，基本实现"一人一居室"，同时还从话费补贴、员工重大疾病救助、建立学校等方面解决了员工住房、治病、子女上学等实际问题。

董明珠表示，给员工分房、涨薪，不是用这个条件让员工留下来，而是因为员工为企业作出贡献，企业应该给予回报，这才是最重要的。

不寄希望于人才引进，更注重内部人才培养。因为尝到了被挖人带来的痛，董明珠很不喜欢挖人，"企业高管都应该来自内部培养，自己培养的人才对企业有感情，员工也信服。"所以格力从来没有高薪聘请一个外来人才。董明珠曾自豪地说，"这些年来，我从未收留过一个跳槽到格力的人。"

董明珠认为挖来的人不会在企业待长久，而且很难融入企业，很容易涣散团队的精气神。所以，一直都在内部培养人才。董明珠表示，一个企业如果是靠挖墙脚这种"拿来主义"来壮大的，那么这个企业是没有希望的。"可能你眼前活得好，但是你可能不会活得长。"

走在中国制造业第一梯队的格力电器，现如今已经形成了一套完善的"选、育、用、留"人才培养体系。每逢春秋校园招聘时节，格力电器都会在全国60多个城市200多所高校开展应届生校园招聘，广纳贤才。

现在格力电器拥有15个研究院、126个研究所和1 045个实验室；9万多名员工中1.5万的研发人员均是来自中国各大高校、接受格力自主培养的创新型科技人才。

也正是对创新型人才的大力培养，使得如今到了"而立之年"的格力电器，已经发展成为集消费与装备两大板块为主的多元化、科技型的全球工业集团。2020年疫情之急，格力又布局医疗装备领域，持续为全球用户的美好健康生活保驾护航。制度与情感、狼性与柔情并存，是"铁娘子"董明珠的员工管理核心，也是格力在电器王国经久不衰的秘诀之一。

五、人力资本投资的作用

（1）人力资源投资，体现着社会中科技人员、企业家和经理阶层、熟练工人队伍的壮大，从而推动着产业结构不断更新，使经济社会充满活力。

（2）人力资源投资，能够提高经济活动的效益。

（3）对人力资源投资，有助于控制人口数量，减少人口规模过大对生存环境造成的压力，提高人的整体素质，使人类社会不断进步。

案例总结

全球人力资本开发利用率仅六成 中国位列第三十四位

世界经济论坛发布了《2017年全球人力资本报告》，报告指出，全球人力资本平均开发利用率仅为62%，无论是发达国家还是发展中国家，处于不同发展阶段的经济体都尚未充分实现人力资本对经济的贡献潜力。报告认为，这会导致人才充分就业受限，进而加剧收入差距。

报告对全球130个经济体的人力资本利用水平进行了详细分析并排名，排名前三的分别是挪威、芬兰和瑞士，中国位列第三十四位。在报告所评估的国家中，仅有25个国家的人力资本利用率达到70%及以上，大部分国家处于50%~70%，另有14个国家低于50%。除了欧洲三国外，美国与德国两大经济体也跻身前十。亚洲方面，新加坡、日本和韩国排在前列。

报告从四个维度对各国人力资本利用状况进行衡量：人力资本能力，主要关注劳动力的受教育程度；人力资本配置，即能力的积累与应用程度；人力资本开发，对新型劳动力的培养投入；专业技能水平，即现有劳动力技能的广度与深度。同时，报告将研究人口划分为五个年龄层，分别为：0~14岁、15~24岁、25~54岁、55~64岁、65岁及以上。

报告认为，无法人尽其才、缺乏新技能培训和终身受教育机会是阻碍各国充分发挥人力资本的重要原因，如果在教育和工作这两条促进社会包容性发展的道路上都存在缺口，全球收入不平等的状况则会进一步加剧。人力技能积累不应止步于学校教育阶段，在工作中持续积累和提升技能也是人力资本开发的重要内容。而另一方面，报告指出，现实情况则是，很多国家并不缺乏人才储备，而是未能使之达到最有效的资源配置。

"每个国家的人力资本开发战略各有不同，应视本国人口结构而定。为避免出现掉队的群体，各国都必须采取积极行动，这包括从教育到就业，从技能提升到终身学习等全面的人力资本开发措施。"世界经济论坛教育、性别与就业系统负责人萨阿迪亚·扎赫迪（Saadia Zahidi）强调。

以往，代际间不平等常被认为是造成人力资本开发不足的重要因素，然而，这份报告发现，在实现个人潜能方面，处于各年龄层的新老劳动力都面临巨大挑战。相较而言，年轻人虽然拥有更好的正式教育，但在择业中缺乏充分施展空间，很多处于工作晚期的人也会面临就业不足的问题。同时，各年龄层的在职劳动者很少有机会接触继续教育以提升专业技能，雇主通常更愿意直接招聘现成人才加以替代。

　　世界经济论坛创始人兼执行主席克劳斯·施瓦布表示："第四次工业革命不仅对劳动力就业造成冲击，也制造了全社会对新技能需求的'用工荒'。面对这样的全球人才危机，我们必须以新的思维方式变革现有教育系统，使其真正适应未来劳动力市场的需要。"

　　此项目研究合作机构领英（LinkedIn）在报告中对全球教育与技能发展新动向给出了深入分析。领英中国董事总经理于志伟则表示，企业需要拥抱可持续的人才战略和培养机制，也要善于跨行业和地域吸引高端人才。"例如，人工智能领域有14万华人技术人才分布在全球，其中美国拥有近7万华人人才，这些人才资源都是我国人工智能创新的人才矿藏。"

　　于志伟认为，随着中国经济进入"新常态"，以"互联网+"和人工智能技术浪潮为驱动的产业转型不断升级，中国劳动力市场也迎来了新的格局。"一方面人才的加速流动为供给侧人力资本的释放创造了新的动能；另一方面，市场急需大量的高技能型和复合型人才，这是能否将'人才动能'转化为'创新势能'的关键。"

第二节　社会劳动分工

灵活用工平台经济发展历程与社会化劳动变革

过去，很多人一讲企业经营就很后怕，直到互联网财税创新的观念出来，企业便改变了传统用工的观念，正视财税合规方案，将灵活用工的发展嵌入企业战略规划中，也就是"固定工"将慢慢失去痕迹，现在要转变这种观念，靠的就是灵活用工。

1. 灵活用工的三个发展阶段

（1）萌芽期：威客模式出现。

20世纪90年代，美国出现了以Zipcar为代表的分享经济平台，一些海归深受启发，回国之后开发互助式知识分享网站。

2006年采用"威客模式"的威客中国网正式上线，朱明跃在重庆创办服务外包平台猪八戒网，通过业务方发包需求方接包的形式，一种新的生产方式出现了——威客模式。这是一种1对1或者1对N的新型社会化生产模式。威客模式的出现，意味着平台经济用工关系变革的开始。

（2）发展期：互联网+财税正式拉开帷幕。

2009—2014年平台初步发展，这一年国内涌现了大量的平台企业，即时物流行业包括饿了么、美团等；出行行业有滴滴、快的以及易到用车；直播行业斗鱼和虎牙相继诞生。

这一时期平台企业在迅速发展的同时，也面临了一个新的难题——关于平台企业如何用工与劳动关系决定的应纳问题。

2013年中国内地开出首张电子发票；

2015年国家税务总局发布了《"互联网+税务"行动计划》；

2015年6—8月，杭州工猫科技发布互联网财税史上首创的行业解决方案，开启了对灵活用工劳动关系处理与对应工种如何征税的尝试。

（3）爆发期：灵活用工代表行业诞生。

2014—2018年平台进入爆发期，平台竞争加剧，以战争开始以合并结束，滴滴与快的、美团与点评纷纷合并；短视频与知识付费兴起，即时物流出现，传统运输模式被打破。

2. 智惠薪为灵活用工创造更多机会

智惠薪灵活用工作为社会化灵活用工模式的倡导者和实践者，帮助医药平台、共享充电宝、房产经纪、外卖平台、物流平台等行业出谋划策，提供一站式灵活用工税收筹划解决方案。

提出"四流合一"的业务原则。企业将业务外包给平台，平台与自由职业者建立合作关系；企业与平台签署合作协议，平台与自由职业者在线签约合作服务协议；企业通过灵活用工平台与自由职业者结算佣金报酬；平台为企业开具增值税专票，帮助自由职业者代征代缴个税并提供完税证明。

> **名言警句**
> 当一个人在深思的时候,他并不是在闲着。有看得见的劳动,也有看不见的劳动。
> ——雨果

一、劳动社会化和产业分工

(一)劳动社会化的概念

劳动社会化是一个与生产力发展相联系的概念,主要指狭小的、孤立的劳动转变为由紧密的、大规模的分工和协作联系起来的共同劳动的过程。

劳动社会化的内容主要包括三方面。

(1) 生产资料使用的社会化。生产资料单个人分散使用变为许多人共同使用,从而导致生产资料使用方面的节约。

(2) 劳动操作过程的社会化。劳动操作过程日益分解,每个人只完成总操作过程的极小部分。从而使最终产品成为许多人共同完成的、名副其实的社会产品。

(3) 劳动成果的社会化。劳动的目的已不直接满足劳动者个人的需要,而是满足他人的、市场的、社会的需要。

(二)劳动的产业分工

1. 产业

产业是社会分工和生产力不断发展的产物。产业是社会分工的产物,它随着社会分工的产生而产生,并随着社会分工的发展而发展。

(1) 产业划分。目前国际普遍流行的是三次产业划分思路,即按照人类生产发展的历史顺序进行分工。

第一产业主要指人类通过自身体力劳动直接从大自然获取的初级产品,是生产食材以及其他一些生物材料的产业,包括种植业、林业、畜牧业、水产养殖业等直接以自然物为生产对象的产业(泛指农业)。

第二产业主要指加工制造产业(或指手工制作业),利用自然界和第一产业提供的基本材料进行加工处理,即对工农业产品进行再加工。

第三产业是指第一、第二产业以外的其他行业(现代服务业或商业),范围比较广泛,主要包括交通运输业、通信产业、商业、餐饮业、金融业、教育、公共服务等非物质生产部门,是人们为生产、生活及社会发展提供产品交换和服务的部门。

(2) 产业结构。产业结构也叫产业体系,是社会经济体系的主要组成部分。产业结构是各产业的构成以及各产业间的联系和比例关系。国民经济各产业部门之间以及各产业部门内部的构成。社会生产的产业结构或部门结构是在一般分工和特殊分工的基础上产生和发展起来的。研究产业结构,主要是研究生产资料和生活资料两大部类之间的关系;从部门来看,主要是研究农业、轻工业、重工业、建筑业、商业、服务业等部门之间的关系,以及各产业部门的内部关系。产业结构高度化,也称产业结构高级化。指一国经济发展重点或产业结构重心由第一产业向第二产业和第三产业逐次转移的过程,标志着一国经济发展水平的高低和发展阶段、方向。产业结构高度化往往具体反映在各产业部门之间产值、就业人员、国民收入比例变动的过程上。

2. 行业

行业是指其按生产同类产品或具有相同工艺过程或提供同类劳动服务划分的企业或组织群体的集合，如服务行业、饮食行业等。

我国采用经济活动同质性原则划分国民行业。根据我国 2017 年公布的《国民经济行业分类》（GB/T4754—2017），将我国行业分为 20 个门类、97 个大类、473 个中类、1381 个小类。国民经济行业分类新旧结构对照如表 2-1 所示。

表 2-1 国民经济行业分类新旧结构对照

GB/T 4754—2017				GB/T 4754—2011			
门类	大类	中类	小类	门类	大类	中类	小类
A 农、林、牧、渔业	5	24	72	A 农、林、牧、渔业	5	23	60
B 采矿业	7	19	39	B 采矿业	7	19	37
C 制造业	31	179	609	C 制造业	31	175	532
D 电力、热力、燃气及水生产和供应业	3	19	18	D 电力、热力、燃气及水生产和供应业	3	7	12
E 建筑业	4	18	144	E 建筑业	4	14	21
F 批发和零售业	2	18	128	F 批发和零售业	2	18	113
G 交通运输、仓储和邮政业	8	27	67	G 交通运输、仓储和邮政业	8	20	40
H 住宿和餐饮业	2	10	16	H 住宿和餐饮业	2	7	12
I 信息传输、软件和信息技术服务业	3	17	34	I 信息传输、软件和信息技术服务业	3	12	17
J 金融业	4	26	48	J 金融业	4	21	29
K 房地产业	1	5	5	K 房地产业	1	5	5
L 租赁和商务服务业	2	5	58	L 租赁和商务服务业	2	11	39
M 科学研究和技术服务业	3	19	48	M 科学研究和技术服务业	3	17	31
N 水利、环境和公共设施管理业	4	18	33	N 水利、环境和公共设施管理业	3	12	21
O 居民服务、修理和其他服务业	3	16	32	O 居民服务、修理和其他服务业	3	15	23
P 教育	1	6	17	P 教育	1	6	17
Q 卫生和社会工作	2	6	30	Q 卫生和社会工作	2	10	23
R 文化、体育和娱乐业	5	27	48	R 文化、体育和娱乐业	5	25	36
S 公共管理、社会保障和社会组织	6	16	34	S 公共管理、社会保障和社会组织	6	14	25
T 国际组织	1	1	1	T 国际组织	1	1	1
（合计）20	97	473	1 381	（合计）20	96	432	1 094

案例 2-7

"智"造美好生活 数字化打造生活服务新样态

无人餐厅、VR 体验馆、光影互动馆、减压体验馆、胶囊酒店、汉服体验、脱口秀俱乐部……2021 年，随着疫情防控常态化，大众消费需求日趋回暖，许多便捷、创新的美好生活服务也应运而生。盘点过去一年不难发现，逾百种普通生活新样态在各行各业释放出新动能。

在疫情的倒逼之下，供应端与需求端之间通过数字平台构建了线上数字桥梁，造就了"指尖消费"与"宅经济"的异军突起，许多便捷、创新的美好生活"新样态"服务也应运而生。

具体来看，"新样态"是以消费者多样生活需求和诉求为原点，以线上对接的方式，高效率匹配需求和供给，让新服务、新商业落地到生活场景当中，通过新生态、新模式满足用户的新价值需求，为人们的美好生活提供服务基础。

数据显示，美团等生活服务业平台，作为供需两头的连接桥梁，承载了各类"新样态"的服务。2021 年逾百种生活新样态发展兴起。截至 11 月，此类服务产品的总交易额增速同比超 100%，年均增长率达到 44%，涉及餐饮娱乐、文化旅游、体育健康、养老助老等各色各样的生活领域。

"新样态"是人们美好生活诉求升级的多维表达。数字化时代消费者行为特征发生了根本性的变化。人民对美好生活的向往不仅表现在物质需求升级的态势上，更表现在对丰富精神文化生活的期盼上。

也就是说在"新样态"下，消费者不再只基于产品上的物质性，甚至也不仅是技术中的功能性，而在于能给消费者带来体验的精神层面。消费结构正在逐渐从物质消费、必需品消费、发展消费向舒适消费、健康消费、快乐消费延伸和拓展。

美团最新发布的数据显示，在创造性地满足人们美好生活诉求升级的过程中，许多精神层面"新样态"的生活服务是从 0 到 1 逐渐涌现、生长和发展的。如 360 沉浸剧本杀、插画手作馆、宠物私教减肥班、植发养发、共享录音棚等新样态的交易额增速同比最高超 235%，增量已相当可观。

"新样态"需要数字技术拓展服务场景。"新样态"由数字化驱动、由"数字+"拓展服务的宽度和深度。疫情的影响促使"宅经济"盛行，无人零售、机器人餐厅、智慧微菜场、智能盒子等数字化"新样态"服务广泛渗透消费者出行、购物、娱乐、社交等多个服务场景，使得人们生活方式更加便捷化、消费范围更加多样化。

仅以短视频服务场景为例，《中国互联网络发展状况统计报告》显示，截至 2021 年 6 月，我国短视频用户规模已达 8.88 亿，这一用户规模隐藏了巨大的消费需求。如生活服务业平台与短视频平台的互联互通的数字合作模式就将拓展传统服务场景，打通内容场景营销、在线交易及线下履约服务能力，共同为用户创造"一站式"完整消费链路，或将成为"新样态"服务的主战场。

值得一提的是，2020 年中国本地生活服务市场规模为 19.5 万亿元，到 2025 年这一数字有望增长为 35.3 万亿元。可见，"十四五"时期，围绕消费互联网和产业互联网打造"数字+"的新样态服务场景仍将是主旋律。

"新样态"需要数字平台降低服务搜寻成本、提高搜寻效率。客观现实是,"新样态"往往囿于后发劣势,线下有限的信息触及范围,极大地限制了消费者发现、定位、评估和购买的服务类型。而数字化平台可通过增进买卖双方之间的匹配拓展了服务消费的时间和半径,减少"新样态"服务供需匹配时间而且增加便利性和交易成功率,帮助消费者定位在线下不易被发现的服务。而有了平台的推荐,消费者在服务选择上也有了更大的选择空间和更高的效率。在这一点对"新样态"服务的提供方也是同样具备优势的,通过平台带来的消费者快速匹配,使得地理位置对商家的限制逐渐减弱,在选址上有了更大的选择空间。

然而,伴随着人民对美好生活的向往和主流消费人群的更迭,"新样态"供给端也需要更加适应高速迭代、门类愈发细化的服务消费市场,其健康发展则需要政策"软硬兼施"。

一方面要优化软环境服务,平衡网络效应和竞争效应之间的关系。政府需要推动事前监管和全链条监管,构建数字化治理体系模式,确保数字经济下"新样态"服务商业生态圈的良性竞争。另一方面,要强化硬装备支撑,释放数字基础设施建设的溢出效应。这便要求加快传统产业的数字化转型,激发"宅经济"、智能居家、虚拟云旅游等新领域新业态的生成,营造高效、高质、有活力的"新样态"服务场景。

二、职业

职业,是指以生计维持、社会角色分担、个性发挥和自我实现为目的,持续进行的劳动或工作,个人所从事的服务于社会并作为主要生活来源的工作。

职业随着时代的发展在不断变化,职业的变迁与人类社会的发展紧密相连,从一个侧面折射出时代的进步,反映了人类社会的发展和进步。

中国职业分类,根据中国不同部门公布的标准分类,主要有三种类型。

第一种:1982年3月公布的《职业分类标准》。该标准依据在业人口所从事的工作性质的同一性进行分类,将全国范围内的职业划分为大类、中类、小类三层,即8大类、64中类、301小类。其8个大类的排列顺序是:第一,各类专业、技术人员;第二,国家机关、党群组织、企事业单位的负责人;第三,办事人员和有关人员;第四,商业工作人员;第五,服务性工作人员;第六,农林牧渔劳动者;第七,生产工作、运输工作和部分体力劳动者;第八,不便分类的其他劳动者。在8个大类中,第一、二大类主要是脑力劳动者,第三大类包括部分脑力劳动者和部分体力劳动者,第四、五、六、七大类主要是体力劳动者,第八大类是不便分类的其他劳动者。

第二种:1985年实施的《国民经济行业分类和代码》。这项标准主要按企业、事业单位、机关团体和个体从业人员所从事的生产或其他社会经济活动的性质的同一性分类,即按其所属行业分类,将国民经济行业划分为门类、大类、中类、小类四级。门类共13个。

(1) 农、林、牧、渔、水利业;

(2) 工业;

(3) 地质普查和勘探业;

(4) 建筑业;

(5) 交通运输业、邮电通信业;

(6) 商业、公共饮食业、物资供应和仓储业;

(7) 房地产管理、公用事业、居民服务和咨询服务业；

(8) 卫生、体育和社会福利事业；

(9) 教育、文化艺术和广播电视业；

(10) 科学研究和综合技术服务业；

(11) 金融、保险业；

(12) 国家机关、党政机关和社会团体；

(13) 其他行业。

第三种：根据《中华人民共和国职业分类大典》将我国职业归为 8 个大类，66 个中类，413 个小类，1 838 个细类（职业）。

8 个大类分别是：

第一大类：国家机关、党群组织、企业、事业单位负责人，其中包括 5 个中类，16 个小类，25 个细类；

第二大类：专业技术人员，其中包括 14 个中类，115 个小类，379 个细类；

第三大类：办事人员和有关人员，其中包括 4 个中类，12 个小类，45 个细类；

第四大类：商业、服务业人员，其中包括 8 个中类，43 个小类，147 个细类；

第五大类：农、林、牧、渔、水利业生产人员，其中包括 6 个中类，30 个小类，121 个细类；

第六大类：生产、运输设备操作人员及有关人员，其中包括 27 个中类，195 个小类，1 119 个细类；

第七大类：军人，其中包括 1 个中类，1 个小类，1 个细类；

第八大类：不便分类的其他从业人员，其中包括 1 个中类，1 个小类，1 个细类。

这三种分类方法符合中国国情，简明扼要，具有实用性，也符合中国的职业现状。

案例 2-8

新职业打开就业新空间

2021 年 3 月 18 日，人力资源和社会保障部会同国家市场监督管理总局、国家统计局发布了集成电路工程技术人员、企业合规师、公司金融顾问、易货师、二手车经纪人、汽车救援员、调饮师、食品安全管理师、服务机器人应用技术员、电子数据取证分析师、职业培训师、密码技术应用员、建筑幕墙设计师、碳排放管理员、管廊运维员、酒体设计师、智能硬件装调员、工业视觉系统运维员等 18 个新职业信息。这是《中华人民共和国职业分类大典（2015 年版）》颁布以来发布的第四批新职业。这些新职业有哪些新特点？蕴藏了哪些就业新机遇？人力资源和社会保障部有关负责人进行了解答。

数字化技术发展催生出新职业。随着互联网技术发展，2012 年，"电子数据"作为新的证据形式被纳入《中华人民共和国刑事诉讼法》，电子数据取证作为一种全新的取证技术广泛应用于刑事诉讼活动中。电子数据调查分析服务也由司法机关逐渐延伸至其他行政执法部门和大型企事业单位。人社部有关负责人表示，"电子数据取证分析师"纳入职业分类目录，将有效推进该职业规范化、专业化建设，为公共环境健康安全提供有力科技保障。

密码技术被公认为保障网络与信息安全最有效、最可靠、最经济的技术。随着数字经济快速发展，密码服务也扩展到物联网、智慧城市等方面，呈现出智联智融的特征，催生出隐私保护、零信任、多方安全计算等新型密码技术。为规范密码应用和管理，《中华人民共和国密码法》提出"国家加强密码人才培养和队伍建设"。据介绍，"密码技术应用员"作为密码技术应用供给侧、用户侧、监管侧的主力军，将为数字经济的安全、融通、监管等方面保驾护航。

近年来，随着我国人口老龄化程度持续加深，劳动年龄人口减少以及人力成本上升，各行业、产业对服务机器人的需求快速增加，服务机器人已广泛应用在教育、娱乐、物流、安防巡检等领域。特别是新冠肺炎疫情发生后，服务机器人在医疗、餐饮等方面的应用迎来爆发式增长。据悉，"服务机器人应用技术员"直接负责服务机器人的需求反馈、应用与推广，是推动服务机器人产业发展的重要人才支撑。

此外，"集成电路工程技术人员""智能硬件装调员""工业视觉系统运维员"等都是数字化技术发展和变革催生出的新职业，这些新职业对于促进数字经济的健康发展具有重要意义。

企业高质量发展孕育出新职业。扎实推动经济高质量发展和提升企业国际竞争力，对企业合规建设提出了更高要求。企业合规管理是对企业法律、财务、审计、进出口、劳动环境、社会责任等多方面进行合规管控，具有较强的综合性、独立性和技术性。近年来，政府出台了一系列企业合规管理政策及指引，如《企业海外经营合规管理指引》《中央企业合规管理指引（试行）》等。据悉，"企业合规师"将在规范企业投资经营行为、注重环境保护、履行社会责任、提高企业竞争软实力等方面发挥积极作用。

融资是企业生存发展的重要业务，企业通过"公司金融顾问"对接金融机构和金融市场，可有效避免投融资信息不对称等问题，还可在实现金融结构调整的同时，培育出新的业务和商机。据了解，银行等金融机构也可通过"公司金融顾问"拓展多元化业务，平抑经济周期波动带来的风险，提升服务实体经济效能。

借助现代信息技术手段，通过高效实用的以物易物平台，对剩余资产进行有效整合，实现资源快速互通和对接，已成为企业突破地域限制、实现自由对接，解决资金短缺、产品积压的重要手段。据介绍，专业"易货师"能系统运用资源整合理论，促进产、供、销和谐分配和优化资源，有效解决产品迟销、滞销、停销问题，是易货企业所急需的新兴复合型人才。

绿色发展理念和食品安全要求涌现出新职业。党的十九大报告提出，"建立健全绿色低碳循环发展的经济体系"。2020年年底，《碳排放权交易管理办法（试行）》出台，推动经济发展方式绿色低碳转型。碳排放管理是一个技术性、综合性较强的工作，需要掌握相关碳排放技术，熟悉政策和标准，做好碳排放规划、核算、核查和评估等。"碳排放管理员"新职业应运而生。据悉，这一职业从业人员将在碳排放管理、交易等活动中发挥积极作用，有效推动温室气体减排。

食品安全关系人民群众身体健康和生命安全，关系社会和谐稳定，是重大的民生问题。随着生活水平的不断提高，食以安为先的要求更为迫切。国家在加强食品安全监管的同时，也需要引导食品生产经营单位自主开展食品生产、流通、销售、服务等全流程的安全控制，全面提高食品安全质量。"食品安全管理师"作为食品生产、餐饮服务和食品流通等活动中从事食品安全风险控制和管理的人员，未来会有巨大的市场需求。

人民日益增长的美好生活需要派生出新职业。汽车更新换代带来大量二手车交易需求，且交易方式呈现出复杂化、多样化和专业化的趋势。二手车交易涉及品牌认证、拍卖交易、委托交易及各种金融服务、质保等业务，从而催生出专业的"二手车经纪人"，通过提供专业化的交易咨询和交易服务，维持公平、公开、透明的交易秩序，提高交易效率，满足公众对汽车的个性化需求。

随着生活模式改变及生活节奏加快，原先单一的茶叶、牛奶或酸奶等饮品，已难以满足消费者多样化需求，近年来出现了将茶叶、奶、果蔬等融合开发出的新式可口健康饮品，广受群众特别是年轻人的喜爱。"调饮师"作为新兴职业，不仅有利于促进灵活就业，还可带动茶叶、奶类及果蔬等产业的发展。

人社部有关负责人表示，新职业的发布，对于增强从业人员的社会认同度、促进就业创业、引领职业教育培训改革、推动产业发展等，都具有重要意义。新职业发布后，人社部将会同相关部门和单位加快新职业的职业标准开发，指导人才培养培训，提升从业人员的素质和能力，打造数量充足、素质优良的从业人员队伍。

（一）职业的特征

1. 职业的社会属性

职业是人类在劳动过程中的分工现象，它体现的是劳动力与劳动资料之间的结合关系，其实也体现出劳动者之间的关系，劳动产品的交换体现的是不同职业之间的劳动交换关系。这种劳动过程中结成的人与人的关系无疑是社会性的，他们之间的劳动交换反映的是不同职业之间的等价关系，这反映了职业活动职业劳动成果的社会属性。

2. 职业的规范性

职业的规范性应该包含两层含义：一是指职业内部的规范操作要求性，二是指职业道德的规范性。不同的职业在其劳动过程中都有一定的操作规范性，这是保证职业活动的专业性要求。当不同职业在对外展现其服务时，还存在一个伦理范畴的规范性，即职业道德。这两种规范性构成了职业规范的内涵与外延。

3. 职业的功利性

职业的功利性也叫职业的经济性，是指职业作为人们赖以谋生的劳动过程中所具有的逐利性一面。职业活动中既满足职业者自己的需要，同时，也满足社会的需要，只有把职业的个人功利性与社会功利性结合起来，职业活动及其职业生涯才具有生命力和意义。

4. 职业的技术性和时代性

职业的技术性指不同的职业具有不同的技术要求，每种职业往往都表现出一定相应的技术要求。职业的时代性指职业由于科学技术的变化，人们生活方式、习惯等因素的变化导致职业打上那个时代的"烙印"性。

案例2-9

95后总裁：何浚炫——数字化工具助力实现创业梦

如今，越来越多的年轻人已经在行业崭露头角，成为受到认可的行业领袖。

这些年轻总裁们,对行业有着自己的理解。他们善用数字化管理工具,进行跨越代际的企业经营管理,践行着跟他们的 80 后、70 后前辈们完全不一样的管理理念。

生于 1999 年的何浚炫是个典型例子。何浚炫 15 岁高中时便有创业经历,19 岁后创立 Treelab,屡次上榜年轻创业者领袖。

当年,何浚炫发现不少企业员工在工作中高度依赖于 Excel,但 Excel 只是一个通用软件,而非数据库。因此员工在运用时只能不停地接受、整理以及修改数据。发现这个痛点后,何浚炫的 Treelab 就试图解决这个问题。何浚炫研发 Treelab 简直就是一个挑战微软 Excel 的平台。Treelab 可以通过轻量化的方式,搭建无代码协同办公平台,解决 Excel 使用场景中无法解决的问题。

目前,Treelab 的客户包含小米、绿地集团、雀巢、晨光等知名企业。在采访中,何浚炫表示,他做 Treelab 是以微信为榜样,做一个兼顾厚度与广度的产品:"微信是我们的榜样,微信的产品复杂度或者说厚度控制得非常好。小白用户可以不使用小程序,只聊天。而一个深度用户能用到里面附加的很多功能。"

在企业管理实践中,何浚炫作为 Z 世代的一员,非常善于用数字化管理工具进行企业管理。

作为互联网时代的原住民,何浚炫更容易理解数字化的企业管理经营方式,也更能快速地掌握这种新型工具,并更好地运用到实践中来。比如在 2020 年年底,何浚炫就利用企业微信进行客户管理和业务拓展。

企业微信具有直接连接 C 端的能力,用户直接通过微信扫码就能添加,省去了额外下载 APP 的麻烦。微信的海量用户,让企业微信成为与客户沟通便捷又智能的桥梁。

现实中,几乎只要你有智能手机,你就会下载微信。简单来说,用微信做企业的客户管理,几乎没有门槛。你不用说服客户去下载微信,他手机里已经自带微信。

而且,从微信到企业微信,可以无门槛打通。给企业,尤其是需要直接触及消费者的企业,提供了一个直达通道,解决了企业与客户连接的问题。

不仅对于客户管理,而且对于内部员工来说,这些数字化工具成为企业和员工平等对话的重要桥梁,也帮助企业规划愿景和员工个人价值实现协同,让员工个人得到快速提升。

"数字工具能让一个人从 60 分提升到 80 分。"何浚炫举例道,当一个没有经验的人初入岗位时,难免会感到难以着手,还要费功夫搞清楚上下游的承接。而通过数字化工具,将流程和目标拆分之后,即使是缺乏经验的员工,也能立马上手,找到下一步要进行的工作。"它会让管理更简单。"何浚炫总结。

对于员工提升,何浚炫还有着独特的思考。他认为,数字化工具的最大价值就是推动信息透明化和组织扁平化。这样,能帮助员工"去螺丝钉化",充分发挥个体的独立思考能力和主体能动性。

在激烈的竞争中,新一代年轻创业者们越来越善于站在前人的肩膀上,借助时代的浪潮来实现自己的创业梦想。智能化的数字工具让他们如虎添翼,在事业成长的路上突飞猛进。

(二)我国职业发展趋势

影响职业发展的因素很多,如社会及管理的变革、技术变革、经济发展、产业及行业的演变,等等。目前,我国职业发展的总体趋势表现在以下几方面。

1. 单一、基础型向跨专业、复合型转化

职业岗位要求和劳动方式逐步由简单向复杂转化，职业内涵不断丰富，单一的技能很难胜任公司的工作需求，更需要跨专业和复合型人才。

2. 传统工艺型向智能型转化

传统已远远不能满足社会需求，职业岗位科技含量要求越来越高，技术更新速度加快，工作内容也随之不断更新。

3. 服务型职业由普通低端向个性化、知识型转化

制造向智造趋势发展，社会生产力的提高解放了劳动力，越来越多的人需要行业提供个性化服务，个性设计追求使得服务业对从业人员的要求随之提升，从而向知识服务型转变。

4. 封闭型向信息化、开放型转化

现如今职业岗位工作的范围和面向的服务对象越发广泛，人与人之间联络、沟通、协作、咨询也大大加强。

5. 继承型向创新创造型转化

勇于创新、敢为人先，紧盯科学、技术、产业、管理的前沿，努力在基础研究、重大项目、重点工程中刻苦攻关、施展才华。这正是当代大学生需转变的思路，不断树立创新意识，在自己的岗位上进行创造性劳动。

案例 2-10

新时代国企青年：争当创新创造先锋

从南海上的我国首个 1500 米自营深水大气田，到贵州平塘的"中国天眼"、再到"一带一路"上的大型化工工程……这些"大国工程"背后，新时代国企青年的创新创造之力不可或缺。

他们争当创新创造的先锋，在中央企业打造原创技术策源地、现代产业链链长中勇当尖兵，正为做强做优做大国有资本和国有企业、发挥国有经济战略支撑作用、加快建设世界一流企业贡献青春力量。

2021 年 4 月 29 日，我国空间站核心舱"天和"号在海南文昌发射场一飞冲天，标志着我国空间站时代已经到来。此时，在 150 公里外的海上，我国首个 1 500 米自营深水大气田——"深海一号"大气田水下施工已接近尾声，ROV（水下机器人）总监韩超正带领团队做最后的收尾工作。

上天不易，下海更难。ROV 是深海油气开发的必备装备，领航员是 ROV 的操作者，培养难度大、周期长、费用高，被业界称为"深海宇航员"，这一领域一直被欧美国家垄断。甚至有人断言，中国可以把宇航员送入太空，但短时间内不可能培养出自己的领航员队伍。

2007 年，21 岁的韩超加入中国海油，摆在他面前的只有两台"元老"级 ROV，没有任何培训体系和实操机会，每次下水都是站在外国人身后看。

"一定要从'老外'手中拿回操作权。"他暗暗下定决心，几乎天天泡在控制间和维修间里，抱着厚厚的英文资料不停钻研，并抓住一切机会进行练习。日复一日的刻苦训练下，他和团队仅用 5 年的时间，便达到了国外领航员 10 年的水平。

在过去 2 年多时间里，韩超还带队完成国内首个深水自营油田群项目流花 16-2、首个

自主实施超千米深水水下工程总包项目流花 29-1 等多个深海油气开发水下施工作业，推动我国深水施工技术从 300 米水深成功迈入 1 500 米"超深水"时代。

10 年来，姜鹏每年有一多半时间在贵州深山中。他曾担任"中国天眼"奠基者南仁东的助理，如今是"中国天眼"运行和发展中心总工程师。

"中国天眼"的索网结构，在世界范围来看，也是跨度最大、精度最高、工作方式最特殊的，对抗疲劳性能的要求极高。现有钢索都难堪重任，如果问题不解决，整个望远镜的建设就得停滞。

在南仁东的指导下，姜鹏带着一帮青年人，用整整两年时间，进行了系统、大规模的索疲劳试验。近百次失败后，他们却越挫越勇，从千头万绪中不断探寻问题关键，终于研制出超高耐疲劳钢索，成功支撑起"中国天眼"的"视网膜"。

从新疆到青海、从山东到浙江、从沙特、土耳其到哈萨克斯坦，都有邵景华的足迹。

现任中国化学工程天辰公司土建工程部结构三室副主任的他，先后参与了国内外大型化工工程项目数十项，承担了公司基础性技术工作近二十项，获得"中国石油与化工勘察设计协会"专有技术三项，有效降低项目投资成本，取得显著经济效益。

2020 年，邵景华担任公司某重点项目结构专业负责人，带领团队冲锋在前，攻坚克难。项目开始至今，他从未休过一个完整周末，8 个月时间完成施工图 1 500 余张，保证了项目的施工进度。

尽自己的力，发一分光。"国之事，我之任，大国重器，铸造有我。"正是韩超、姜鹏、邵景华这样的一代代青年人勇于担当、接力相传，才有我国科技创新成果的蓬勃涌现，才有从一穷二白到经济总量迈上百万亿元新台阶的百年发展奇迹。

6. 职业活动趋向绿色、可持续、低碳

随着碳中和、碳达峰目标的提出及逐步推进落实，我们迎来了以绿色经济、低碳技术为代表的新一轮产业和科技的革新，绿色经济发展需要有高素质、专业化的人力资本支撑，需要开发、培养和塑造出一大批绿色职业从业人员，从而绿色低碳经济催生出的"绿色职业"再次进入大众视野。

案例 2-11

能源新生代的低碳观："碳中和"前景广阔，愿将职业未来锚定于此

2020 年 9 月，在第七十五届联合国大会上，中国向世界庄严承诺：力争 2030 年前二氧化碳排放达到峰值，努力争取 2060 年前实现碳中和目标。

在"碳中和"蓝图建设中，能源行业一马当先，不断吸收着技术、装备、资本、人才等资源加入，为如期实现"碳中和"发挥着"排头兵"的作用。

中国实现"碳中和"，不是一蹴而就的，需要能源行业新生代力量的接力，需要一两代人的持续奋斗。能源行业的年轻人们，将接棒走向未来的责任与使命，将在未来代表中国向世界骄傲宣布：我们实现了"碳中和"！

在中国石油大学（北京），就有一位对"碳中和"颇感兴趣的"能源新生代"。她叫刘晓明，是一位河北姑娘，目前正在读大三。平日里，刘同学是一位恬静而专注的女孩，但当谈起"碳中和"时，她的神采与语气都会变得更加干练与成熟：

"气候变化是现在人类面临的全球性问题，我国提出'碳中和'目标，并将之写入'十四五'规划，是顺应全球绿色低碳发展潮流，同时也是在满足人类可持续发展的需要。'碳中和'目标的达成，将让我们的天更蓝、水更绿。"

从寥寥数语中不难看出，对于"碳中和"的未来前景，刘同学已经从宏观认识、经济影响以及行业演变建立了相当程度的见解与认知。作为一名石油院校的当代大学生，从他们的"低碳观"中可以感受到对零碳世界的未来憧憬和美好期待。

在刘同学眼中，"碳中和"背景下，煤炭、石油等化石能源的使用必然是有限制的。太阳能和风能等新能源，未来将会成为整个能源供应系统中的重要补充乃至成为主力能源，因此新能源具有很广阔的发展前景，新能源企业肩头的责任也会愈发重大。

"我觉得作为新能源企业，在全球绿色能源变革的大潮下，要坚持科技创新驱动，走高质量发展之路，要将生态文明建设视为义不容辞的社会责任，助力全球'碳中和'目标的实现。我本身所在的学校就是能源类的高校，结合新能源的发展前景及行业使命，我是很倾向于加入新能源行业的。"刘同学表示。

沿着职业规划的话题，刘同学又谈起了她对新能源企业的了解。她说道："在新能源企业中，我对晶澳最为了解，作为光伏行业的龙头，晶澳一直将'开发太阳能，造福全人类'作为企业使命，为光伏行业提供源源不断的绿色技术支持，为实现'碳中和'目标持续贡献着力量，是一个了不起的企业。"

说到晶澳，刘同学的话语中充满了赞誉，也有更多的信任与感激。实际上，刘同学还是晶澳"万名贫困学子救助工程"的受助人之一。近年来，晶澳在为世界贡献绿色能源、助力"双碳"目标达成的同时，还在积极承担社会责任，通过捐建希望小学、资助贫困学子等惠民工程，将"阳光"洒向社会，用实际行动温暖更多人。

"可以说，没有晶澳科技，可能就没有我的现在乃至未来。当时因为晶澳的帮助，我才有机会踏入大学的校门，自此以后，晶澳'堂堂正正做人，兢兢业业做事'的企业信念就成了我的座右铭，一直支持我走到今日。"刘同学表示。

"'碳中和'目标的实现，需要新能源龙头企业的奉献和引领，通过以点带面、多方突破，绿水青山、金山银山的美丽画卷一定能够成为现实。作为年轻学子，我愿意将自己的未来融入这个领域，在追求职业发展的同时，为社会做更多有价值的事情。"刘同学说道。

受到新能源企业帮助，同时就读于能源类大学，如今又怀着对能源的热爱谋划职业未来，希望加入新能源行业作出更大贡献。刘同学的事例，展现出的是能源行业的温暖与传承，在这样的"接力"下，更多的希望在汇聚，更多的新生力量在生长，"碳中和"的未来将无限美好。

（三）新经济背景下的职业发展新变化

首先，随着科技更新的日新月异，越来越多的高精尖的技术诞生，对于人才的需求和技能的需求越来越高。经济的发展推动着科技的进度，给未来的职业发展提供越来越多的新兴岗位，而且这些岗位的需求也会远高于普通的职位，比如自动驾驶，无人飞机，智能设备，云，乃至于元宇宙等。这些一方面给社会提供了一系列的新的高端计算岗位，另一方面推动了人才的升级。可以预见的是以前的一些技术岗位，需求都是大学本科学历以上，而现在的这些高端职位，基本上会要求研究生起步。同时，最近的研究生报名人数再次破纪录达到460万也说明了这点，人们越来越关注去提高自己的学历和技能来满足更高的职位要求。

其次，智能化和自动化的趋势势不可挡。随着社会的发展和进步，当代年轻人的职业观和价值观有了很大的变化，新一代的年轻人很少愿意去从事一线的、低技术含量的劳动密集型的行业，这就导致了很多加工制造业、建筑业的劳动力短缺甚至断层。没有人愿意从事这些行业，逼迫行业必须升级，这个时候智能化和自动化就顺势而生。没有操作员，那么就用机器人，没有劳务工就想办法把需求集中，集成。各种变更和变革出现。一线大厂的无人车间，汽车行业巨头的机器人生产线，越来越多的低端职位开始被智能设备所取代，可以预见，接下来的职业发展的一个新的爆发点会是技术人员，也就是我们通常所说的"蓝领"，越来越多的机器、设备，也意味着需要更多的技术人员操作、维护。从市面上的薪资也可以看出，其实蓝领的工资待遇不比所谓的"白领"差，很多人的薪资远超过CBD的一些小白领。

案例2-12

调饮师：调出生活好滋味

出生于1993年的陆蒙丽，总说在这个行业，自己是一个"老阿姨"。老家广西的她，在疫情发生前夕辞掉了咖啡师的工作，回到老家。疫情结束后，经过原老板的引见，陆蒙丽认识了现在的老板，并从2020年6月开始接受统一培训。经过两个月的理论和实践训练，陆蒙丽成功拿到了结业证书，并通过了考核开始正式上岗，如今已经是这家奶茶加盟店的店长了。

2021年3月，人社部新增了多个职业认证，其中就包括调饮师。自此，原先的"奶茶小哥""奶茶小妹"终于有了"身份证"。

陆蒙丽表示，年轻是调饮师群体最大的特点，目前该品牌奶茶店在宁波有70~90家的门店，人员大部分是17~22岁，以"00后"居多。陆蒙丽店里有七八名员工，"我们的团队配合很默契，有活力，平时也喜欢相互调侃，工作环境比较轻松"。

"在10时正式营业之前，我们需要制作茶汤、蒸煮配料、制备果茸等。原材料都是公司统一采购配送的，并附有相应的检验报告。"陆蒙丽边备料边告诉记者，为保证食品安全，员工在备料的过程中必须全程佩戴手套，且不得碰触除了配料以外的东西。另外大家还会做好卫生消杀工作，依照少量多次的原则备货，既卫生健康，又能避免浪费。

除了保证健康卫生，饮品的质量把控也同样重要。"大到煮茶的时间、温度、冰量、糖量、加料的剂量，小到贴标位置、配料放置等，都要控制得很精准。只有这样，才能保证在同一条件下，各加盟店的味道保持一致。"

"我们一天的出货量很大，一般在300单左右，最多时在600单以上，这样的出货节奏很考验团队的配合度。"陆蒙丽说。为了提高效率，陆蒙丽一般会安排服务线一人，负责下单、贴杯、出杯打包和回复顾客要求等，吧台区高峰期三四人，平时是一两人，流水线制作饮品，后区制备线一两人，随时支援前线，准备配料。此外，因岗位轮换，每位调饮师都需要适应这三种分工，熟记不同产品的配方。

10时，吧台旁的标签机就开始吱吱吐单，忙碌的一天开始了。服务区的员工根据顾客要求挑选杯型，贴上标签，转交给吧台区的调饮师，调饮师快速看一眼标签上的需求，舀几勺配料进去，转手交给身边的同事继续加料。辗转数次，杯子再回到服务区员工手上时已经变得很沉，盖好盖子，擦干净杯身，随即交给等待着的顾客，临走前再为顾客送上祝福，整个流程才算结束。送到顾客手中的饮品，实际上是由多位调饮师合力完成的。而且每条工作线的调饮师需要尽量在"左右转身"的范围内，和其他调饮师完成环节的衔接，保证整体制作流程高效、顺畅。

从11时30分开始，饮品制作进入高峰期。"天气慢慢热起来了，订单量增长很快，但人手还是这些，就难免出现爆单、出品慢等情况，顾客或骑手一催单，就容易烦躁，遇到这种情况，就只能互相体谅，毕竟谁都不容易。"陆蒙丽说。

下午三四时店里进入一个相对空闲的时间段，陆蒙丽终于有时间坐下来稍微放松一下，但她并没有点开短视频，而是在各个平台上查看客户的评价。"我一空下来就会刷一刷评论，看到好评就会像打了鸡血一样，看到不太好的评价，也会耐心回复，或者采用电话回访的方式，尽量提升品质和顾客的满意度。"

晚上9时半左右，服务线上的员工在接一个电话的时候显得有些局促，似乎是遇到了什么问题，陆蒙丽立刻上前询问，原来是因为没有骑手接单，顾客等得不耐烦了。"遇到这种情况我们也很无奈，只能先联系平台，让他们安排骑手，若还是不行，就只能让顾客退单或者重新下单。这些没能送出去、过了饮用时限的饮料就只能报损了。我们也希望日后随着人员配送效率的提高，报损率能下降，不然这些饮料浪费掉太可惜了。"陆蒙丽说。

"忙碌"是调饮师工作的常态，有的时候忙起来连厕所都没时间上，用餐也只能草草解决，站一天腰酸背痛。调饮师这项看似简单的工作，背后的辛酸苦辣也只有当事人才清楚。

如今，大多数的茶饮店饮品早已不是过去用各种奶精粉末勾兑制作的粗劣饮品了，而是改用茶叶、水果、鲜奶制作，以提升品质，吸引受众消费，甚至还衍生出了社交属性。

但与行业快速发展实际需求不相称的是，在职业技能标准和水平评价工作等方面仍是空白。加上人们对这一行的传统职业认知，使得许多从业人员对自身工作缺乏自信，以致这类工作岗位流动性大，人才大量流失。

相信这次在得到官方认证后，调饮师这一职业会被更多人所接受，产生更多的身份认同感。人社部表示，确定调饮师为新职业，不仅有利于促进灵活就业，还可带动茶叶、奶类及果蔬等产业的发展。下阶段，将对调饮师这个职业制定一系列等级分类和资格认证标准，这也就意味着调饮师将有更专业的知识技能、更明晰的职业发展道路、更规范的从业标准，从而带动整个行业良性发展。

（四）新职业

新职业是指经济社会发展中已经存在一定规模的从业人员，具有相对独立成熟的职业技能。

新职业的主要特性包括：一是目的性，有人专职从事此业赖以谋生；二是社会性，为他人提供产品或服务；三是规范性，合乎法律规范；四是群体性，一般要求有不少于5 000人的从业人员；还有就是要求有稳定性和独特的技术性。

为充分适应和反映人力资源开发管理需求，促进劳动者就业创业，人力资源社会保障部建立了新职业发布制度，实施职业分类动态调整。新职业主要有以下四个特点。

1. 数字化技术发展催生出新职业

随着互联网技术发展，"电子数据取证分析师"纳入职业分类目录，将有效推进该职业规范化、专业化建设，为公共环境健康安全提供有力科技保障，密码技术被公认为保障网络与信息安全最有效、最可靠、最经济的技术，服务机器人广泛应用在教育、娱乐、物流、安防巡检等领域，特别是新冠肺炎疫情发生后，服务机器人在医疗、餐饮等方面的应用迎来爆发式增长。"服务机器人应用技术员"直接负责服务机器人的需求反馈、应用与推广，是推动服务机器人产业发展的重要人才支撑。

此外，"集成电路工程技术人员""智能硬件装调员""工业视觉系统运维员"等都是数字化技术发展和变革催生出的新职业，这些新职业对于促进数字经济的健康发展具有重要意义。

2. 企业高质量发展孕育出新职业

扎实推动经济高质量发展和提升企业国际竞争力，对企业合规建设提出了更高要求。"企业合规师"在规范企业投资经营行为、注重环境保护、履行社会责任、提高企业竞争软实力等方面发挥积极作用。

融资是企业生存发展的重要业务，企业通过"公司金融顾问"对接金融机构和金融市场，可有效避免投融资信息不对称等问题，银行等金融机构也可通过"公司金融顾问"拓展多元化业务，提升服务实体经济效能。

借助现代信息技术手段，通过高效实用的以物易物平台，专业"易货师"能系统运用资源整合理论，促进产、供、销和谐分配和优化资源，有效解决产品迟销、滞销、停销问题，是易货企业所急需的新兴复合型人才。

3. 绿色发展理念和食品安全要求涌现出新职业

党的十九大报告提出，"建立健全绿色低碳循环发展的经济体系"。"碳排放管理员"新职业应运而生。这一职业从业人员将在碳排放管理、交易等活动中发挥积极作用，有效推动温室气体减排。

食品安全关系人民群众身体健康和生命安全，关系社会和谐稳定，是重大的民生问题。"食品安全管理师"作为食品生产、餐饮服务和食品流通等活动中从事食品安全风险控制和管理的人员，未来会有巨大的市场需求。

案例 2-13

了解新职业——碳排放管理员

人力资源和社会保障部联合国家市场监督管理总局、国家统计局发布碳排放管理员等18个新职业，而碳排放管理员是本次发布的18个新职业中唯一一项"绿色职业"。

十几年来，碳管理行业不断发展，已有14年从业经验的汪军一一见证和经历。如今，职业身份被国家认可，汪军感到十分欣喜。

早在2007年，在海外读书的汪军受邀加入了一家正在拓展中国碳资产业务的韩国公司，他借此积累了大量碳管理的业务经验后，选择回国，决心扎根本土企业的碳管理。2021年，汪军履职新通威旗下四川永祥股份有限公司，成为该公司的碳排放管理负责人。至此，汪军已经在碳管理行业工作了14年。

"碳排放管理职业虽然最早可以追溯到2005年，但那时属于偏门行业，还很难得到外界的理解和认可。在人社部正式把碳管理员列入名单后，这一情况得到了很大改善，亲戚朋友也会因我从事碳管理行业而给予更多关注。"汪军表示。

"我的工作内容是管理公司内部的碳排放，主要依据公司制定的碳中和目标，分析碳排放特征，探索公司实现碳中和的最优方案并予以实施。"他向记者表示。

"锅炉可以全部改成电锅炉，然后通过直购绿电实现零碳；要求新购车辆必须为电动车，争取在几年内实现车辆的电气化改造；公司的食堂也需要改造成电炒锅……"经过了长达一个多月的准备工作，汪军终于完成了整个公司的碳排放清单整理，看着电脑上满屏的数字与图表，露出了满意的笑容。下一步，汪军需要针对公司的每一处排放源制订相应的零碳计划及实施方案。

制定企业碳排放权管理办法，需要科学规划，系统推进。汪军回忆了他在公司进行碳排放摸底时与现场负责人的对话："总结来说，咱们既有燃气锅炉，又有电锅炉，在生产蒸汽的时候，燃气锅炉为主，电锅炉为辅？""是的，一般情况下，在蒸汽需求量大，或者燃气锅炉在进行维修的时候，我们会启动电锅炉。"对方回答道。

"那我们是否也可以更换为电锅炉为主，燃气锅炉为辅？"问出这个问题的同时，汪军正在心中思考应如何以最小成本实现蒸汽生产的零碳化改造。"可以是可以，但是目前来看，电产蒸汽的成本要高一些。"汪军对这个理由并不意外，一般来说，在为企业制定碳中和规划的时候，成本因素是企业优先考虑的问题。

谈及当前碳排放管理行业面对的挑战，汪军认为，主要是大众对碳资产、碳中和的认识程度不深。碳中和业务需要多部门协调，如若对其不够了解，很难开展好相关业务。这要求相关从业人员提升自身职业素养，加强业内与业外的沟通，大力推广碳中和概念，使碳管理行业更加广为人知。

实现碳达峰、碳中和是场硬仗，有业内人士表示，该职业的发布时机，与我国低碳发展、高质量发展的规划不谋而合。那么，成为一名碳排放管理员，必须要具备的能力和素质有哪些呢？

"因为碳管理是一个新兴职业，许多概念都是全新的，相关业务也都没有以往的参考，因此需要出色的学习能力和创新能力。"汪军表示，一名合格的碳资产管理员应当掌握碳市场的基本情况与发展趋势，比如气候变化的科学背景、各种低碳技术及其应用、企业如何核算和管理自身碳排放、如何制定科学的碳中和规划等。

在日常工作之余，汪军仍然保持了学习的良好习惯，并会通过网络将他学到的知识通过文章进行整理和输出。汪军说，他想要帮助更多的人了解碳管理这个行业，踏踏实实做一些事情。

未来，在国家大力推动构建绿色低碳循环发展的经济体系的大环境下，碳排放管理行业作为实现"双碳"目标中关键的一环，其就业市场对于人才的需求量将会十分可观。汪军预计，未来碳排放管理员行业的人才需求在千万以上。

但当谈及后续人才储备时，汪军略有些担忧，他提到，目前碳管理相关人才后备严重不足，目前的培养渠道主要是社会培训，还需要高校开设碳管理相关专业，以满足未来的碳管理人才需求。

汪军向记者表示，新职业的提出极大地提高了整个社会对碳管理行业的认知度，可以促进更多的优秀人才加入该行业，从而为我国实现"双碳"目标提供人才保障。"我认为在未来，这个行业将会成为最热的行业之一。因为这个行业本身就是非常有意义的行业，我们的目的就是让全人类有更好的生存环境而奋斗。"汪军笃定地说。

4. 人民日益增长的美好生活需要派生出新职业

汽车更新换代带来大量二手车交易需求，且交易方式呈现出复杂化、多样化和专业化的趋势。专业的"二手车经纪人"，通过提供专业化的交易咨询和交易服务，维持公平、公开、透明的交易秩序，提高交易效率，满足公众对汽车的个性化需求。

随着生活模式改变及生活节奏加快，新式可口健康饮品，广受年轻人的喜爱，"调饮师"作为新兴职业，不仅有利于促进灵活就业，还可带动茶叶、奶类及果蔬等产业的发展。

新职业的发布，对于增强从业人员的社会认同度、促进就业创业、引领职业教育培训改革、推动产业发展等，都具有重要意义。新职业发布后，人力资源社会保障部将会同相关部门和单位加快新职业的职业标准开发，指导人才培养培训，提升从业人员的素质和能力，打造数量充足、素质优良的从业人员队伍。

案例总结

新职业带动新就业

就业稳，得益于稳定恢复的中国经济，得益于就业优先的暖心政策。

"十四五"开局之年，在党中央的坚强领导下，坚持就业优先，扎实推进各项工作，就业形势保持总体稳定、好于预期，为经济社会发展奠定了坚实基础，生动体现了以人民为中心的发展思想。

这一年，重点群体端牢就业"饭碗"。去见习、去培训、领补贴、强技能……就业服务不断线，高校毕业生就业水平好于上年；点对点输送、开展以工代赈、发放稳岗补贴……农民工就业稳定，前三季度，脱贫劳动力务工总量达3 103万人，超过2020年规模。

这一年，就业结构优化迈出坚实步伐。看产业结构，第三产业吸纳就业人数更多了，金字塔形就业结构更加稳固；看区域分布，中西部地区劳动力就近就地就业明显增加，区域就业结构更均衡；看职业变化，调饮师、易货师、碳排放管理员……又一批新职业纷纷亮相，响应消费新需求的同时，也为劳动者提供了更多就业机会。

就业稳，得益于稳定恢复的中国经济。就业是民生改善的温度计、社会稳定的压舱石，也是经济发展的晴雨表。前三季度，中国经济同比增长9.8%，高于全球平均增速和主要经济体增速，更远高于年初制定的"6%以上"年度增长目标，对就业产生持久而稳定的带动作用。

就业稳，得益于就业优先的暖心政策。面对冲击稳岗位，年初至今，各类减负稳岗扩就业政策加快落地。前三季度，各地人社部门共向161万户企业发放失业保险稳岗返还资金151亿元；全国新增减税降费9 101亿元，七成有经营活动收入的小微企业无须缴税。一项项稳岗举措、一条条帮扶意见、一场场服务活动，稳定了企业预期，稳住了就业市场。为拓展就业空间，积极发挥创业带动就业的倍增效应，有关部门依托数百家国家双创示范基地开展"创业带动就业示范行动"，目前已累计新增就业机会约240万个。

2021年，从历史深处奔涌而来，向民族复兴澎湃而去。开局之年，我们迈好第一步，就业稳、人心暖。展望未来，随着"十四五"就业促进规划等政策的落地实施，我们有信心也有能力保持就业大局稳定，实现更加充分更高质量就业。

一年来，就业不仅保持了总量稳定的态势，而且迈出结构优化的坚实步伐，韧性更足。

看产业结构——第三产业吸纳就业更多了。2021年9月，服务业生产指数同比增长5.2%，比上月加快0.4个百分点。服务业采购经理指数中，服务业从业人员指数环比上升0.5个百分点，有效扩大了就业容量。

看区域分布——中西部地区劳动力就近就地就业明显增加，区域就业结构更均衡。四川自贡的"彩灯工匠"、山西的"吕梁山护工"、河南的"林州建筑工人"……中西部涌现出一批成熟的劳务品牌，成为乡亲们致富的"金招牌"，带动开发更多劳动力资源。

看职业变化——调饮师、易货师、碳排放管理员……又一批新职业纷纷亮相，响应消费新需求的同时，也为劳动者提供了更多就业机会。

就业结构持续优化，离不开劳动者技能不断精进。国家发改委副秘书长高杲说，"招工难""就业难"并存是中国就业市场中较突出的结构性矛盾，要缓解这一矛盾，必须着力改善劳动力要素质量。

"考取了育婴师证书，以后工作更专业，薪水可能也更高呢！"陈芳是广州市的一名月嫂。前不久，她通过市人社局官网找到政府认证许可的职业培训机构，报名参加育婴师职业技能培训，拿到了育婴师中级资格证书。

2021年以来，各类职业技能培训有序推进。截至三季度末，有29个省（区、市）和新疆生产建设兵团共计上线发放863.91万张职业技能电子培训券，更多劳动者吃上"技能饭"。目前全国技能人才总量已超2亿，其中高技能人才超5 000万人。

第三节 劳动基本制度

案例引入

申纪兰：将"男女同工同酬"写入新中国宪法

她是资历最长的全国人大代表。从25岁第一次当选，她是唯一一位连任十三届的全国人大代表。

她曾被授予全国三八红旗手、全国三八红旗手标兵荣誉称号，曾担任全国妇联执委，也是资格最老的全国劳动模范。由她第一个提出"男女同工同酬"的概念，后来被写入宪法，成为中国妇女解放史上的一个里程碑。

她是山西省平顺县西沟村的一位农民。为推动老区经济建设和老区人民脱贫攻坚贡献了毕生精力，年过九旬依然坚守在田间地头，她始终和她的村民奋斗在一起。

历经风雨，爱党初心不变；根扎山村，奋斗本色不改！"全国三八红旗手标兵""全国劳动模范""全国优秀共产党员""全国道德模范""改革先锋""共和国勋章""最美奋斗者"……她把每一项沉甸甸的荣誉，都当成一种鞭策，用一生诠释了"勿忘人民、勿忘劳动"的信念与追求。

申纪兰1929年出生于山西省平顺县山南底村。1946年，17岁的申纪兰嫁到了西沟村。

山西省平顺县西沟村，地处太行山区，自古就是与河道抢耕地、与老天抢粮食的地方。"山是石头山，沟是乱石沟。没土光石头，谁干谁发愁。"面对严酷的环境，申纪兰立下志愿，一定要彻底改变这里的面貌。

1951年，西沟村成立了初级农业生产合作社，申纪兰成了第一位女副社长。那时，西沟要扩大打坝造地规模，社里劳动力短缺，社长李顺达鼓励申纪兰发动妇女下地劳动。可是，对于奉行"好男人走到县，好女子不出院"的山里人来说，要让妇女们走出碾台、锅台、炕台，还真是件难事。

当时，男人干活记10工分，妇女只能挣5工分，男女同工不同酬的工分计算法，严重挫伤了妇女参加劳动的积极性，申纪兰想到了劳动竞赛的办法。

踩耙、犁地、担粪、间苗、放羊，通过一系列劳动竞赛，男人们服了。他们说，妇女还是行，应该和男人同工同酬。

20世纪50年代一个寒冷的冬日，申纪兰带着西沟的女人们踏上了植树造林的艰难征途。饥饿、严寒和繁重的劳动成了开荒造林的拦路虎。申纪兰站在荒凉的石头山顶，唱起了自己编的歌谣："走一山又一岭，小筐背上来播种。今年种好松柏树，再过几年满山青，建设国家大家都有功。"

直到今天，西沟依然沿用着申纪兰当年用过的"包鱼鳞坑"栽树法：人们把石头敲碎，用碎石垒起育苗坑，锁住水分和土壤。就是靠着这种蕴含极大耐心和毅力的方法，曾经的荒岭，变成3万多亩密林。

开荒造林像一场全员上阵的战役，赢得了西沟生存环境的焕然一新，也让大山里的女人在与男人们并肩作战的过程中，争取来男女平等的劳动权利，改变了自身命运。

1953年1月25日，《人民日报》发表长篇通讯《劳动就是解放，斗争才有地位》，报道了西沟村妇女争取男女同工同酬的事迹。1954年，"男女同工同酬"被写入新中国宪法。

1953年，申纪兰作为中国提出"男女同工同酬"的第一人，第一次骑着毛驴走出西沟，辗转到丹麦哥本哈根参加世界妇女大会。

次年，她来到首都北京，参加了第一届全国人民代表大会，从此开始了与人民代表大会制度风雨同行的66年。66年的人大代表生涯，她提出的建议和议案涵盖"三农"、教育、交通、水利建设等各个领域。

申纪兰说："当人大代表就要代表人民利益，当人大代表就要给人民办事，当人大代表就要代表人民说话。"

申纪兰带领群众脱贫致富，1986年9月与县供销社联合办起一座罐头厂，投产后的第一个月就生产红果、梨罐头5万多瓶。

1973年，申纪兰被任命为山西省妇联主任，可她再三请求辞去正厅级职务。她说，西沟更需要她。几十年来，西沟村办工厂，搞新型农业，发展红色、绿色生态旅游，在带领乡亲们脱贫攻坚走向富裕的路上，申纪兰忙得不亦乐乎。

2019年9月29日，人民大会堂，90岁的申纪兰被习近平总书记授予"共和国勋章"。"参加国家勋章颁授仪式，再次登上天安门城楼观礼，看晚上的联欢活动，我真是亲身感受了国家的强大，真没想到党和国家给了我这么高的荣誉。作为一名老党员、老代表，咱的目标就一个，和群众干在一起，实现老百姓的梦想。"从北京回到西沟村，申纪兰就忙着和村"两委"成员一起研究未来的发展问题。

"我们共产党人只要和人民群众干在一起、吃苦在一起，就不怕困难，再大的困难也能战胜，再高的目标也能实现。"她这样说。

名言警句

劳动受人推崇。为社会服务是很受人赞赏的道德理想。

——杜威

一、制度概述

（一）制度与社会制度

制度是由正规的成文规则和那些作为正规规则的基础与补充的典型的非成文行为准则组成的，是社会生存和发展所需要的协调性与合作性赖以建立的基础，是围绕社会基本需求而建立起来的关系系统。

社会制度是为了满足人类的生存需要而形成的社会关系以及与此相联系的社会活动的规范系统。它是反映并维护一定社会形态或社会结构的各种制度的总称。包括社会的经济、政治、法律、文化、教育等制度。

（二）劳动制度

劳动制度属于社会制度的一种，一般指劳动合同制度，是人类在一定社会生活中为满足劳动关系发展的需要建立的有系统、有组织并为社会所公认的劳动行为规范体系。包括劳动就业制度、劳动用工制度、工作时间和休假制度、职业技术培训制度、劳动报酬制度、奖惩制度、社会保险制度、职工福利制度、劳动保护制度、劳动争议处理制度等。

劳动制度的特征表现为普遍性、组织强制性、相对稳定性、系统性。

二、就业制度

（一）就业制度

就业制度是使具有劳动能力的公民能够获得工作岗位和劳动收入的一系列规定、法律和政策的总和。在市场经济国家，就业制度是以劳动力市场为中心建立起来的。劳动力市场是调节劳动力供求关系，使劳动者获得就业岗位的基本途径。

（二）就业

就业既是重大的经济问题，也是重要的社会和政治问题。它是在法定年龄内的劳动者所从事的为获取报酬进行的务工劳动。实现社会的充分就业，提高人力资源的运营效率，是实现就业与社会经济良性互动的必然选择。

满足三个基本条件，才可以被认为实现了就业：在法定劳动年龄内，并且具有劳动能力；以提供满足社会需要的商品或服务为目的，从事合法的经济活动；从事这种社会劳动可以获得相应收入。

就业，对个人而言，是每个劳动者生存的经济基础和基本保障，也是其融入社会、共享发展成果的基本条件。对用人单位而言，则是找到合适的人才，以推动本单位的生存发展；对政府而言，是实现双方需求的共同满足，进而促进社会经济的健康发展。通过促进经济和社会发展，创造就业条件，扩大就业机会。

1. 就业的意义

（1）就业是民生之本，是经济社会持续发展和生活水平提高的关键。

（2）是劳动者谋生的手段，也是融入社会、给个人和家庭带来希望的重要途径。

2. 绿色就业

"绿色就业"，是指在经济部门和经济活动中创造的、可以减轻环境影响并最终实现环境、经济和社会可持续发展的体面工作，其包含三个领域，即直接性绿色岗位：造林、环保等；间接性绿色岗位：制造太阳能、节能建筑材料等；绿色转化性岗位：污染治理、生产中改用节能环保技术等。

案例 2-14

"双碳"背景下绿色就业规模将持续攀升

随着财政金融等宏观经济政策向绿色化低碳化行业倾斜，未来，我国将创造大量绿色就业岗位，促进就业向技术偏向型、环境友好型岗位转型。日前发布的《2021中国劳动力市场报告》（以下简称《报告》）中提出，在"双碳"背景下，我国绿色就业规模将持续攀升。据《报告》统计，2019年我国城市绿色就业总数已超过4 500万人。

国际劳工组织将"绿色就业"定义为，在经济部门和经济活动中创造的、可以减轻环境影响并最终实现环境、经济和社会可持续发展的体面工作。

"绿色发展是新发展阶段通向社会主义现代化的有效路径。"《报告》主持人、中央党校（国家行政学院）社会和生态文明教研部副主任赖德胜介绍说，随着环保监管力度的不断加强、循环经济建设日益推进，绿色产业正成为一个新的经济热点。近年来，在国家政策支持下，绿色产业得到较快发展，预计未来行业发展前景广阔，长期看将创造大量就业机会。

2020年，我国宣布了碳达峰和碳中和的目标愿景。随后，一项项改革举措纷纷落地，带动了新型业务、新型企业、新型行业的蓬勃发展。国家发改委数据显示，2020年，我国节能环保产业产值达7.5万亿元左右，GDP占比达7.38%，成为国民经济的支柱产业之一。随之而来的是新职业、新岗位和新就业机会。在2021年3月人社部公布的18个新职业中，碳排放管理员就位列其中。

"从辩证角度看，'双碳'目标的实现过程，是催生全新行业和商业模式的过程，在绿色转型过程中孕育着巨大发展机遇。"《报告》分析称，一方面，"双碳"背景下的绿色转型有助于提升国际竞争力，我国要抓住绿色低碳转型中与世界发达国家同起点的机遇，提升国家综合实力；另一方面，"双碳"背景下的绿色转型将促进低碳零碳负碳产业迅速发展。

根据《报告》的测算，2019年，在与绿色就业相关的行业中，绿色建筑行业、生态基础设施产业、绿色技术研发与服务产业的就业人数位列前三，分别为2 257万人、1 025万人、434万人。

我国"双碳"战略的实施将不可避免地对相关区域和产业造成影响。需要使煤炭、钢铁、石油等行业更快地向低碳化转型，而这些行业也是低技能劳动力相对集中的行业，劳动力结构同样面临转型压力。短期来看，"双碳"目标对能源行业造成一定就业压力，但长期来看，"双碳"目标下低碳发展提供的大量就业岗位，将带动劳动力市场的整体优化，为低碳经济发展提供强大和持续的动力。

（三）我国的就业服务与就业方针

1. 新时期就业方针

就业是民生之本，新时期就业工作必须坚持以人民为中心的发展思想，<u>坚持就业优先战略和积极就业政策，实现更高质量和更充分的就业</u>。

2. 我国的公共就业服务

就业服务是由特定的机构提供一系列服务措施，以满足劳动者求职就业或用人单位招用人员需要的行为。就业服务按照提供者分私营机构提供的就业服务和政府提供的公共就业服务。公共就业服务有利于促进就业，可以提高劳动力市场运作的效率，提高劳动力市场信息的透明度，是国家调节和干预劳动力市场的主要手段，是促进公正地进入劳动力市场和保护可能处于弱势群体的一种有用的手段，有助于抵消结构调整对劳动力市场带来的负面作用，能够促进社会稳定。

总体而言，政府通过一种公共就业服务参与劳动力市场的合理性，在于人力资源在国民经济发展中的重要性，在于改善社会福利的需要。

案例 2-15

"稳就业"下的职教力量

就业是稳定之基，稳就业也一直是国家的重要任务。五六月份，正是高校毕业生的就业高峰。往年此时，毕业生密集求职，人才需求方也是用人高峰，供需两旺，既缓解毕业生就业，也刺激经济增长。

据教育部统计，2022届高校毕业生规模达1 076万人，规模创新高，首次突破千万。自3月份以来，深圳、上海、广州、北京等一线城市相继爆发疫情，一些城市甚至发生规模性疫情，服务业、中小企业等受到较大冲击。由于2022年毕业生规模创历史新高，就业季叠加3月份以来的严峻疫情，让这届高校毕业生面临着史无前例的就业压力。

1. 高校毕业生第一份工作如何获得？

就业压力如同高考压力，"千军万马过独木桥"之下，毕业生顺利找到第一份工作变得非常困难。此外，由于海外疫情的不确定性，高校留学率总体下降，越来越多的人选择在国内深造，除了考研热，"考博热"也正在兴起，升学已经成为毕业生推迟就业的一种选择。

推迟就业会带来人才资源错配，但进入就业市场，也存在资源错配的问题。

实际上，人才市场供给端和需求端的不匹配由来已久。据人社部信息中心2021年三季度发布的信息，目前人才需求量最大的行业是制造业，其次是批发和零售。制造业需要更多技能型工人，但高校毕业生在学校学习的技能又难以满足，人才供给不能满足市场需求。

随着年轻人向往大城市、向往白领的就业倾向，"有人没活干、有活没人干"这一错配现象也会长期存在，在某些行业可能更为严峻。"有活没人干"，着急的是企业；但"有人没活干"最应该着急的高校毕业生却开始彷徨起来：疫情反复带来择业困难，让很多高校毕业生对前途格外迷茫，但迷茫之下，很多毕业生甚至显得"不积极"，就业动作相比往年更是有所滞后。

面对疫情带来的种种不确定因素，更多高校毕业生则发出了"我们希望有更多的支持和指导"的呼声。

2. 多地出台政策缓解就业

针对高校毕业生的就业困难，国家层面和各地都出台了一系列政策予以纾解。2022年5月13日，国务院办公厅印发《关于进一步做好高校毕业生等青年就业创业工作的通知》，通知指出，扩大企业就业规模，支持中小微企业更多吸纳高校毕业生就业，并稳定扩大国有企业招聘规模；拓宽基层就业空间，结合实施区域协调发展、乡村振兴等战略，继续实施"三支一扶"计划、农村特岗教师计划、大学生志愿服务西部计划等基层服务项目；支持高校毕业生自主创业，按规定给予一次性创业补贴；稳定公共部门岗位规模，今明两年要继续稳定机关事业单位招录（聘）高校毕业生的规模。

高校毕业生等青年就业关系民生福祉、经济发展和国家未来，为了更好地促进就业，各地也分别出台一系列"保驾护航"政策。如长春市政府常务会议强调要发挥政策引领作用激发就业活力，陕西省积极向教育部争取扩大专升本和研究生招生规模。乌鲁木齐人社部专门梳理了"2022年乌鲁木齐市高校毕业生就业政策清单"等。发放就业补贴的城市也非常多。除了释放更多基层岗位、就业补贴、鼓励基层就业等，各地方教育部门与高校也在积极行动，加强校园招聘的针对性、吸引力，并通过更多校企招聘活动帮助大学生提高就业求职的技能，从而提高就业成功率。

还有更多地方推出形式多样的就业指导措施，各地也均积极鼓励高校毕业生前往广阔的基层就业，并为毕业生在基层就业提供多种"真金白银"的补贴。

3. 就业就是最大的民生

企业是稳就业的主体，在追求自身发展的同时要积极履行社会责任，也要努力稳定和扩大就业岗位。当前，受疫情等因素影响，就业工作面临的形势复杂严峻，各类就业服务机构要充分发挥自身优势，加强信息推送、就业指导、职业介绍等服务，不断提高就业服务质量和水平。

在助力高校毕业生就业上，专职的职业教育机构一直都在进行着接力合作，比如中公教育。作为一家多品类职业教育机构，中公教育主要服务于18~45岁的大学生和各类职业专才等知识型就业人群，并凭借着自身多年的竞争实力和新业务开拓能力，用实际行动来践行教育职责，配合各地政策促进人才就业。

4. 这一届毕业生仍有最美好的未来

2003年非典疫情时，恰好也是2000年高校扩招后的第一个就业高峰年。当年高校毕业生人数达到创纪录的212万人，与2000年相比几乎翻一番，比2002年（145万）净增加67万人。2003年的那届高校毕业生，虽然就业极为困难，但现在回头去看，那一届毕业生经历了中国互联网产业的繁荣，毕业几年后买房时的房价收入比也远低于现在的毕业生，很多人已经成为各个行业的中流砥柱。

历史有着惊人的相似，2021年春夏之交，新冠疫情再次肆虐，高校毕业生总数也历史性突破1 000万人。2022届毕业生，也同样会有着美好的未来。

实际上，随着社会经济的发展，各类新领域蓬勃发展、新职业不断涌现，为高校毕业生提供了更广阔的就业舞台。

国家如此，行业亦然。对于大学生也是如此，选择好一个社会更紧缺、市场空间不断增加的专业领域，就业就是顺其自然的事情。即使不能切换专业，毕业后也有着丰富的职业教育机会，踏实一点，从基层开始，读懂基层，在对社会运转、经济运行、行业变迁有了更深的认识之后，说不定会寻找到更适合自己的一个财富不断增长的领域，并拥有同样甚至更加美好的未来。

三、劳动工资制度

（一）工资制度

工资制度是国家法律、政策规定的有关工资支付、工资形式、工资标准、工资水平、转正定级、升级等构成的体系。主要形式有计时工资、计件工资。我国实行的是按劳分配和按要素分配并存，尝试建立集体谈判工资制度。

我国工资制度是国家依据按劳分配原则所制定的劳动报酬制度，体现个人消费品的分配关系和分配原则。工资制度中的内容有：工资分配政策、原则、工资支付方式、工资标准、工资结构、工资等级及级差、资金、津贴、过渡办法、其他规定等。

我国以等级工资制为基础，采取计件工资、计时工资和工资加奖励、津贴等工资形式。工资制度要随着生产设备、工艺过程、劳动组织、劳动条件的变化适时进行调整和改革。

（二）工资的组成

工资总额是指各企业单位在一定时期内直接支付给单位全部职工的劳动报酬总额。根据《国家统计局关于工资总额组成的规定》，工资总额由计时工资、计件工资、奖金、津贴和补贴、加班加点工资、特殊情况下支付的工资构成。

四、劳动保障制度

劳动保障制度是劳动制度的重要组成部分。它是国家根据有关法律规定，通过国民收入分配和再分配的形式，对劳动者因年老、疾病、伤残和失业等而出现困难时向其提供物质帮助以保障其基本生活的一系列制度。

劳动保障制度的主要功能是保证劳动者的职业安全，从而保证劳动者及其家庭生活稳定，社会安定，保证整个社会经济发展和社会进步。

劳动保障制度所涉及的内容非常广泛，职工的生育保障、疾病保障、失业保障、伤残保障、退休保障、死亡保障等都是劳动保障制度的内容，其中失业保障制度和退休保障制度是劳动保障制度中两项最主要的制度。

失业保险制度是国家通过立法强制实行的，由用人单位、职工个人缴费及国家财政补贴等渠道筹集资金建立失业保险基金，为保障其基本生活，对因失业暂时中断生活来源的劳动者提供物质帮助，并通过专业训练、职业介绍等手段为其再就业创造条件的制度。失业保险是社会保障体系的重要组成部分，是社会保险的主要项目之一。其主要目的是通过建立社会保险基金的办法，使职工在失业期间获得必要的经济帮助，保证其基本生活，并通过转业训练、职业介绍等手段，为其重新实现就业创造条件。

退休保障制度是社会保障体系的一个主要的子系统，是保证劳动力市场正常运行的重要条件。

只有建立统一、完善和规范的社会保障体系，才能建立市场导向的就业机制，才能搞活劳动力市场，才能更好地推动我国经济建设的快速发展。

案例总结

失业金 "看得懂算得清"

失业金也就是指失业保险金，是支付给符合条件的失业人员基本生活费用，也是一种在失业期间失去工资收入的一种临时补偿。但有人就会问，主动辞职如何拿失业金呢？

失业金能够给处于失业状态的人提供一些经济上的支持，也能带来一些缓冲的时间，失业金的领取是有条件的。

1. 自愿离职怎么才能领到失业金？

领取失业金的一个必备条件就是劳动者失去工作不是出于本人意愿。

一般来说，主动辞职是不可以领取失业金的，除非能够拿到公司开具的证明，如公司开具劳动合同已到期的证明，那么就可以去申请失业保险。一般失业金的期限最长是12个月。如果是重新就业以后再失业的话，那么缴费时间是重新计算的。

2. 领取失业金有时间限制吗？

失业保险金领取有时间限制，职工失业之后，在规定的时间没有申请领取的，视为已经就业，在下次失业时才可以领取失业保险金。规定的时间各地规定不同，一般为30日或者60日。

按照《失业保险条例》规定，失业人员领取失业保险金的期限，根据失业人员失业前所在单位和其本人累计缴费时间长短的不同，划分为三个档次：

（1）累计缴费时间满1年不足5年的，最长能够领取12个月的失业保险金；

（2）累计缴费时间满5年不足10年的，最长能够领取18个月的失业保险金；

（3）累计缴费时间10年以上的，最长能够领取24个月的失业保险金。

3. 失业金的领取程序是什么？

第一步，用人单位应当及时为失业人员出具终止或者解除劳动关系的证明，并将失业人员的名单自终止或者解除劳动关系之日起15日内告知社会保险经办机构；

第二步，失业人员持本单位为其出具的终止或者解除劳动关系的证明，到指定的公共就业服务机构办理失业登记；

第三步，失业人员凭失业登记证明和个人身份证明，到社会保险经办机构办理领取失业保险金的手续。失业保险金领取期限自办理失业登记之日起计算。

在司法实践中，劳动者因失业导致没有固定收入的，如果在职期间按照标准缴纳了失业保险，就可以在失业后领取规定的失业金，具体情况下应当结合实际来进行处理，可以向当地的社保机构来咨询相关情况，并按照程序办理。

劳动体验

做一名劳动观察员

为了帮助大学生深刻理解"尊重劳动"这一劳动观念,不让"尊重劳动者,珍惜劳动成果"成为大学生口中泛泛而谈的口号,现组织大学生通过实地观察活动,深入了解劳动者的工作过程、工作态度和周围人群对劳动者的态度。

一、活动名称

做一名劳动观察员。

二、活动宗旨

引导大学生树立正确的人生观,树立正确的劳动观念,培养尊重劳动者、珍惜劳动成果的基本思想。

三、活动内容

此次活动以小组为单位,观察不同劳动者的工作过程、工作态度和周围人群对劳动者的态度。例如,一组学生在街头观察做清洁工作的环卫工人;一组学生在建材市场或服装批发市场观察搬运工;一组学生观察餐馆里的服务人员;一组学生在商场或超市观察售货员等。

四、活动要求

(1)每组推荐一位组长负责管理,组员不可单独行动,应完全按照本组的劳动要求完成自己相应的任务。

(2)活动时间共3天,每天都在同一时间段进行观察,具体观察时间结合劳动者的工作时间和学生的学习时间合理安排。

(3)观察记录要详细,把一切细节记录下来,最好当场记录观察内容。

(4)观察活动应隐秘进行,不要影响劳动者的正常工作。另外,注意观察记录要客观公正,并且调查只用于本次体验活动。

五、活动总结

完成后,各组总结各自观察的结果。然后,每位学生依据本组的调查结果,写出自己的观点。

第三章

传承劳动精神

    2018年9月，在全国教育大会上，习近平总书记指出，"要努力构建德智体美劳全面培养的教育体系""要在学生中弘扬劳动精神，教育引导学生崇尚劳动、尊重劳动，懂得劳动最光荣、劳动最崇高、劳动最伟大、劳动最美丽的道理，长大后能够辛勤劳动、诚实劳动、创造性劳动。"这是以习近平同志为核心的党中央对劳动教育的深刻阐释，是我国教育史上一个新的里程碑。

    加强劳动教育，对于培育和践行社会主义核心价值观，传承和弘扬中华民族优良传统美德，培养担当民族复兴大任的时代新人，具有重大意义。在劳动中动手实践、出力流汗，接受锻炼、磨炼意志，进而培养大学生树立正确劳动价值观和良好劳动品质。

    劳动教育是高等教育的重要组成部分，与德智体美教育相辅相成，密不可分。劳动可以树德，可以增智，可以健体，可以育美。因此，高等教育要把劳动教育融入大学生的德智体美教育之中，从而可以全面提高学生的综合素质。劳动精神是劳动者精神风貌的体现。拥有正确的劳动精神，是对一个合格的社会主义劳动者的基本要求。《孟子·离娄章句上》中"不以规矩，不能成方圆"，即讲述了每个人在成长过程中会被各种纪律所约束，若生活中没有纪律、没有秩序，我们的工作就无法顺利开展。因此加强劳动纪律教育、树立规则意识，能与他人合作劳动是培养大学生劳动精神中尤为关键的内容。

    劳动者在劳动过程中与之相匹配的劳动心态和劳动技能即为劳动素养，劳动素养是对劳动者劳动能力的全面评价，其包括劳动的价值观（态度）、劳动的知识与能力等维度。在校大学生可以通过日常自我管理和校园生活等多种渠道来培养劳动素养，提升个人劳动能力，同时更要向身边的劳模学习，进而提升个人的劳动素养。应以劳模为榜样，把劳模精神、劳动精神、工匠精神作为自己的精神力量，进而树立辛勤劳动、诚实劳动、创造性劳动的理念。

    本章主要通过学习培育劳动品质，阐述劳动精神、工匠精神、劳模精神和劳动素养等内容。让学生了解提升个人劳动素养的意义和方法、途径，培养学生爱岗敬业、精益求精、永不放弃、锐意进取的工匠精神，拒绝懒惰，在学习和实践过程中制定好相应的技能成才规划，勇于实践，在未来平凡的岗位上发挥自己不平凡的人生价值，收获精彩人生。

> **名言警句**
>
> 人生最大的快乐，是自己的劳动得到了成果。
>
> ——谢觉哉

第一节　劳动精神

例引入

水花的精灵——奥运跳水冠军全红婵

10 米跳台决赛，五个动作三跳满分！2021 年 8 月 5 日，在东京奥运会跳水项目女子 10 米跳台决赛中，中国选手——14 岁少女全红婵一鸣惊人。作为中国奥运代表团最年轻的运动员，以创纪录的成绩夺得 10 米跳台冠军，让五星红旗高高飘扬在东京水上运动中心上空。

全红婵是幸运的，凭着天赋与努力，绽放青春的光彩。而这成功的背后，有一个团队体系多年不辍的培养，有一家人温暖而坚定的支持，更有一个重视体育、珍惜人才的强大祖国。

全红婵出生于湛江市麻章区麻章镇迈合村，这个只有 3.3 平方公里的村庄共有 339 户，不到 2 000 人。这样的村庄，在中国广袤的大地上，如同沧海一粟。但全红婵这个苗子，却被细心的教练发现了。

2014 年 5 月，麻章镇迈合小学，正在和同学们做游戏的一年级学生全红婵吸引了湛江市体育运动学校跳水教练陈华明的目光。无论是跳皮筋还是跳格子，她的身形轻盈、动作灵活。对孩子们进行了弹跳和柔韧性方面的测试后，陈华明初选了几个苗子，其中就有全红婵。

4 个月后，全红婵到湛江市体校报到，开启了她的体育生涯，离家时她依稀记得爸爸说："要为国争光。"

刚起步时，她还是个"旱鸭子"，不会游泳，但很快，这个活泼开朗的小姑娘喜欢上了跳水。训练只能在露天跳水池进行，完全要看天的"脸色"，夏天打雷下雨不行、冬天太冷不行，全年只能训练 7 个月。

跳板是铁制的，夏天被晒得滚烫，她只能用毛巾挤水给跳板降温，然后一次次迎着炫目的阳光，一跃入水。

"即便是如此艰苦的环境，全红婵在训练中的刻苦、认真慢慢表现出来了。"陈华明说，"她的成功并不完全靠天赋。"

全红婵是同伴中第一个登上 3 米板，接着是 5 米跳台、7 米跳台……两年后，她又是第一个站在 10 米跳台上，毫不犹豫地跳下去。

全红婵说："也没想那么多，眼睛一闭就跳下去了。"教练由此得出全红婵"胆子大"的结论。教练的赞许和鼓励、同伴羡慕的目光，让这个小姑娘懵懂地意识到自己可能"是这块料"，而梦想的种子，也就这样悄然种下。

2018 年 2 月，位于广州二沙岛的广东省跳水队训练基地迎来了全红婵，她在试训中锋芒初露，教练何威仪至今记忆犹新。

"别看她身形小，身体素质远胜同龄女孩甚至男孩，跑得最快，30 米 4.5 秒，肋木举腿 10 个用时 13 秒，身体里蕴藏着与体型不相称的能量。"何威仪说，想家、会哭、畏惧，是

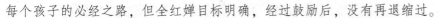

每个孩子的必经之路,但全红婵目标明确,经过鼓励后,没有再退缩过。

全红婵承认自己哭过,但次数不多。"我不是爱哭包。学新动作时也挺怕的,但我太喜欢跳水了,鼓励自己坚持。我想拿冠军,像大哥哥大姐姐那样。"

"教练经常说,大哥哥大姐姐都是榜样,再苦再累也要坚持。"有了心中的榜样,全红婵训练更加投入。练体能、练基本功、上翻腾器训练、一次又一次从高台跳下……

"我遇到的最大困难就是学207C(向后翻腾三周半抱膝)时,用了一年零几个星期的时间。"全红婵说。

2020年10月,在开赛前三周刚刚掌握5个全套比赛动作的全红婵首次代表广东队,出战全国跳水冠军赛并一举夺金,力克陈芋汐和张家齐等世界冠军。"爆冷""黑马""出乎意料"……此后她的每一次亮相,带来的都是惊叹号:在三站奥运选拔赛中两夺冠军,以总积分第一的成绩获得奥运资格。

2020年年底全红婵进入国家队,由于疫情期间阵容精简,队里特意指派专人在生活中引导她,由经验丰富的广东籍队医负责康复,再加上教练的专业指导,全红婵渐入佳境。

全红婵向记者提起了"感恩"。的确,如果不是陈华明教练长年坚持"一个都不能漏"的搜寻,她的人生必定与10米跳台无缘。在全国星罗棋布的基层体校中,有一批经验丰富、慧眼独具的教练默默无闻、孜孜不倦、为国选材。

在全红婵问鼎奥运冠军的背后,是体校、地方队和国家队环环相扣、层层递进,是多位教练科学训练、悉心呵护,让天赋与努力最终完美结合,成就那一方碧池里惊艳世界的水花。

在国家队里年龄最小的全红婵,因为敢拼肯练,被哥哥姐姐们宠溺地称为"红姐"。训练之外的时光,她会跟队里的小伙伴一起学文化课,聊开心的趣事,还有滑板、跳舞……

全红婵未来可期、不忘初心,是追寻梦想的体坛新生代。全红婵所呈现的,是中国运动健儿更加鲜明的时代面孔。东京奥运会期间,人们记住了戴着"小黄鸭"发卡"比心"的杨倩,"跑得最快的大学教授"苏炳添,"姣傲女孩"巩立姣……他们健康、阳光的形象,正在成为越来越多中国年轻人的偶像。

赛场上,他们拼尽全力百折不挠;赛场外,他们青春洋溢率真爽朗。他们是激情洋溢的体坛先锋,是惊艳世界的中国力量,更是14亿多中国人的自豪与骄傲。

> **名言警句**
>
> 那些为共同目标劳动因而使自己变得更加高尚的人,历史承认他们是伟人;那些为最大多数人们带来幸福的人,经验赞扬他们为最幸福的人。
>
> ——马克思

一、劳动精神概述

劳动精神是每一位劳动者在劳动过程秉持的劳动态度、劳动理念及其展现出的劳动精神风貌。劳动精神是对马克思主义劳动价值论、劳动观的丰富和发展。以马克思主义理论为指导,进行中国特色社会主义伟大实践的条件下,劳动者的劳动精神表现为"劳动光荣,劳动伟大"的劳动理念,"爱岗敬业,争创一流"的劳动态度,"淡泊名利,甘于奉献"的劳动品德，"艰苦奋斗，勇于创新"的劳动习惯。劳动精神是社会主义核心价值观的应有之义，与劳模精神、工匠精神相互包容。

（一）新时代劳动精神的形成逻辑

劳动精神是劳动者在劳动中展现的面貌、品质和精神状态。随着时代的发展，它的内涵不断丰富，呈现"尊重劳动、劳动平等"的价值导向性，倡导"劳动创造"的实践创新性，强调"劳动神圣、劳动光荣"的精神幸福性。新时代劳动精神作为劳动的精神产物，既体现马克思主义理论的思想性，又体现广大劳动者劳动的实践性，是理论与实践的统一；既体现与时俱进的时代性，又蕴含文化基因的传统性，是历史与现实的统一。

1. 理论逻辑：马克思主义劳动学说

在《1844年经济学哲学手稿》中马克思指出，"整个所谓世界历史不外是人通过人的劳动而诞生的过程"。马克思还提道："劳动首先是人和自然之间的过程，是人以自身的活动来中介、调整和控制人和自然之间的物质变换的过程。"揭示了劳动的本质属性和劳动推动人类发展的重要作用，说明了劳动价值论在马克思主义理论体系中处于基础地位。由此可以得出，马克思主义劳动价值论是劳动精神的理论源头。在我国社会主义革命、建设和改革实践中，共产党人始终以马克思主义劳动价值论作为指导，同时结合中国发展的实际形成了中国化的马克思主义的劳动思想。它继承和发展了马克思主义劳动价值论的精髓，对劳动及劳动者的地位和尊严给予了充分的肯定，为新时代劳动精神的形成发展注入了更多中国的元素。

2. 文化逻辑：中国精神和中华优秀传统劳动文化

中国是具有伟大创造精神、伟大奋斗精神、伟大团结精神和伟大梦想精神的民族，亦是勤勉肯干的民族。中华民族是以辛勤劳动而著称的民族。劳动精神孕育于中华民族创造历史的劳动实践之中，积淀于中华优秀传统文化、革命文化和社会主义先进文化之中，是维系中华民族生存和发展的精神纽带。凭借着劳动精神，书写了中华民族五千多年的辉煌历史，创造了光耀世界的华夏文明。劳动精神与中华民族崇尚劳动的文化传统分不开，传承劳动精神需要我们将传统文化中的良性基因加以创新性变革。

3. 实践逻辑：劳动者的劳动实践

马克思认为"全部社会生活在本质上是实践"。每一种理论和思想都是在一定历史背景下对实践活动总结和凝练而成的。在中国社会主义革命、建设和改革中，广大劳动者奋勇拼搏、艰苦创业，这种强大精神力量是新时代劳动精神生成的实践基础。首先，革命斗争是劳动精神的现实基础。在土地革命时期、抗日战争时期以及解放战争时期，广大劳动者通过把劳动实践与革命斗争相结合，形成了艰苦奋斗、不畏艰难、甘于奉献等革命斗争精神，构成了劳动精神的现实基础。其次，民族精神是劳动精神的核心要素。一代代劳动者用自己的辛勤劳动、诚实劳动和创造性劳动，为民族精神注入新能量，不断丰富着民族精神的博大内涵，劳动精神既体现了以爱国主义为核心的团结统一、爱好和平、勤劳勇敢、崇德尚礼、公而忘私的民族情怀，又体现了知行合一、自立自强的人生追求。最后，时代精神是劳动精神的重要内容。习近平总书记强调"中华民族伟大复兴，绝不是轻轻松松、敲锣打鼓就能实现的。"这就要求全体中华儿女必须积极投身伟大的奋斗实践，在伟大实践中创造伟业，在实践中凝聚和弘扬劳动精神。同时在劳动者的创造性实践和不断探索中，不断激发出蕴含着自主性、首创性、先进性元素的劳动精神，为时代精神注入新能量，丰富时代精神的内涵。

4. 价值导向：社会主义核心价值观

时代是思想之母，任何精神形态的出现，都有一定的历史条件，并在长期的实践过程中孕育而生。劳动精神是社会主义核心价值观的应有之义，包含对劳动价值的判断和对劳动的态度，诠释着社会主义核心价值观中蕴含的内容，主要表现为：首先，社会主义核心价值观的价值理念与劳动价值的回归相吻合。"富强、民主、文明、和谐"是社会主义核心价值观在国家层面的准则与劳动精神的价值倡导高度一致。只有广大学生树立劳动观念，积极参加劳动实践，才能确保"富强、民主、文明、和谐"的价值观念在中国大地生根落地。其次，社会主义核心价值观的价值准则与劳动态度的培养相契合。培养学生"爱岗敬业、争创一流、艰苦奋斗、勇于创新"的劳动态度，这与社会主义核心价值观在个人层面提倡的"爱国、敬业、诚信、友善"的价值准则高度契合。最后，社会主义核心价值观的价值取向与劳动实践的锻炼相融合。劳动实践中锻炼的岗位意识、职业精神、进取精神、拼搏精神、创新精神、家国情怀和奉献精神等，正是对社会主义核心价值观的具体表现。

案例 3-1

最美延庆疾控人——武培丽

武培丽，北京市延庆区疾病预防控制中心科员，主管医师。2020 年 9 月 29 日，被中共北京市委、北京市人民政府表彰为："北京市抗击新冠肺炎疫情先进个人"荣誉称号。2022 年 4 月，荣获 2022 年全国五一劳动奖章。

自 2015 年告别校园，来到延庆区疾病预防控制中心工作，延庆就成了武培丽的第二个故乡。2015—2018 年三年间，她一直从事性病艾滋病科普宣教、病例管理与随访、青年学生和高危人群行为干预等工作。2019 年中国北京世界园艺博览会在美丽的妫水河畔拉开帷幕，作为世园保障队伍的一员，武培丽负责园区内医疗站点的症状监测与预警工作。162 个日日夜夜的守候，所有的关联性病例及输入疟疾疫情均得到妥善处置，世园会圆满落幕，她也成为"世园最美建设者"。

自疫情发生以来，武培丽作为一名疾控人，便开始了与新冠病毒的较量。她与战友们并肩作战、快速学习，坚守在疫情防控第一线。在现场处置中，她是流调员，是"小排雷兵"；每天忙着开展病例排查，样本采集，撰写流调报告，判定管控密接人员；在办公室，她是"会服人员"，是市民热线咨询员；保障会议召开，撰写工作信息，接听热线，回答市民关切，缓解恐慌情绪，传播科学防控是她每天的工作；在疫情防控综合协调办公室，她是"小小参谋"；撰写方案预案，开展风险研判，保障体系运行是她的职责；在新发地疫情处置中，她是"小空降兵"。此外，她还主动申请支援大兴区防疫工作，发挥专业所长，参与病例调查采样、隔离点设置指导、社区防控等工作。

自 2021 年 2 月开始，武培丽凭借过硬的专业技能及英语水平，正式参与到北京 2022 年冬奥会的筹办举办保障工作中，其间曾担任国家雪车雪橇中心场馆公共卫生经理、官方防疫官，负责与国际单项体育联合会及各国参赛队沟通、传达并协助落实中国防疫政策；带领团队奋战在闭环管理、核酸检测、应急事件处置、密接人员判定与管理、人员移出等方面工作。精准落实疫情防控措施，圆满完成各项冬奥测试活动保障工作，实现了工作人员的"零感染"，获得了各参赛队的认可和感谢。

武培丽一次又一次攻克难关，一次又一次逆行而上，一次又一次实现愿望。全国五一劳动奖章这项殊荣的获得是对武培丽以及"延庆疾控人"最大的认可。让我们向以武培丽为代表的每一位劳模学习，爱岗敬业，砥砺前行。

（二）新时代劳动精神的内涵特征

2020年11月24日，习近平总书记在全国劳动模范和先进工作者表彰大会上提到"培育形成了崇尚劳动、热爱劳动、辛勤劳动、诚实劳动的劳动精神"。新时代的劳动精神有着极其丰富的内涵，不仅继承发展了马克思主义劳动价值观和中华民族传统优秀的劳动文化观念，还提出了"辛勤劳动、诚实劳动、创造性劳动"的新理念，生成了劳动最光荣、劳动最崇高、劳动最伟大、劳动最美丽的劳动观。

1. 劳动人格上倡导"尊重劳动"

"尊重劳动"是新时代劳动精神蕴含的核心要义。尊重劳动既要尊重劳动者的主体地位和敬畏劳动岗位，也要珍惜劳动成果。尊重劳动是马克思劳动本体论的必然要求。党的十六大明确提出"尊重劳动、尊重知识、尊重人才、尊重创造"的重大方针，习近平总书记也强调，"在我们社会主义国家，一切劳动，无论是体力劳动还是脑力劳动，都值得尊重和鼓励。"

劳动不仅创造了世界和人本身，而且为推动社会进步提供了必备的物质基础，因此一切劳动都应当受到尊重。劳动者付出了劳动，为社会创造了物质和精神财富，有权利获得必要的回报，因此任何拖欠和克扣劳动者工资的行为都是剥削劳动者的行为，都是对劳动的不尊重。合理安排劳动者的劳动时间，维护劳动者合法权益，保障劳动者合法权益不受侵犯，创造舒适安全的劳动环境，让劳动者心情愉悦，在工作中体会到劳动的快乐和幸福。

2. 劳动权利上倡导"劳动平等"

劳动是公民的基本权利，即任何劳动者在不影响他人的情况下都具有从事其想从事的劳动的权利，而劳动平等是维护劳动权利的基本条件和维护劳动尊严的基本保障。我们是社会主义国家，劳动只有分工的不同，没有高低贵贱之分，不能把某些劳动形式看得比别的劳动形式更重要，所有的劳动者都应该具有平等的地位和人格。人人享有平等的劳动机会，所有的劳动者都能够有机会平等地参与劳动，人人通过劳动作贡献，从平等的机会中体现公平的劳动竞争，体现努力的劳动价值，体现对劳动的尊重。

3. 劳动使命上倡导"劳动神圣"

劳动是财富的源泉，也是幸福的源泉。习近平总书记指出，"必须牢固树立劳动最光荣、劳动最崇高、劳动最伟大、劳动最美丽的观念。"

劳动是光荣的，是神圣的。马克思认为"我的劳动是自由的生命表现，因此是生活的乐趣。"劳动是宪法赋予的、不可剥夺的权利和义务。劳动也是人们生存于世界最为神圣的活动。每个公民通过行使劳动权利，为社会提供产品和服务，也从社会获取报酬发展自我。因此，劳动果实是圣洁的，是诚实劳动的劳动结晶。

案例 3-2

探寻沙海绿洲的女将

刘静，中国石油华北油田公司二级技术专家、勘探开发研究院河套及外围地质研究所所长。截至目前，在离冀中千里之外的内蒙古巴彦淖尔市，刘静已坚守一线科研生产近三个月。她带领中国石油华北油田勘探开发研究院河套及外围地质研究所的研究团队，刚完成巴彦油田勘探工作最新规划的梳理，又开启了新一轮井位的研究。

2017年，中国石油华北油田取得巴彦河套盆地部分探矿权。这一区块面积大、勘探程度低、地质结构复杂、相关资料老旧，严重制约了油气勘探取得突破，此前40年间一直是啃不下来的"硬骨头"。面对这一难题，刘静挺身而出，主动请缨，成为巴彦河套盆地项目负责人。

刘静带领项目团队从熟悉消化前期研究成果入手，先后5次奔赴长庆油田收集各类资料、开展技术交流，学习百余部成果报告，反复解释修正了上百条二维剖面，直到所有的解释层、断层都闭合无误为止。通过精细梳理区块前期研究成果、分析地质条件和构造特征，刘静认识到，制约巴彦河套油气勘探的根本原因在于勘探思路。

刘静创新思维组织开展科研攻关，从海量钻探信息中抓住油气显示的蛛丝马迹，综合应用重磁电震等多种手段，准确快速落实目标，优选吉兰泰构造带作为勘探突破口。她创新构建潜山"新生侧运古储"和碎屑岩盐顺向断层控制的复式叠置油气成藏新模式，提出每一口目标井位都要进行三四轮"精雕细刻"的修改完善，标定的井位实钻与设计误差真正做到了严丝合缝。

依此部署钻探的6口探井均获高产工业油流。历经8个月高效勘探，巴彦河套盆地油气勘探取得历史性重大突破，实现了当年勘探、当年突破、当年上交亿吨储量的傲人成绩，吉兰泰油田由此诞生。该成果成为中国石油"时间最短、速度最快、投资最少"的新区、新盆地高效勘探的经典范例，获评中国石油2018年度油气勘探重大发现特等奖。

吉兰泰构造带的突破只是巴彦河套盆地勘探的冰山一角。2019年，刘静再次迎难而上，主动请缨承担了"零起点"的巴彦河套盆地中北部区域油气勘探重任。她带领团队继续沿着油气运移通道追根溯源，重新从"零"起步，利用各种资料综合分析，突破以往传统认识和经验，创新构建"多源供烃、断砂疏导、临洼富集"的成藏新模式，精心构思部署了具有战略意义的风险探井，并获高产工业油流。随后钻探的20余口高效井，探井成功率在80%以上，远高于成熟探区。作为重要贡献者，2020年下半年，刘静带领团队在临河坳陷北部取得重要勘探突破，2021年更是开创了华北油田在深层碎屑岩领域年度上交探明石油地质储量超亿吨的历史先河，上交储量规模创华北油田40年之最。

刘静投身河套盆地油气研究，助力华北油田取得河套盆地油气勘探重大突破，成为油田增储上产的重要技术力量。作为一名科研领域的女将，刘静在人生最美好的年华，选择在石油的梦想中奋斗、拼搏。初心与使命是指引科研路上的"长明灯"。作为一名"油二代"，刘静耳濡目染父辈们人拉肩扛、战天斗地的铁人形象，三老四严、苦干实干的石油精神早已镌刻进她的心灵深处。

4. 劳动实践上倡导"劳动创造"

"科技工作是一项艰苦的创造性劳动。"当前，人类劳动的形态发生巨大变化，我们对"劳动创造"的需求比以往任何时期都更加迫切。新时代科学技术迅猛发展，因此更应该注重培养大学生的实践性和创新性。首先，要培养大学生养成服务至上的敬业精神。新时代劳动的实践体验性，需注重融入性和探究性，倾向于尝试、感悟和技能的建构，在劳动中有效提升学生的沟通合作能力、动手能力以及解决实际问题的能力，培养学生拥有职业道德，养成专业敬业的工匠精神。其次，培养精益求精的品质。新时代劳动精神的培养要实践与技术相结合，以技术应用和技术创新为核心，紧跟现代技术的发展态势，在日常课程设计中充分融入技能培养，在工作中养成认真严谨的工匠精神，从而培养追求卓越的创造精神。新时代劳动精神的培养需与"创新驱动"的国家发展战略相结合，注重创新思维的训练、创新能力的训练和创新意识的提升，弘扬"劳动光荣、技能宝贵、创造伟大"的劳动风尚。

案例 3-3

全国劳动模范樊振：生而平凡，铸就非凡

2020 年 11 月 24 日上午，全国劳动模范和先进工作者表彰大会在北京人民大会堂举行。通用技术集团所属中国医药天方药业有限公司研发总监、高级工程师樊振荣获"全国劳动模范"称号，身着工装参会并接受表彰。

平凡的岗位，做出精彩的自己

樊振同志自 2004 年参加工作以来，在天方药业一直从事药物研发、生产及技术管理工作。16 年来，在原料药生产、新产品研发、生产技术管理等岗位上默默耕耘，凭着自己的坚持和努力，从一名普通的车间技术员逐步成长为工段长、车间主任、研发中心主任、研发总监，先后主持并成功开发多个原料药和制剂产品，在产品工艺优化、新产品注册及生产放大、生产技术管理等方面作出了突出的贡献。

在枯燥、烦琐、重复的科研工作中，樊振同志怀着对科研工作的热爱，靠着坚韧不拔的毅力，在日积月累的实践中升华理论，在一次次的大胆尝试中收获成功，在挫折中突破成长。担任研发总监之后，工作职责发生了变化，但是对研发工作的赤诚之心促使他在新的岗位上焕发了更为耀眼的精彩。

拼搏和汗水记载着孜孜以求的奋斗，樊振同志因成绩显著，贡献突出，先后获通用技术转型升级突出贡献奖、河南省五一劳动奖章、河南省十大能工巧匠；2016 年被推选为河南省十次党代会代表，2018 年获得全国五一劳动奖章，2019 年荣获中原大工匠荣誉称号，2020 年获得全国劳动模范荣誉称号，这些闪闪发光的荣誉让一位质朴无华的农家子弟和企业科研工作者在中原大地焕发出绮丽的光辉。

药品一致性评价，一场只能赢不能输的战役

2016 年，国务院《关于开展仿制药质量和疗效一致性评价的意见》颁发后，一致性评价成为国内医药生产企业生存与发展不可逾越的关口和必经之路，只有加快推进，才能赢得市场先机、掌握主动，这是一场只能赢不能输的战役。4 年多来，樊振和他的团队一起熬过了 1 500 多个日日夜夜，经历了数以万计的检验，整理了堆积如山的资料，南征北战不计次数的合作洽谈，一位 80 后的满头黑发几乎全被"一致性评价"染白了。功夫不负苦心人，天方药业的一致性评价取得了令人瞩目的成绩：盐酸二甲双胍缓释片于 2019 年 7 月顺利通

过国家一致性评价。这些产品一致性评价的顺利通过,为企业赢得了参与国家集采的主动性,为企业发展注入了新的活力。

开发国家创新药,打造企业"硬核"产品

习近平总书记指出,科技创新是核心,抓住了科技创新就抓住了牵动我国发展全局的"牛鼻子"。

近20年来,樊振同志在科研工作岗位上,只争朝夕,不负韶华,全身心投入创新药的研究与开发,一个个成绩单晒出了企业的"硬核",也晒出了他的不平凡业绩。目前在研新产品17个,已成功申报6个新产品;已开展原料药DMF(药品主文件)登记备案项目23个,已取得瑞舒伐他汀钙、甲磺酸达比加群酯、盐酸莫西沙星、他达拉非等9个产品的DMF备案号。

近年来,樊振同志带领团队完成多个项目的开发及产业化生产研究工作,多次获得天方药业突出贡献奖励,获得通用技术集团、中国医药和省市科技进步奖励,为企业的发展作出重要贡献。以企业国家企业技术中心和博士后工作站为依托,不断提升自主研发创新体系;联合高等院校、科研机构,共建各类研究开发平台,推动研发能力建设;积极引进高层次人才,并与高等院校和科研院所定向培养技术人才。近年来,与中科院生物物理研究所、中科院上海药物所、郑州大学、河南师范大学成功签署战略合作协议,开展产品技术创新;以驻马店市心脑血管药物重点实验室为依托,2020年,河南省心脑血管药物重点实验室和中原学者工作站获得批准,这些平台的建设,大大增强了企业的研发能力,拓展了研发领域,并为快速开展技术创新工作提供了便利。

5. 劳动成就上倡导"劳动光荣"

劳动最光荣是对劳动者通过自身努力,实现服务人民、奉献社会理想的赞扬和肯定。习近平总书记提出"劳动没有高低贵贱之分,任何一份职业都很光荣。""劳动光荣"必然带来热爱劳动的态度,也必然引发热爱劳动人民的情感。在劳动成就上,新时代劳动精神倡导每个人通过自己的劳动,收获满足感、快乐感和尊严感,在创造丰富物质财富的同时拥有丰盈的精神世界。从个人意义而言,个体可以通过劳动充分发挥自身的积极性与创造性,学会与人合作,追求个体幸福,享受劳动尊严;通过劳动磨砺人的意志,培养勤俭节约、勤劳勇敢、艰苦奋斗、坚韧不拔等精神品质。从社会意义而言,劳动推动社会进步,让全社会的生活质量得以整体提升,在塑造良好品格和崇高德行方面具有重要作用。通过劳动,人们用自己的辛勤汗水和努力奋斗为推动社会文明进步作出贡献,用自己的劳动成就书写平凡中的伟大,实现个人价值与社会价值的统一。

案例 3-4

用实干镌刻荣光——赵峰义

三十年栉风沐雨、昼夜鏖战,他从一线的普通操作工成长为技术骨干,把青春的汗水挥洒在公司的发展上,把奋斗的足迹烙印在化工行业中。他,就是2022年山西省五一劳动奖章获得者、华阳集团氮基合成材料有限责任公司技术中心主任赵峰义。

华阳集团氮基合成材料有限责任公司是一家危险化学品生产企业,具有高温高压、易燃易爆、易中毒的特点。作为一名技术人员,他严格要求自己必须了解各个工段的工艺流程、设备结构,并掌握其工作原理,熟悉工艺指标及操作规程,了解全厂从原料到产品各个环节物料成分的特性以及公用工程在各个工段的运行情况。

虽然是高危行业,赵峰义也只有中专文化水平,可化工行业科班出身的他,凭借专业的技术和实干担当的精神,不断引进新技术、新工艺、新材料,把工作做到了极致,为公司创造了很大价值。

在日常工作中,赵峰义是一个坚守匠心、精力充沛的人。甲铵泵是尿素车间输送甲铵液的主要设备,在运行过程中,当柱塞与填料进行摩擦形成的填料碎块,随甲铵液进入高压系统时,极易对高压洗涤器填料、汽提塔分布器造成堵塞,从而影响系统运行,严重时还会引起系统停车。经过多年的摸索,赵峰义提出,在甲铵泵出口总管加装两台过滤器,可彻底截住甲铵泵运行形成的填料碎片,阻止其进入高压系统,消除分布器堵塞隐患,使高压洗涤器、汽提塔保持安全高效运行。公司算了一笔账,按一年停车一次计算,清理需要两天时间,减产约 2 300 吨尿素,销售收入直接减少 368 万元。

在设备运行过程中,赵峰义发现,公司 60 t/h 三废混燃锅炉在运行中,造气吹风气不能全部送入燃烧炉燃烧,浪费大量余热、严重污染环境,合成产生的驰放气也只能放空。解决问题就是努力的方向。赵峰义大胆提出,对三废混燃锅炉引风机进行改造,增大风量和风压。在公司的支持下,启动了投资 70 余万元的改造项目。项目实施后,公司每小时可多产蒸汽 5.8 吨,如果一年按 8 000 小时计算,一吨蒸汽按 80 元计算,年可产生效益 371 万元,仅用 2 个多月便收回了全部投资。

类似的事情还有很多。凭借多年来在车间管理和技术研发方面的"双向"能力,赵峰义带领公司技术团队主动钻研氮基设备管理技术,在实际操作中不断摸索,积累了丰富的化工设备管理经验。

针对生产中遇到的各种问题,赵峰义自己动手、创新改造,确保公司安全生产、顺利运行。特别是在每年的停产检修期间,他亲自值守,夜以继日,不辞劳苦。此外,他还大胆创新,充分利用废旧设备和配件进行修旧利废,先后解决了 300 余个生产技术难题,为公司创造和节约资金 120 余万元。

实干成就梦想,奋斗筑成伟业。从 2010 年企业搬迁时的一片荒地,到现在的现代化企业,赵峰义见证了华阳集团氮基合成材料有限责任公司由小到大、由弱到强的发展过程。尤其是企业投产后,他带领团队对工艺设备不断进行改造,使其更趋完善。

可以说,赵峰义把个人的梦想融入了时代的发展浪潮中,以担当书写人生华章,用实干镌刻荣光,在为企业创造价值的同时,也实现了自己的人生价值。谈及此次荣获山西省五一劳动奖章时,赵峰义说,自己将最美好的青春年华奉献给了化工行业。在接下来的日子里,他会更加刻苦钻研,带领团队成员破解更多技术难题,为企业和社会作出更多的贡献。

(三) 新时代劳动精神的具体要求

劳动是人类的本质,是人类社会生存和发展的基础。党的十九大报告提出"要培养担当民族复兴大任的时代新人"。培养什么人,是教育的首要问题。习近平总书记多次强调要在全社会大力弘扬劳动光荣、知识崇高、人才宝贵、创造伟大的时代新风,促使全体社会成员弘扬劳动精神。立足新时代的经济社会发展背景和劳动实践问题,使劳动者在辛勤劳动、诚实劳动、创造性劳动过程中,形成劳动光荣、精益求精、创造伟大的劳动理念,达到脱贫致富、发展经济、实现中国梦的劳动目标。

1. 用劳动精神培养时代新人,是时代发展的现实需要

劳动是助推社会发展的引擎,是通往美好未来的阶梯。习近平总书记指出,"实现我们的奋斗目标,开创我们的美好未来,必须紧紧依靠人民、始终为了人民,必须依靠辛勤劳动、诚实劳动、创造性劳动"。当前,"第一个百年目标"已经实现,全面建设社会主义现代化国家新征程已经开启。建设社会主义现代化强国,呼唤敢为人先、开拓进取的创新性劳动精神,推动我国实现科技自立自强,解决"卡脖子"的技术难题;呼唤刻苦钻研、精益求精的劳动精神,以知识和技能作为核心驱动力,推动实现高质量发展;呼唤敬业担当、苦干实干的劳动精神,脚踏实地,把实体经济做实做强做优;建设现代化强国,需要一支知识型、技能型、创新型劳动者大军,在劳动精神的号召下,发挥工人阶级主力军作用,撸起袖子加油干。

实现中华民族伟大复兴的中国梦需要劳动者以民族复兴为己任,勤于创造、勇于奋斗,努力成为热爱劳动、勤于劳动、善于劳动的高素质劳动者。弘扬劳动精神,有利于提升时代新人珍惜劳动资料、珍视劳动成果的勤俭节约精神,刚健有为、自强不息的奋斗精神,攻坚克难、突破陈规的创新精神,辛勤付出、乐于分享的奉献精神。

案例 3-5

伏兆娥:一把剪刀剪出传承 一种技艺走向未来

一把剪刀上下翻飞,一张彩纸千变万化。2019 年 9 月 28 日,在 2019 金凤区首届非遗创意节活动现场,国家级非物质文化遗产代表性传承人伏兆娥,向活动主办方宁夏银川市金凤区人民政府赠送了长达八米的剪纸作品"金凤腾飞"。

伏兆娥是宁夏著名的国际剪纸艺术家,非物质文化遗产剪纸第三代传承人,宁夏一级工艺美术大师,被联合国教科文组织授予"中国民间工艺美术家""中华巧女""中国十佳艺人"等终身荣誉称号。

伏兆娥从小在海原长大,6 岁起就跟着姥姥和母亲学剪纸,受到家人熏陶,伏兆娥对剪纸产生浓厚兴趣。在姥姥和母亲剪纸的时候,她会把剪刀偷偷拿过来学着剪,经过长时间的练习,剪刀用废了几百把,剪过的红纸能拉满一汽车,大小各类作品累计百万件,剪纸技艺渐趋成熟,"伏兆娥剪纸"就这样慢慢走进人们的视野。

1983 年,伏兆娥以自己的小饭馆为蓝本创作《饭馆春风》并在《宁夏日报》发表,从此开启她剪纸创作的艺术人生。1994 年,由于其作品有着浓郁的西北风情,伏兆娥应邀为《女人这一辈子》《黄河绝恋》《大漠豪情》等多部优秀影视剧献艺,伏兆娥本人也因此获得电影美工设计奖。

"1995 年,家里缺粮,我靠着手中的剪纸换来了粮食。剪纸是我的'救命恩人'。"伏兆娥回忆道。当年,宁夏、陕西等地电影制片厂找到她,拍摄纪录片,主要展示她剪纸的过程。同年,联合国第四次世界妇女大会在北京召开,大会期间播放了伏兆娥的剪纸纪录片,为此伏兆娥荣获"中华巧女"终身称号。

2008 年,"伏兆娥剪纸"注册,现已成为宁夏著名商标。如今,她的作品也走向全国,

甚至走上国际舞台。她的剪纸作品先后多次在国内外进行展览，并两度荣获中国民间文艺山花奖。"伏兆娥剪纸"这一品牌已享誉全国，常有人慕名找到伏兆娥，拜师学艺，一睹她的风采。

伏兆娥在长期的生活和创作实践中，用一把灵巧的剪刀描绘家乡的风土人情和民间的故事传说，抒发自己的所爱所恨，歌唱美好的新生活，其技艺精湛被国内外文化艺术界人士誉为"西北第一剪"。伏兆娥作为宁夏政府代表团成员参加上海世博会，还多次随宁夏政府代表团赴日本、中国香港进行文化交流，现场献艺备受关注，引起轰动。

如今谈"非遗"，不仅需要保护和传承，更需要突破和发展。2009年，伏兆娥和二女儿李剑成立了宁夏艺盟礼益文化艺术品有限公司，通过"企业+协会+农户"的经营模式，实现了非遗剪纸作品的产业化发展，让剪纸作品变成符合受众需求的产品。2016年，公司搬到银川经开区育成中心，实现产业转型，将传统剪纸艺术与互联网技术相结合，实现数据化的整合。目前，公司正以伏兆娥剪出的10多万张人脸剪纸为基础数据，建立剪纸作品的人脸识别肖像数据库。此种方式为国内首创，以期将"伏兆娥剪纸"的艺术神韵更生动地表达出来，让剪纸技艺搭上数字化快车，让剪纸文化更好地传承下去。

2. 用劳动精神培养时代新人，是时代新人自我发展的内在需要

中华民族自古以来就是热爱劳动的民族，以崇尚劳动、尊重劳动者为表征的劳动精神是中华民族的宝贵精神财富，是培育和践行社会主义核心价值观的原生要素，理应成为全社会每个人的精神底色。

由于我国物质生活水平不断提高，青少年容易滋生享乐思想，"不珍惜劳动成果、不想劳动、不会劳动的现象"依旧存在，劳动技能不强，劳动心态不够积极。素质是立身之基，技能是立业之本。劳动者素质对一个国家、一个民族的发展至关重要。当前青少年养成"衣来伸手饭来张口"的习惯依旧突出，心理承受能力和抗压能力也有待加强。遇到困难挫折如何面对与调整、面对理想与现实的差距如何化压力为动力，如何用积极乐观的心态攻坚克难的能力等均有待加强。

弘扬劳动精神，有利于时代新人正确处理理想与现实的关系，坚定理想信念，历练艰苦奋斗、顽强拼搏的意志，养成爱岗敬业、严格自律的心理品质，增强历史使命感、时代责任感；有利于时代新人正确处理个人与集体的关系，把党和国家确定的奋斗目标作为自己的人生目标，勤于学习、练就过硬本领，敢于创新、不断突破陈规，勇于实践、担当起该担当的责任；有利于时代新人认同社会主义社会平等、和谐的新型劳动关系，克服挑三拣四的错误行为，克服好逸恶劳、轻视劳动，特别是轻视体力劳动的剥削阶级思想，崇尚劳动价值、追求劳动创造、尊重劳动主体，努力成为可堪大用、能担重任的社会主义建设者和接班人。

我们处在一个攻坚克难、砥砺前行、创造奇迹的美好时代，既需要更多敢立潮头的"弄潮儿"挺身而出，更需要千千万万的劳动者埋头苦干。自党的十八大以来，每逢"五一"国际劳动节"，习近平总书记都会通过各种方式表达对广大劳动者的无比敬意，反复强调大力弘扬劳动精神，就是要激励广大劳动者在追梦圆梦的征途上努力奔跑，以辛勤劳动、诚实劳动、创造性劳动托举梦想、成就梦想。

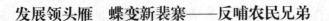

案例 3-6

发展领头雁　蝶变新裴寨——反哺农民兄弟

"我是来自河南太行山区的一名农民企业家,这次能参加全国劳模表彰大会感到特别光荣。"河南辉县市张村乡裴寨村党支部书记、村委会主任、春江集团有限公司董事长裴春亮说。

裴春亮出生在一个省级贫困村,从15岁到29岁,他卖过烧饼、开过面馆、理过发、照过相,拉过板车、当过推销员。

2006年,他创办了春江水泥厂,成立了春江集团有限公司。到目前为止,春江集团已经形成金融、化工、旅游、发电等多种经济体并存的集团公司,拥有固定资产50亿元、员工3 000名,年上缴利税8 000万元。

2005年至今,裴春亮无偿出资1.18亿元,让全村153户无偿住进了舒适、美观的两层"小洋楼"。他不仅让每家每户都入股企业,还让村里的年轻人到公司上班。十年来,他拿出近6 000万元带领大家挖水井、建水池、修水库。

走进裴寨村,欢乐的气氛扑面而来,大街小巷处处洋溢着喜悦。在全国人大代表、河南省辉县市裴寨社区党总支书记裴春亮的带领下,家家户户从土窑洞、土坯房搬进了小洋楼,村民宜工则工、宜农则农、宜商则商。"在路东当农民,在路西当工人,商业街里当商人,住进社区是城里人,走进夜校是读书人",农工商业同步发展。"人人有活干、家家有钱赚、户户是股东"的裴寨梦实现了,裴寨村也成了远近闻名的"明星村"。

在裴春亮心里,群众的事就是天大的事。十多年来,他为了帮助群众脱贫致富过上幸福生活,先后投入2亿多元,带领群众迈向康庄大道。他不忘人大代表职责,积极履职,坚定信念,心系乡村,扎根群众,以炽热的情怀,关注民生、为民办事,以实际行动践行人大代表的光荣使命。

"我将始终保持一腔火热的青春激情,鼓足干劲、扎实工作,团结带领父老乡亲'听党话、跟党走、同创业、共致富',让村民从口袋'富起来'到脑袋'强起来',努力实现农民更富、农业更强、农村更美。"这是裴春亮的心声。

老百姓盼的,就是人大代表干的。2021年年初,裴寨村第三个"五年发展规划"如期实现,第四个"五年规划"正式实施。从2006年开始,裴春亮就带领村两委和乡亲们一起制定实施村级发展规划,确保想一件、干一件、干成一件,每年跟乡亲们"对对账"。

乡村振兴产业振兴是根本。十余年时间,裴春亮带领大伙把一个省级贫困村建成全国文明村,实现了"人人有活干、家家有钱赚、户户是股东"的致富梦。他整合11个村创建裴寨社区,扩建商业街、建设服装产业园,带动一万多名群众稳定脱贫;以"1+N"扶贫模式,开展红薯革命、创新电商扶贫、实施旅游扶贫,带动太行山区5万多群众脱贫致富……扶贫帮困、捐资助学、抗疫救灾、乡村振兴,一曲新时代赞歌在裴寨村上空唱响。

"面对沉甸甸的荣誉,我会倍加珍惜。荣誉代表过去,它不是炫耀的资本,而是我前行的动力。"裴春亮说,"这个荣誉将会激励我在前进的道路上一路拼搏,我要做一个永不褪色的劳模,做一个经得起历史验证和人民信赖的劳模,这将是我毕生的追求。"

二、高职生劳动精神培养的现实意义

自全国劳动教育大会召开以来,大学生的劳动教育也得到进一步的重视。高职院校作为职业教育的重要阵地,重视和深化劳动教育,使大学生尊重劳动、热爱劳动并弘扬劳动精神,今后诚实劳动,为社会创造出更多价值。劳动精神的培养有利于高职学生的综合素质提升,对培养正确的人生观、世界观、价值观具有重要作用。

(一)劳动精神培养是实现教育目标的主要路径

高职教育的培养目标是培养适应区域经济发展需要和满足行业发展需求,掌握专业知识、方法和技能,有良好的综合素质和较强的创新创业能力,适应相关行业需要,能够从事对应专业及职业岗位的高素质技术技能型专门人才。这就决定了高职教育是以培养能力为主的教育,在这个过程中,强调动手能力和实用技能的劳动,劳动精神融入高职教育,培养学生通过自身劳动锻炼、提高操作和动手的技能,能更好地辅助教育目标的实现。

(二)劳动精神培养是学生身心健康的内在需要

劳动是人类存在的基本方式。在劳动的基础之上,人类通过劳动战胜大自然,通过双手在长期的劳动过程中人类的智力水平不断提高,各方面素质与能力不断提升与完善,各种优秀品质不断涌现。在高职教育中进行劳动精神的培养,可以培养学生吃苦耐劳、乐于创造、理解他人、自我管理和热爱劳动的品格,可以使当代大学生在技能技巧的学习、思想道德的培养以及开拓深层次的思想世界方面,打好坚实的基础。

(三)劳动精神培养是学生成才进入社会的必要准备

随着时代发展,科技进步,现代社会对所需人才会提出更新更高要求,对于动手能力强、综合素质高的人才需求越来越大。增加高职学生劳动精神的培养,是在新时代对高职教育提出的新的要求和使命。劳动精神是学生立足现代社会的基本素养,劳动教育是让学生把书本理论知识和劳动实践有效结合起来,在实践中获取更高的劳动技能,让学生能够更早的自强自立、独立生活、适应社会,也为将来能更快适应工作岗位打下坚实的基础。

(四)劳动精神培养是感恩意识培养的重要方式

大学生是未来国际建设的中坚力量,需要起到带头作用、骨干作用和桥梁作用。培养高职学生勤俭、奋斗、创新、奉献的劳动精神,可以提升其为社会奉献,服务他人的意识,是感恩意识培养的重要方式。如今接受高职教育的学生基本都是00后,他们有着这一代年轻人特有的个性特点和生活方式,享受着社会和经济带来的便利和物质文化生活,父母提供了充足的经济后盾,学校提供了优越的教学生活场所。贫困的学生也能够享有国家奖助学金和各种助学贷款。在学校学习的过程中,缺乏劳动观念和劳动意识,不肯吃苦耐劳,缺少自立自强、自力更生的品质,有的学生甚至完全缺乏独立生存和生活的能力,无法适应学生和社会。这就是在劳动精神培养中的缺失,缺少对劳动的敬畏感和感恩之心。感恩在于心,更在于行。在高职院校进行劳动精神的培养,是培养感恩意识的重要方式。

案例总结

光荣属于劳动者　榜样来自高职院校

2020年11月24日，全国劳动模范和先进工作者表彰大会在北京人民大会堂隆重举行。河南工业职业技术学院优秀毕业生余军伟被表彰为"全国劳动模范"。从一名普通的高职学生成长为全国劳模，学校的培养教育为他打开一扇窗，并照亮了他技能报国的人生道路。

2004年，余军伟入校学习机械设计与制造专业。学校立足军工特色，弘扬军工文化，创新开设"导师制"研修班，聘请机械制造经验丰富的优秀教师及企业高工担任"导师"，培养学员解决生产实际中的典型技术问题。余军伟积极报名参加，在理实一体化的项目式教学中，从做中学、从学中悟，掌握了应用于生产实际的技术技能，锤炼了"忠、毅"的品性，"严、细"的作风，"精、优"的质量观念。

毕业后，余军伟工作于河南航天精工制造有限公司，凭着扎实的基础和不服输的韧劲，不断用技术创新来实现自己的航天报国梦。在面对某发动机配套研制任务时，他成功解决了高温合金材料螺栓成型缺陷和模具寿命短的问题，为企业节约大量生产成本；在完成国家某重点工程研制任务中，他以"一次镦锻成形技术"为航天事业提供高科技、高性能紧固件；在轨道交通领域，他研制的制动盘螺栓、螺母，成功替代了进口，打破了国外的技术垄断。工作十几年来，他获得了多项实用新型和发明专利，先后荣获"航天技术能手""河南省五一劳动奖章""全国五一劳动奖章""全国劳动模范"等荣誉称号。

发挥"传、帮、带"作用，不仅体现在余军伟工作中的"师带徒"，更体现在他言传身教，激励母校学子坚定技能报国理想。2020年12月，他回到母校，在"全国劳动模范座谈交流会""军工文化大讲堂"上，畅谈自己扎根一线、攻坚克难的执着和坚守，他的学习经历、成长之路、工作成绩、奋斗精神等，成为同学们走向技能成才之路最生动、最亲切、最令人信服的教材。

"人人皆可成才、人人尽展其才"是军民融合、校企人才共育的显著成果。在余军伟工作的河南航天精工制造有限公司，很多校友都成长为企业的骨干，谢长超荣获"河南军工大工匠"，张钦莹带领团队研发智能检测系统，王妍走上管理岗位，他们干一行爱一行、钻一行精一行，在平凡的岗位上干出不平凡业绩，用坚定的理想信念、不懈的进取精神，脚踏实地做好每一件事，在祖国阔步迈向"十四五"的新征程中，做中国制造、中国创造的生力军。

第二节　工匠精神

例引入

工匠精神才能创新:"桥吊状元"竺士杰

他曾获"全国劳动模范""大国工匠年度人物"等荣誉称号,还探索出了以自己名字命名的桥吊法,被人称为"桥吊状元"。他就是浙江省海港集团宁波北仑第三集装箱码头有限公司桥吊班大班长竺士杰,一个普通却通过奋斗实现不凡人生的拼搏者。

受父亲的影响,他小时候觉得当技术工人是非常厉害的。他当时的梦想是成为一名大卡车司机,载着货物满世界跑。凭借对自己的准确认知,初中毕业后他并没有按部就班地上高中,而选择了更适合自己的技校,学习港机驾驶专业。在技校,他更坚定了自己成为技工的信念。语文老师说,上高中考上名牌大学的可以比作"栋梁",上技校的可以比作"烧火棍"。但是,栋梁有栋梁的用途,烧火棍有烧火棍的用途,只要用对了用好了,都是人才。竺士杰认为,自己学好技术当一个优秀的技术工人,一样可以成为对社会有用的人。

1998年,竺士杰毕业后进入了宁波港北仑国际集装箱公司,起初他是驾驶龙门吊的,而且操作技术很不错。但为什么从龙门吊改为桥吊,竺士杰在直播中详细介绍了自己的跳岗过程:"趁年轻我一定要多学技能,不管多困难我都要挑战"。从零开始学桥吊到熟练掌握技能,再到摸索出"竺士杰桥吊操作法",他这一路走来并不容易。

竺士杰喜欢研究,勇于挑战自我,觉得传统的跟着感觉走的加速稳关不能适应实际操作中多变的环境。于是,根据自己的实操经验以及请教各方老师,他想总结出一套更规范化标准化的操作方法,提升效率达到快准稳。竺士杰表示,在研究新的工作方法最开始的一段时间里,新方法反而造成了他工作效率降低,很苦恼还引来旁人的不解,但他一直坚信:"既然发现了新的方法、好的方法、对的方法,我就要硬着头皮把它研究出来。"

经过多年的努力以及实操验证方法有用,2006年12月,竺士杰写的桥吊操作法被公司正式命名为"竺士杰桥吊操作法"。在2013年、2019年,他对操作法还进行了两次升级,目前已升级到3.0版本。竺士杰也因此受到公司重用,完成了很多高难度任务。

关于自己的团队,竺士杰提道:"个人强不如团队强""我现在的心愿是想将自己的团队打造成一支优秀的团队"。竺士杰多次提到工匠精神,他认为只有具备工匠精神才能有机会做到创新。不仅是技工,而是所有的工作者,都应当对自己从事的工作精益求精,抱着不仅是做了,而是要做好以及做得更好的心态,发现问题积极解决问题,不断地提升自己,这样才能成为一个对社会有用的人。

名言警句

任何一项劳动都是崇高的,崇高的事业只有劳动。

——卡莱尔

一、工匠精神概述

(一)工匠精神的概念

《诗经》记载:"如切如磋,如琢如磨。"古往今来,各种佳作精品无不是厚积薄发、千锤百炼的结晶。精于工、匠于心、品于行,正是一代代大国工匠潜心追梦的感人之处。工匠精神是一种劳动精神,它是职业能力、职业道德、职业品质的体现,是从业者的一种职业价值取向和行为表现。时代发展,需要大国工匠;迈向新征程,需要大力弘扬工匠精神。

2022年4月27日,"五一"国际劳动节到来之际,习近平总书记在致首届大国工匠创新交流大会的贺信中强调:"我国工人阶级和广大劳动群众要大力弘扬劳模精神、劳动精神、工匠精神,适应当今世界科技革命和产业变革的需要,勤学苦练、深入钻研,勇于创新、敢为人先,不断提高技术技能水平,为推动高质量发展、实施制造强国战略、全面建设社会主义现代化国家贡献智慧和力量。"

工匠精神不仅要具有高超的技艺和精湛的技能,严谨细致、专注执着、精益求精、淡泊名利、敬业守信、勇于创新的工作态度,更需要具有对职业的认同感、自豪感、责任感、使命感等可贵品质。

(二)新时代工匠精神的内涵

工匠精神是社会文明进步的重要尺度、是中国制造前行的精神源泉。"工匠精神"就是追求卓越的创造精神、精益求精的品质精神、用户至上的服务精神。"工匠精神"的基本内涵包括敬业、精益、专注、创新等方面的内容。

1. 秉承真诚热爱的品性

敬业是从业者基于对职业的热爱和敬畏,产生的一种全身心投入的认真尽职的职业精神状态。敬业是中华民族的传统美德,中国历来有"敬业乐群""忠于职守"等传统,这也是社会主义核心价值观的基本要求之一。爱岗是敬业的基础,而敬业是爱岗的升华。"爱岗"就是干一行爱一行,热爱本职工作,不被利益所诱,淡泊名利,坚守初心。"敬业"就是要钻一行,精一行,对待工作勤勤恳恳,兢兢业业,认真负责。

2. 追求精益卓越的目标

老子云:"天下大事,必作于细"。精益求精,是从业者对每件产品、每道工序都凝神聚力、精益求精、追求极致的职业品质。精益求精,是指无论产品大小,都不满足于现有标准和成就,仍要求进一步提升质量,投入足够的时间和精力,反复改进,从而达到尽善尽美的效果。据统计,能基业长青的企业,大多都是精益求精的结果。

案例 3-7

华为的"工匠精神"

很多人认为工匠是一种机械重复的工作者,但其实,"工匠"意味深远,代表着一个时代的气质,与坚定、踏实、精益求精相连。

关于华为人的"匠人精神",任正非这样谈华为,华为没那么伟大,华为的成功也没什么秘密！华为为什么成功，华为就是最典型的阿甘，阿甘就一个字"傻！傻！"阿甘精神就是目标坚定、专注执着、默默奉献、埋头苦干！华为就是阿甘，认准方向，朝着目标，傻干、傻付出、傻投入。华为选择了通信行业，这个行业比较窄，市场规模没那么大，面对的又是世界级的竞争对手，我们没有别的选择，只有聚焦，只能集中配置资源朝着一个方向前进，犹如部队攻城，选择薄弱环节，尖刀队在城墙上先撕开一个口子，两翼的部队蜂拥而上，把这个口子从两边快速拉开，千军万马压过去，不断扫除前进中的障碍，最终形成不可阻挡的潮流，将缺口冲成了大道，城就是你的了。这就是华为人的傻干！

我想这就是华为人"傻傻"的坚持，追求极致的"匠人精神"！回忆翻翻公众号的第一篇文章我这样写道：作为微信公众号的第一篇文章，想了很多，不知拿什么入题；把订阅号的名字叫作"遇见匠人"，之所以会出现"匠人"，源于在浏览网页时，看到一篇文章，内容大致写："匠人精神"也只有在日本和德国才能看到吧，所以日本和德国才出现更多的百年企业；细细想来，匠人精神本源于我们中华民族，为何现在找不到一点痕迹呢，中国企业的平均寿命在2年，为何我们国家很难出现百年企业？曾看过一段话："世上本无夕阳的产业，而只有夕阳的企业和夕阳的人；由量的扩展到质的突围，正是中国制造的最后一公里。"

在中国，从来不缺好想法、好点子，缺的是踏踏实实、沉下来做产品的"匠人精神"，所以出现了"遇见匠人"！我希望在这里让看到的朋友都拥有"匠人精神"，无论生活还是工作；无论个人、企业还是国家，都可以把"匠人精神"传承下去！

人生活在这个世界上，会为了某种信念活下去，为了某种理想，活出了我们现在的样子，而与心中的理想生活相距甚远；在这个忙碌的时代，忘记了前进的理想，活成如同行尸走肉一般；这个时代，太多人喜欢仰望星空，而忘记了脚踏实地；所以，现如今的我们太需要一种精神，这种精神就是"匠人精神"，一种踏实、执着、认真的生活态度。

目前，中国的发展进程已进入全面深化阶段，改革刻不容缓，要清晰认识到复杂多变的外部环境和退无可退的奋进局面。只有达成了共识，集中精力做自己最擅长的事情，将自己的优势发挥到极致，更容易在某一领域超越竞争对手，取得成功。正如华为的经营哲学：要坚持做好一件事，培育工匠精神，厚植工匠文化，崇尚精益求精，才能培育众多世界级企业，打造更多享誉世界的中国品牌，推动中国经济发展进入质量时代。

3. 坚持认真执着的态度

孔子曰："术业有专攻"，古人云："书痴者文必工，艺痴者技必良"。执着专注是一种精神状态，是时间上的坚持、精神上的聚焦。专注就是内心笃定而着眼于细节的耐心、执着、坚持的精神，这是所有"大国工匠"所必须具备的精神特质。

案例 3-8

"齐鲁工匠"宋良友：艺痴者技必良

劳动创造价值，劳动彰显美丽，劳动建构快乐。东营广通科技有限公司技术员宋良友在工作岗位上，用勤劳的双手书写科技创新的美丽篇章。当好精神文明的弘扬者，认真践行社会主义核心价值观，用新时代劳模的先进思想和模范行动影响和带动身边人，为公司发展建言献策，研发更多的发明创造，为提升人民群众高质量生产、生活水平添砖加瓦。

生于1976年的宋良友以前在地处山东东营市经济技术开发区的山东科达集团公司上班，从事交通设施的研制和施工。从他上班的第一天起，就被工友们起了个绰号"好琢磨"。"好琢磨"是个啥表现？宋良友每天就是在施工现场和车间两点一线之中穿梭。别人都司空见惯的现象，在他眼里总能找出些"蹊跷"。发现问题后，他那种痴迷于解决方案的劲头太大了：问师傅释疑、向工友求解、不舍昼夜查资料、看视频，直至把问题彻底解决掉才露出难得的一笑。

有天雨夜，他驾车经过一个施工路段时，看到手摇红旗指挥交通的农民工浑身都被雨水浇透了，身上还沾满了泥浆。"能否发明一种装置自动摇旗，减轻工人的劳动强度和风险？"想法一闪，他马上开车冲向厂里，叫来工友连夜干上了……经过一次次的设计、改进和试验，他们在1个多月后研制成功了"自动报警摇旗人"。

还有一次，他去吃早餐，看见做"火烧"的师傅又是揉面又是弄火烧饼剂子，又累效率也不高。回去后，宋良友就琢磨开了：能否发明一种工具，既能快速揉面又能减轻做饭师傅的负担。说干就干，连续十几天的试验，终于发明了制饼模具机，只要把白面放进去，轻轻一压，火烧剂子就成型了。

2018年以来，宋良友成立了"齐鲁工匠创新工作室"，他更是充分发挥带头的技术优势，先后编制完成3项施工工法、3项发明专利和1项软件著作，都在降本增效、技术创新及安全生产等方面取得了明显成效。

几年来，他的技术创新成果也是接连不断问世。2014—2015年，他完成的"交通自动闪光警示柱"等3个项目获得了国家实用新型专利；2016年完成的"远程可控式限高门架"等6个项目获得了国家实用新型专利；2017年至今完成的"维修井盖用防盗警示帽"等10个项目获得了国家实用新型专利。其中，已运用到实际生产中的"柴油式热熔釜""车载式自动打草机"和"吹风式道路保洁车"等多项技术，直接创造经济效益100多万元。

近年来，宋良友更是荣获了"山东省第十届发明创业奖""东营市金牌工匠""东营市五一劳动奖章"……说起获得的这些荣誉，宋良友些许腼腆地一拍后脑勺笑了，"大伙夸我'爱琢磨'出了名，可我觉得，只有'爱琢磨'、肯钻研，才能更有激情、才能让梦想不离谱。

4. 蕴含团结协作的创新精神

追求突破、追求革新。一直以来，热衷于创新和发明的工匠们都是世界科技进步的重要推动力量。当然，任何一项技术、任何一个工艺、任何一道工序，却都离不开多部门、多环节的团结协作。随着现代技术的发展，工序越发复杂，开发难度增强，单凭个人的能力很难独立完成，需要发挥团队合作的力量，充分利用各方优势，以集体的力量来攻坚克难，实现技术目的。因此，团结协作的合作态度是当前产业技术工人必备的精神素养。

案例 3-9

王传福——搭乘改革开放的快车，从白手起家到领军者

二十多年来，借助着改革开放和民营经济发展的大潮，无论是当初的充电电池，还是今

天的新能源汽车，王传福所带领的比亚迪，总是能够牢牢占领国内市场第一的席位。

1995年，主修材料学专业的王传福，从北京下海，到深圳创业。这位北京有色金属研究总院的电池技术专家，当时最大的资本就是自己手里的技术，而他最大的信心就是改革开放的政策环境。1995年2月，王传福注册成立了比亚迪实业有限公司。

凭借着自主的核心技术和对市场的敏锐判断，短短几年时间，比亚迪就成为中国第一、全球第二的充电电池制造商。2002年7月，比亚迪在香港主板上市。正当业务发展如日中天的时候，2003年，王传福却突然宣布要进军汽车行业，这个决定遭到了不少股东的反对，当年投资界也无人看好，消息公布后的那段时间，比亚迪股价最大跌幅达到了50%。但王传福却坚定地迈出了这一步。

在电动汽车业务大获全胜之后，王传福又瞄准了新目标，为解决城市交通拥堵问题，比亚迪组建了1 000多人的研发团队，历时5年，累计投入50亿元，成功研发出"云轨"。作为中小运力的轨道交通，"云轨"造价仅为地铁的1/5，具有很强的地形适应能力，可以从城市建筑群中穿过。

2022年4月3日，比亚迪汽车正式宣布，自2022年3月起停止燃油汽车的整车生产，成为全球首个正式宣布停产燃油汽车的传统车企。这不仅展示了比亚迪壮士断腕般的决心，也体现了其专注于纯电动和插电式混合动力等新能源汽车，为人类可持续发展不断探索的使命。

"只生产新能源汽车"是王传福2003年跨界造车时的心愿和初衷。但当时新能源汽车市场尚未发展起来，"零基础"造车的比亚迪，为求生存，只能选择同时生产燃油车、插电式混合动力汽车和纯电动汽车。

一个初创车企，一辆燃油车都没有生产过，一开始造车就想挑战技术难度更高的电动汽车，当时外界和投资者普遍不看好，认为王传福自不量力，太狂妄了。

但王传福并不以为意，他在企业发展过程中不断放出"大话"："一辆上百万的车，在我看来其实也就是一堆钢铁""2025年计划销售突破1 000万辆，超越丰田成为全球第一""家庭消费一旦启动，比亚迪'分分钟'就可以造出特斯拉"……他也因此有了"汽车狂人"的称号。

但时间是最好的试金石。王传福说过的"大话"，很多正在变成现实。如今，比亚迪已经是全球领先的新能源车企，不仅入选了《时代周刊》"2022最有影响力的100家企业"（榜单上唯一的中国车企），还被视为中国唯一可以和特斯拉相抗衡的新能源车企。

在王传福的领导下，比亚迪也建立了自己的风格：崇尚技术，以问题为导向，通过创新解决问题，以及坚持。

如今，创业28年、造车近20年后，王传福终于迎来了属于自己的时代，成为新能源汽车的领导者。

"无为商业骄子"比亚迪股份有限公司董事长兼总裁王传福，于2020年3月9日荣膺《财富》（中文版）"年度中国商人"称号。《财富》肯定了王传福作为企业家在解决社会问题中发展自己的双赢模式，认为其是一个因遵循客观规律而无所不为的"无为英雄"。王传福也说：是改革开放给了我们机会，以市场经济为主的、公平竞争的环境，这种环境让很多这种热血的青年在这里可以施展、在这里创业、在这里可以成功。比亚迪是改革开放的参与者，当然也是受益者。

二、工匠精神的现实意义

工匠精神是一种可贵的职业素养，集中反映了人们对更优产品、更高品质、更好生活的追求。党的十八大以来，习近平总书记多次强调，要提倡工匠精神，鼓励精益求精、崇尚质量、追求卓越。在高质量新发展的背景下，弘扬工匠精神，对于培育职业道德、提升中国职业能力、塑造民族精神至关重要。

随着我国转向高质量发展阶段，要求坚持质量第一，转变发展方式，真正实现从量的增长到质的提升，大力弘扬工匠精神恰逢其时。

弘扬工匠精神有利于改善社会风气。中华人民共和国成立特别是改革开放以来，为了尽快摆脱落后面貌，我国一直不遗余力地开展"速度追赶"。但在实现体量大增的同时，也在一定程度上造成了社会心态的浮躁。提倡工匠精神有利于引导各行各业调整心态、端正态度，从而实现对工作尽心、对事业热爱、对社会负责。如果人人践行工匠精神、敬业精业，则能够不断提升个人技能、提高产品质量、夯实发展基础，进而促成认真诚信、务实创新的社会氛围。

弘扬工匠精神有利于打造中国品牌。近年来，中国品牌已有重大发展，但总体上档次还不够高、适用性还不够强，特别是品牌价值和文化内涵与国际先进技术差距仍较大。工匠精神的核心要义是精益求精，打造知名品牌是终极目标。在设计研发、生产加工、营销服务等各个环节要追求卓越，就能更好地提品质、增品种、创品牌，从而推动中国产品向中国品牌转变。国内产品和服务质量的提高，既可以满足消费者个性化、多样化的需求，减少扩大内需和消费外溢，反过来又促进产品质量的进一步提升，从而增强中国品牌在国际市场的竞争力，使国家形象更上一层。

弘扬工匠精神有利于塑造民族精神。中华民族自古以来就是勤劳、勇敢、智慧的化身，团结忍耐、奋发图强的民族精神令世界瞩目。工匠精神包含着精工细作、开拓创新。一个强大的企业和团队，拥有严谨的态度、坚定的心态和执着的追求，也就具备了做优做大做强的基础。一个拥有工匠精神的民族，会是国家和民族振兴的希望所在。在全面建设社会主义现代化国家新征程上，践行工匠精神将助力我国攻坚克难、砥砺前行。

案例 3-10

卢阳：工匠铸精品，攻关添动力

"真空熔炼浇注工序，是高温合金精铸生产线上的关键岗位，需要十分仔细，哪怕一毫米的差距都会影响高温合金精密铸件的质量，决定它的成败。"走进贵州安吉航空精密铸造有限责任公司高合机匣分厂铸造车间，一身绿色工装的大炉班班长卢阳正在对合金材料熔铸过程的每个细节进行一丝不苟的检查，只见他神情专注，双手熟练地操作着仪器，一边说，一边用笔记录。

卢阳是安吉航空精密铸造有限责任公司的技术权威，自 1990 年参加工作以来，他始终秉承兢兢业业、精益求精的工作态度，在岗位上持续学习，不断创新，获得"中国铸造大工匠""航空工业特级技能专家""贵州省国防工会先进个人""安顺市五一劳动奖章"等多项荣誉表彰，2022 年 5 月，他被贵州省总工会授予"贵州省五一劳动奖章"荣誉称号。

2006年,安吉精铸公司投入大量人力物力发展高温合金铸造,有16年一线工作经验的卢阳担起重任,负责最关键的真空熔炼浇注工序。刚接手这项工作,卢阳便犯了难,"高温合金铸造是公司的新工艺,设备也是新引进的高端设备,铸造工艺、合金材料均是第一次研制,没有可借鉴资料和经验。"

面对困难,卢阳没有退缩,依靠自己的努力,不断摸索新设备、新工艺,在日复一日的坚持下,取得了一项又一项的突破。

2013年,卢阳参与完成了某铸件从离心浇注转型到重力浇注的生产试验过程,固化了高温合金铸件生产过程的典型工艺,并成功试验重力法,浇注多项机匣铸件。2015年6月,卢阳参与完成了当时国内最大的高温合金铸件,一次熔炼浇注成型的试制工作,现已成功交付首件。2019年4月,卢阳承接了一项特大机匣铸件的浇注工作,目前已成功进行了产品的一次熔炼浇注成型的试制工作……

卢阳始终把"保质保量完成新品试制工作"作为工作的重中之重。针对铸件易产生缩裂、疏松等问题,他应用多年积累的铸造技术经验,采用快速冷却凝固技术解决了机匣铸件支板、外环凸台的疏松缩裂问题,突破了机匣类铸件的瓶颈,提高铸件实物质量的同时为铸件后续清理、修整节省1/3的生产周期,成品周期由30天缩短为21天。

在研制薄壁高温合金铸件时,为了防止铸件产生欠铸、裂纹等冶金缺陷,卢阳与技术人员一起,通过改进原有工艺参数,提高型壳预热温度及浇注速度,有效提高了合金液充型能力,降低欠铸、裂纹缺陷倾向,铸件合格率从不到20%提升到75%。

针对真空设备的局限性,在对真空设备进行改造期间,卢阳提出合理化建议达40余条,其中"改进工艺方案解决坩埚开裂金属外泄问题""自制高温合金铸件浇注工装建议"2条建议被省国防工业系统评为"最佳合理化建议"。

此外,卢阳还带领班组,完成了多项重点型号高温合金铸件的熔炼浇注生产任务,为安吉精铸高温合金精密铸造从无到有、从小到大、成为国内行业领先作出了突出贡献。大炉班也因此先后荣获中航工业"六型"班组、贵州航空工业"模范职工小家"的称号。

32年如一日,卢阳怀着一颗"匠心"在事业的追求路上执着前行,用奋斗和坚守浇铸出一份优秀的答卷。

三、技能成才

2022年4月,习近平总书记在致首届大国工匠创新交流大会上,高度重视技能人才工作,多次作出重要论述,激励广大青年走技能成才、技能报国之路。

技能人才是指掌握专门知识和技术,具备一定的操作技能,并在工作实践中运用自己的技术和能力进行实操的人员。他们是我国人才队伍的组成部分,是技术人员队伍的骨干,肩负着建设技能强国的历史重任。

(一)加大技能人才培养水平

加大技能人才培养水平,不断优化技能人才工作。需将技能大赛与常规教学活动结合起来。在校大学生应抓住机会,主动加入各项技能大赛中。

（二）自觉融入校园竞赛氛围

广泛深入持久开展职业技能竞赛，引领技能人才工作。现在职业类院校都在积极贯彻落实教育部等部门关于职业教育活动的要求，每年定期开展院级职业技能大赛活动，参照国赛赛项设置各类竞赛，建立学院、省、国家三级人才选拔机制，为参加省赛、国赛选拔储备有潜质的"种子"选手，实现职业技能大赛的广泛化、常态化、制度化，营造了德技并修的竞赛文化氛围。高职院校大学生要积极参与各类竞赛，自觉融入校园竞赛文化氛围。

（三）主动参加创新创业活动

高职院校大学生应积极响应国家"大众创业、万众创新"的号召，走上创新创业之路。在夯实理论知识基础，加强实训技能之余，大学生应提高对实践环节的重视程度。在现有课堂学习的基础上，走出课堂，多参加创新创业实践活动。通过实践的体验，进而提升创新创业能力。

（四）积极参与科技社团活动

利用课余时间凝聚学生动力，很多高职院校基于兴趣爱好、专业特长组建了社团，建设起各类学习型、创新型、大赛型、研究型等相关的科技社团。在校大学生可根据自身优势和特长，深挖自己的内在潜能和发展潜力，规划在校期间可能成为工匠型技术人才的发展路径，使自己成为有兴趣、有动力、有潜质、有特长的技能大赛参赛预选手。

（五）充分利用校外资源

积极参加校企合作与企业顶岗实习，主动体验职场环境、接受职场压力，按照正式企业员工的标准要求规范自我，这是提高大学生职业素养，培养"工匠精神"的重要方式。同时，也可向企业导师认真学习。师傅亲身传授，在师徒双方共同参与培养过程中，企业代领人承担传授和指导的责任，师徒共同学习技艺，并在学习过程中，加深对企业文化的了解，感悟企业技术工匠的内在品质。

技能成才、技能报国既是新时代职业教育的光荣使命，也是广大青年实现人生价值、成就人生理想的重要途径。高职院校要将工匠精神渗透到教学、德育、劳动实践等方方面面，贯穿于人才培养全过程中；遵循技能人才成长规律，帮助大学生走好转折点、找准着力点、聚焦成长点，突出技能水平和实践能力，帮助他们走好技能成才、技能报国之路。

案例总结

刘伟：奋斗的技能成才之路

刘伟，一位不太寻常但又很寻常的80后小伙，他的名字很普通，也很符合贴切他的外形，永远给人踏实、稳重、放心、安心的感觉；他就是这样淡淡的、静静的在你身边，一位默默奋斗在株机公司供配电事业的一员！

刘伟，2008年毕业于湖南铁道职业技术学院电气化铁道技术专业，同年获得维修电工高级工证；2011年获得维修电工技师证，同年5月获得株洲市职业技能大赛第一名，被授予"株洲市技术能手荣誉称号""株洲市五一先锋""株洲市青年岗位能手"，同年11月参加湖南省职业技能大赛，获个人第一名，团体第一名的成绩，并被授予"湖南省技术能手荣誉称号"；2012年被湖南省总工会授予"湖南省五一先锋荣誉称号"，同年8月代表湖南省参加第四届全国职工职业技能大赛决赛，获个人第十二名、团体第八名的成绩；2013年被南车集团授予"中国南车技能专家"称号；2015年参加株洲市电视技能大赛，荣获可编程序系统设计师职工组第一名，荣获"株洲市技术能手""株洲市五一劳动奖章"，同年获得维修电工高级技师证；2016年荣获湖南省"十行状元，百优工匠"电工组第四名，并授予湖南省"百优工匠"称号；2017年中车代表公司参加中车集团车辆电工竞赛决赛，荣获中车集团车辆电工竞赛决赛第八名，授予"中国中车技术能手""中国中车青年技术能手"荣誉称号；2018年获得维修电工国家职业技能鉴定高级考评员证，同年6月代表株机公司参加株洲市"石峰杯"技能大赛，荣获电工第一名，株机公司荣获团体第一名；2019年1月被评为中国中车"资深技能专家"；2021年获得"国务院政府特殊津贴""株洲市优秀共产党员"。

电力运行人，鲜少被人知晓，刘伟，便是这群人的领头羊！为了公司内生产正常运作，让公司外同事们的小家以飨天伦，他们不分昼夜，从无节假日，时时刻刻分分秒秒坚守在工作岗位上，把公司能源的第一道关口牢牢把好，因为这是公司园区动能心脏，更是最为关键的岗位。

还记得2020年疫情时的百年田心吗？2020年2月29日凌晨3点，中心站供1#高压站318#发生单相接地谐振故障，他及时上报并通过倒换324#供电解决故障，保证公司南区电能供应。其间同步进行牵引站的巡视检查，1#高压站巡视检查，10千伏高压站的空调运行管理，配合停送电操作，318#的电缆故障处理配合等电力运维工作。因为他和他的伙伴们坚守在岗位上，才能确保电力正常运行，主机生产。他带领着大家变成株机公司最可爱的"逆行者"。

随着疫情的好转，公司复工复产，转入公司总体抗疫工作部署中，公司安全平稳地度过了这段"自我抗疫期"，这期间他的坚持和付出确保了公司电能的正常供应，也得到部门各级领导的关心和支持。他笑笑说："这是电力党员的责任，既然选择了，就必须担当！无论多少岁月，我不能贡献产值，但是可以创造价值。"

他带领的团队2019年度中心站安全供电0.86亿度；110千伏和27.5千伏大型停送电操作6次，执行高低压停送电计划内294次，事故应急79次，全年未发生因运行和停送电误操作导致的非计划性停电事故，全年无责任性安全事故发生，安全运行8 760小时。

在这特殊的2020年，大家说得最多的就是：活着就好！而他制定了一系列完善创新工作室的制度建设和运行优化工作，及2021年工作室的培训计划，并依托劳动竞赛的开展，主持完成各项培训任务，让被培训者达到最好的培训效果。理论学习完毕，他又组织带领班组骨干及新员工积极参与年度公司配电新建项目，牵引站15千伏牵引变电设备、中心站新建项目等；同时带领大家跟进且参与到项目中，通盘学习配电系统建设的全过程，为智能化配电系统的投运使用，提供自身的技术保障。

第三章 传承劳动精神

  他在进入公司以来就时刻加强自我提升，按照设定的技能目标，一步一步努力奋斗，成就了自己。2022年他更是通过组建学习小组形式，在配电工作岗位积极主动学习相关配电专业技术，多方面提升自我技能水平，在保证本职生产任务完成的基础上，强化对供配电技术能力的锻炼提升，如新型智能化配电系统的学习，高压配电的运行维保技能，提升锻炼班组管理能力等，更多地帮助和指导部门青年员工的成长成才，为公司动能供应储备人才。

  他常对自己说，内心的满足是来自每一个设备正常运行的电流声所带来的光亮和温度；他愿意永做电力运行的"坚守者"，坚持把公司的动能供应维护保障工作做得更好，为公司下一步的快速发展、不断超越打下坚实的基础，在任何时刻他都能掷地有声地说出："有我，有我们，请放心！"

第三节 劳模精神

中国水底隧道开路先锋肖明清：穿江越海的追光者

"在江汉铁路,于长江第一转拐弯处,应穿一条隧道过江底,以联络两岸……至将来此市扩大,则更有数点可以建桥,或穿隧道。"这是20世纪初,孙中山在《建国方略》中的规划。

2008年12月28日,武汉长江隧道试通车,"万里长江第一隧"成为现实。

这一标志性工程,与肖明清的努力分不开。他是全国工程勘察设计大师、中国铁建首席专家、中铁第四勘察设计院总工程师,也是武汉长江隧道工程的总设计师。

20世纪八九十年代,当英吉利海峡隧道、日本青函隧道的建设带来了人类地下空间开发的迅猛进步时,中国地下隧道,尤其是水下隧道发展几乎还是空白。

1998年,武汉市正式筹备武汉长江隧道项目。彼时,各方顾虑一直不断。不少外国专家质疑,中国人是否有能力攻克高水压、强透水、超浅埋等水下盾构掘进世界级难题,以及在长江江面下50多米深处,一次性成功穿越长江江底2 500米?

"外国人可以做的,为什么中国不可以?我们的技术差距究竟在哪里?"肖明清回忆,当时参与隧道设计的人员平均年龄不足30岁,开挖武汉长江隧道的每一个施工阶段,几乎都伴随着世界级技术难题的攻关,国内又没有现成经验,只有自己摸索研究,寻求技术突破对策。

四年工期,肖明清带领团队昼夜值守在施工现场,解决一个接一个难题:首次提出并采用"管片衬砌与非封闭内衬叠合结构"技术;在国内首次提出并采用"大直径盾构通用楔形环管片"技术、"盾构隧道管片接缝双道密封垫防水"技术、"盾构隧道段顶部排烟与底部疏散结合"技术……最终,成功破解了5大设计施工难题,取得10多项国家专利。

2008年12月28日,武汉长江隧道通车运营,标志着中国迎来了"江上有桥、江面行船、江下通隧"的立体过江交通时代。"长江下都可以建隧道,其他类似的工程能有多难?"肖明清称,武汉长江隧道的建成,最大意义在于打破了人们思想上的禁锢。

从担任"万里长江第一隧"——武汉长江隧道的总设计师,到当时世界上在强渗透高磨蚀地层中修建的直径最大、水压最高、覆跨比最小的水下盾构隧道——南京长江隧道的总设计师,再到创新解决了深水宽海域隧道建设,成为国内首创、世界首座高速铁路水下盾构隧道——广深港高铁狮子洋隧道的总设计师,肖明清和其团队为打通交通动脉,探寻隧道之光,创造了一个又一个世界级杰出工程。截至目前,肖明清已领衔研究和设计了50多座大型水下隧道。

辛勤的汗水浇开了灿烂的理想之花,荣誉和掌声在拼搏之后接踵而至,肖明清先后获得"全国劳动模范""全国青年岗位能手""全国五一劳动奖章"等荣誉。工作29年来,肖明清见证着中国隧道建设水平一步步迈向世界先进行列。他表示,随着中国发展强大,要建更多功能更全、品质更好的隧道，隧道技术是无止境的，攻关也永无止境，他仍将不负热爱、勇挑重担。

> **名言警句**
>
> 我觉得人生求乐的方法，最好莫过于尊重劳动。一切乐境，都可由劳动得来，一切苦境，都可由劳动解脱。
>
> ——李大钊

一、劳模精神概述

劳动模范是党中央、国务院授予在社会主义建设事业中作出重大贡献者的荣誉称号，目的是弘扬劳模精神，弘扬劳动精神，弘扬中国工人阶级和广大劳动群众的伟大品格。榜样的力量是无穷的。劳动模范是民族的精英、人民的楷模，是共和国的功臣。

（一）劳模精神的含义

劳模精神，是爱岗敬业、争创一流、艰苦奋斗、勇于创新、淡泊名利、甘于奉献的劳动模范精神，是伟大时代精神的生动体现，是在平凡岗位上作出不平凡业绩，所坚持、坚守、坚定的基本信念、价值追求、人生境界及其展现出来的整体精神风貌。习近平总书记在2015年庆祝"五一"国际劳动节暨表彰全国劳动模范和先进工作者大会上的讲话中提出，"在长期实践中，我们培育形成了爱岗敬业、争创一流、艰苦奋斗、勇于创新、淡泊名利、甘于奉献的劳模精神。"这一精神极大地丰富了民族精神和时代精神的内涵，成为中国共产党人精神谱系的重要组成部分。

爱岗敬业是本分，争创一流是追求，艰苦奋斗是作风，勇于创新是使命，淡泊名利是境界，甘于奉献是修为。做一个守本分、有追求、讲作风、担使命、有境界、有修为的人，是每一位劳模的精神风范，更是每一位劳动者应该追求的目标。不同年代，一批又一批具有崇高精神和时代特色的劳动模范，激励着广大人民群众为民族的振兴、国家的富强而拼搏奋斗。每个时期的劳模，都是时代的领跑者，也是时代的精神符号和力量化身。

案例3-11

劳动创造幸福——在智能卡的世界里寻找快乐

"我们具有完全自主知识产权的智能卡，以第一名的成绩中标法国大巴黎地区基于安全芯片的电子票项目。"2022年5月11日，在北京握奇数据股份有限公司（以下简称握奇数据），在一片欢呼声中，郭天光兴奋地和他的技术团队分享这一喜讯。

郭天光是2022年全国五一劳动奖章获得者、握奇数据企业技术中心主任、智能卡研究专家，拥有22项国家发明专利，主持或参与了4项国际标准、4项国家标准、6项行业标准、2项地方标准的制定，专利技术应用在社保、金融、通信、交通、教育、医疗健康等多个智能卡领域，专利成果转化产值达83亿元，产品销售到全球60多个国家。

将近 50 岁的郭天光，特别具有亲和力。"研发团队里的很多人是放弃了几倍的高薪留下来的。在这里，大家可以讨论任何话题，我们的团队帮助每一个人成长。"郭天光说，这里的待遇不算很高，但在这个团队里每个人的心不累，这里是大家的"开心工厂"。

团队中的安全总监王勇，已经入职 12 年。他说："我走的每一步，郭天光都提前替我想好了。买房、买车，他都帮我参谋。"项目经理张莹莹说，有一次她父亲住院，需要手术，但她当时正在负责一个特别重要的项目，时间特别紧张，耽误不起。于是，她想等项目做完了再去医院。中午，郭天光无意听同事聊天，得知张莹莹父亲在住院，她本人却还在加班，就直接去找她说："给你 3 天的假，先回去把你爸爸的事处理完，放心去吧。"张莹莹走后那几天，郭天光把她负责的项目工作全部接了过来。"只要你是一个真诚、勇敢、简单、温暖的人，大家自然与你同心同向、同往同行。"郭天光深有感触。

郭天光最初接触到智能卡，还是在 2008 年的秋天。他作为握奇数据企业技术中心主任，负责智能卡的研发。

那年秋天，全球最专业的智能卡展会在法国巴黎举办。郭天光作为中国智能卡技术的代表，在展会上感受到了强烈的震撼。他暗暗发誓，一定要把产品销售到欧洲，甚至销售到智能卡发源地——法国。

13 年，弹指一挥间，凭借过硬的技术实力和优质的服务，郭天光研发团队的智能卡已经成为 Calypso（欧洲主流交通卡规格）产品的主要供应商，服务的客户包括比利时、意大利、以色列等国家。郭天光研发团队的产品以第一名的成绩中标法国大巴黎地区基于安全芯片的电子票项目。2022 年 5 月 11 日，经过谈判终于收到了相关喜报，握奇数据未来 5 年将为欧洲提供千万级数量的带有安全芯片的电子票产品，巩固了中国智能卡在欧洲交通市场的主流供应商地位。

在握奇数据一楼几十米的走廊上，两面墙贴满了专利证书。这是郭天光和同事们心中最美的装潢。

事情还得从 2008 年说起，那年是智能卡行业快速发展的一年，公司的决策者意识到要想让企业在快速发展的大潮中不被淘汰，必须持续加大技术创新和知识产权布局。这个重担落在了郭天光的肩上，由他负责整个公司技术创新体系的建立维护、标准化、知识产权成果转化保护、风险规避和纠纷处理维权等工作。

在郭天光的带领下，公司加大了科技人才引进、培养、使用的力度，努力培养一批技术背景深、创新能力强的复合型尖端人才。在他的推动下，握奇数据成立了博士后工作站，是当时北京首个民营企业博士后工作站。同时，郭天光将企业知识产权战略与经营战略、研发战略、市场竞争战略、人才战略紧密结合起来，贯穿到企业科研、生产、经营和管理的全过程，并建立知识产权战略制定、执行、反馈、完善的封闭流程。

握奇数据的知识产权工作一直走在行业前列，先后获得全国企事业知识产权试点单位、企业知识产权管理标准化单位、国家知识产权优势企业等众多殊荣。截至目前，握奇数据申请的国内外专利总数 1 553 项，知识产权水平在中国的高科技民营企业中处于领先地位。

郭天光表示，作为科研人员，要勇于创新、敢为人先、甘守孤独、淡泊名利，在平凡的工作岗位上贡献自己的智慧。

（二）新时代劳模精神的内涵

劳动模范是时代的先锋、民族的楷模，他们身上承载和彰显的劳模精神一直发挥着引领作用，丰富和拓展了中国精神内涵，充分展现了我国新时代工人阶级和劳动群众的高度自信，已成为社会主义核心价值体系的重要组成部分。进入新时代，我们要深刻把握劳模精神的崭新意蕴与当代价值，大力弘扬劳模精神，推动全社会形成尊重劳动、劳动光荣的良好风尚。

劳模精神是民族精神的重要组成部分。一方面，劳模精神是民族精神核心要素的集中体现。劳模精神既体现了以爱国主义为核心的团结统一、爱好和平、勤劳勇敢、崇德尚礼、公而忘私的民族情怀，又体现了知行合一、自立自强的人生追求。

劳模精神是民族精神创新发展的重要推动力量。劳模精神始终与时俱进，创新丰富了民族精神。一代又一代劳模，用自己的辛勤劳动、诚实劳动和创造性劳动，为民族精神注入新能量，不断丰富着民族精神的博大内涵。

劳模精神是劳动精神的积极呈现。劳模精神继承并发展了中华民族传统优秀的劳动观念，树立并彰显了一种辛勤劳动、诚实劳动、创造性劳动的新理念，营造并弘扬了一种劳动光荣、技能宝贵、创造伟大的时代风尚。

劳模精神是实现伟大复兴中国梦的宝贵精神财富。在全社会弘扬和践行劳模精神，营造尊重劳动、尊重知识、尊重人才、尊重创造的社会氛围，涵养以辛勤劳动为荣、以好逸恶劳为耻的社会风气，培育积极健康、开放包容的社会心态，才能够让"劳动光荣、创造伟大"成为时代强音。

案例3-12

徐显云——从"草根"工人到全国技能大师

徐显云从小右腿患有三级残疾，但他不屈服命运，靠自己的双手挣钱养家。2011年，因妻子生病需要人照顾，徐显云放弃了在外地的维修钳工工作，回家后就近求职。2012年，他通过返乡农民工专场招聘会，进入重齿成为一名焊工。9年时间里，徐显云完成了从农民工到技能大师，从普通群众到优秀党员的蜕变。

在进入重齿之前，徐显云一直在外打工，没有稳定的工作，就算接触到焊工的工作，也仅仅是皮毛。2012年踏进重齿后，徐显云从零开始。重齿主要从事大型金属结构件精密焊接，对员工身体素质要求很高。班组考虑到他右腿残疾，行动不便，便安排他做一些简单的辅助工作。但徐显云却坚持和大家一起爬上爬下，右脚蹲麻木了，他就换个姿势继续工作。

"残疾不是偷懒的理由，公司不嫌弃我，我就应当认真对待。"徐显云说，为了尽快提高自己的业务能力，他在不断积累工作经验的同时，还利用业余时间，自学了电工、铆工等岗位技能。此外，他还积极参加各种技能培训，短短几年时间，就先后取得焊工高级工证、技师证、CCS操作证。

2016年，基于娴熟的业务技能，徐显云在重齿创建了自己的创新工作室，并参与到国防科研、国家重点项目产品和"一带一路"重点装备盾构机关键零部件的攻关任务中。两年间，他带领创新团队先后完成了"双操作机同时焊接齿轮工艺运用"等两项技能创新项目。项目分别荣获公司第七届技能创新成果三等奖和第八届技能创新成果二等奖。

"他是我们的榜样,他吃苦耐劳的精神值得我们学习。"徐显云的同事刘飞说,他满手的老茧,便是刻苦钻研的见证,那是他在烟熏火燎中淬炼的意志,练就的一手焊接绝活。

除了提升自身技能外,近三年里,徐显云创新工作室还组织开展实习培训,累计参训学生150余人。其中,开展技能提升培训为企业培养出高级工35人、技师15人、高级技师17人。"未来我将进一步推进导师带徒技能创新、校企合作机制,为企业培养出更多高技能人才。"徐显云说。

在焊接的过程中有什么困难和问题,只要找到徐显云,他都是有问必答。在徐显云的徒弟看来,同样是农民工出身,但师父徐显云身上有太多需要学习的地方,尤其是那份作为党员的担当。

2019年,徐显云光荣地加入了中国共产党。"我能成长为现在的技师,离不开党组织对我的关心和帮助。"徐显云心有所感。在他最困难的时候,区总工会考虑到他家庭困难的实际情况,为他提供了重齿职工廉租房,让他在照顾妻子的同时,也能兼顾照顾年迈的岳父岳母。解决了住房的大问题,徐显云不仅把全部心思用在了工作上,一丝不苟地钻研技术,还将爱心传递下去。"我现在是一名党员,就更要以身作则为人民服务。"徐显云坚定地说。

当徐显云在《江津日报》和江津电视台上看到了关于推广遗体器官捐献的夫妻——龚光荣、李洪玉的报道,被两人的事迹感动。这也引起了他的深思:自己能为国家回报什么呢?他把自己的想法跟妻子商量,妻子也支持他的想法。"我是党员,去世后,愿意把自己的身体献给国家的医学研究事业。"徐显云和妻子一起到区红十字会签订了遗体捐献的协议,成为遗体捐献志愿者。

徐显云用实际行动践行着作为一名共产党员的初心和使命,责任和担当。"我始终铭记着入党誓词。作为一名共产党员,还有很多工作等着我去做。"徐显云如是说。

(三)劳模精神的现实意义

习近平总书记指出:"人民创造历史,劳动开创未来。"当今世界正经历百年未有之大变局,我国正处于实现中华民族伟大复兴的关键时期。"十四五"时期我国将进入新发展阶段,这是全面建设社会主义现代化国家、向第二个百年奋斗目标进军的阶段,在我国发展进程中具有里程碑意义。党的十九届五中全会擘画了我国进入新发展阶段的宏伟蓝图,确立了今后5年乃至更长时期我国经济社会发展的行动指南。实现宏伟蓝图,归根到底要靠劳动创造。

奋进新时代、开启新征程,全党全国各族人民要大力弘扬劳模精神、劳动精神、工匠精神,再接再厉、一鼓作气,确保如期打赢脱贫攻坚战、确保如期全面建成小康社会、实现第一个百年奋斗目标,为开启全面建设社会主义现代化国家新征程奠定坚实基础。

案例 3-13

四副担子一肩挑——刘桂珍

刘桂珍,1963年1月出生,1992年入党。1978年担任峪口乡段家湾村赤脚医生,1988

年担任村代课教师，1996年担任村党支部书记，2003年兼任村主任至今。刘桂珍四十几年如一日坚守在峪口乡段家湾村。40年来，她将村支书、村主任、乡村医生、代课教师四个担子一肩挑起。刘桂珍说："医生要有医德，老师要有师德，党员要有党性。"

1977年，村里急需一名医生，村干部们想选派刘桂珍去。可高中毕业后，她还想继续考大学。面对村组织的决定、村民的渴望，她义无反顾地答应了。1978年，在初步掌握了打针、输液、理疗等基本技能后，刘桂珍加入了赤脚医生队伍。随后，在经过系统培训后，一直坚持到现在。多年来，不管是村内村外，出诊费、注射费她都分文不收。她说："每当看到患者通过我的治疗康复时，就是我最欣慰的时刻。"她不仅免费为百姓看病送药，还免费为村民缴纳农村医疗保险。2007年，村民陈智良得了一场重病，住院花去3万多元，出院时才知道刘桂珍已帮助办理了合作医疗，医疗费用报销了1万多元。至今，她仍然为14名村民垫付医保费用2 100元。

1988年，段家湾村贫穷落后，生活条件差，教师工资不高，城里的教师谁都不愿意到这个穷地方来，一个个来了又走，眼看十几个小学生就要失学了。村委会给她做工作，让她暂时为学生代课，等待新老师的到来。为了孩子，她毫不犹豫地答应了。她把自己的家里当作课堂，把所有能用的用具都用上，桌子、床、缝纫机板，还弄了一块简易的黑板。就这样，坚持上完一个学期的课程。新学期开始了，新校舍也盖起来了，可仍然没有正式老师来，她就一直以代课教师的身份，一干就是29年。

2011年，为了增加村民收入，她又带头在村里搞苗木种植，带领村民发展育苗产业，树苗种植面积曾达80余亩，村民收入翻了一番。她说："村庄，就是我的'阵地'，我要把它坚守到生命最后一刻。"村民们说："有刘桂珍这样的村干部在，我们就不担心。"

一个支部就是一个堡垒，一名党员就是一面旗帜。刘桂珍30多年来始终以一名共产党员的标准严格要求自己。她说："尽自己最大的力量去帮助别人，人生才有价值，才有意义，这既是家风的传承，也是我对自己的要求。"刘桂珍的父亲刘白小是一名老党员，抗战期间曾负责护送八路军情报员。1946年，刘白小任段家湾村第一任村支书。在20世纪"一片菜叶都金贵"的困难时期，刘白小组织村民在地里分萝卜缨，曾把自己家里的让给了别人。

2000年初，作为段家湾村党支部书记的刘桂珍，紧紧将发展党建作为强村富民、固本强基的"关键"。在经济条件较为艰苦的环境下，刘桂珍带领村"两委"班子一班人，没有开会的场所，就在自己家里；没有学习的地方，就在田间地头。1996年，村里的小学按照上级要求进行了合并，村小学的教室空了下来，刘桂珍马上将村小学的教室整修一新，专门用作了村支部和村委的办公室，并开辟出一间来，作为卫生室，方便群众看病。在这样艰苦的条件下，她就这样兢兢业业、认认真真地履行着党支部书记的职责。在做好其他工作的同时，作为党支部书记，紧紧围绕基层组织建设，严格落实"一事一议""四议两公开"制度，认真抓好党建工作，扎实开展各项学习教育活动，进一步规范支部政治生活，着力提高全村党员的思想认识和行动自觉。

段家湾村经过两次移民搬迁，剩下的在村常住人口只有十几个人了。刘桂珍舍不得丢掉自己的工作和事业，选择继续在山里服务"乡亲父老"。她总说："段家湾只要还有一个群众，我就要为大家服务到底"。

感人心者，莫乎于情。在平凡的岗位上，刘桂珍倾注的是一腔热血和满腔热情。先后获得全省优秀村党组织书记、全国卫生计生系统劳动模范、全国农业劳动模范、全国脱贫攻坚模范、全国三八红旗手、全国五好家庭等荣誉称号。

唯奋斗者进,唯奋斗者强,唯奋斗者胜!越是美好的生活,越需要付出艰辛努力,刘桂珍以实际行动生动诠释了一名农村基层干部崇高的价值追求,强烈的使命担当,充分彰显了一名农村基层干部对党的无限忠诚和对群众的真挚情怀。

二、劳动素养

劳动素养是对劳动意识的进一步深化,是经过生活和教育活动形成的与劳动有关的人的素养,包括劳动的价值观(态度)、劳动的知识与能力等维度。因此,劳动素养是劳动者在劳动过程中与之相匹配的劳动心态和劳动技能的综合概括,是处于社会实践活动中的实践主体在掌握一定知识储备和劳动技能基础上开展的实践活动,特别是劳动实践中所展现的优良品质的集合。劳动素养中的劳动心态包括:对待工作的态度,帮助客户的心态,对客户心智的解读,对客户需求的认知等。劳动技能是在解决工作问题及矛盾的过程中,与之受劳动者支配和运用到的劳动工具及方法,并由此而产生并达到预定劳动结果的专业技能。

(一)高职院校劳动素养培育的重要性

对于高职院校学生,其劳动素养是要在掌握扎实专业知识的同时,具有积极主动的劳动意识、良好的热爱劳动的心态和尊重他人劳动成果,不仅能够扎实开展学习、生活、工作中体力与脑力实践活动,还具有能够根据条件变化创造性地开展劳动的能力。

在2018年全国教育大会上,习近平总书记指出,"要在学生中弘扬劳动精神,教育引导学生崇尚劳动、尊重劳动,懂得劳动最光荣、劳动最崇高、劳动最伟大、劳动最美丽的道理,长大后能够辛勤劳动、诚实劳动、创造性劳动。"因此,在新时代背景下,高职院校应当积极开展劳动教育,进一步丰富学生的劳动知识,提升学生的劳动技能。专业的人才培养体系能够让学生从专业角度去掌握劳动教育知识内容,明确劳动教育的重点,了解成长发展的重要意义。劳动教育体系可以强化学生的劳动技能,使其在老师指导下掌握劳动技术要点,增强学生劳动实力。最后,劳动教育的实施能够提升学生的身体素质,锻炼学生的身体技能,强化学生的操作能力,促进学生的全面发展。

在开展劳动教育的过程中,学生通过专业学习不断培养劳动素养,实现劳动教育与高职课程的有效融合,学生对专业知识的掌握能力有进一步的加强。新时代劳动教育工作的开展,并不是强制让学生劳动,而是要培养学生主动劳动的意识,让学生能够掌握专业实践技巧,进而将其应用到专业学习以及实际生活中,在潜移默化中培养学生热爱劳动的品质。

新时代对人才的需求更高,高职院校应当帮助学生进行职业生涯规划。学校应将培养高素质的劳动人才作为教学目标,从而解决学生的就业问题,为社会、企业推送高素质人才,扩大企业产能,促进社会经济的发展。培养学生劳动素养也可以与学生专业实习相融合,让学生在实习过程中掌握劳动技能,并在一定程度上推动校企合作。

(二)高职院校学生的劳动素养现状

当前高职院校学生反映的劳动素养现状有以下几方面。

（1）劳动意识淡薄，态度消极。认知影响态度。对劳动教育认知的不足，导致了部分学生劳动意识淡薄，劳动态度不够端正。如有学生认为经济社会发展了就无须发扬艰苦奋斗精神，甚至认为辛勤劳动是愚蠢行为，因而依赖父母积累的物质财富和社会资本不思进取，逐渐养成了逃避劳动的心理，形成了好逸恶劳的思想和懒散消极的习惯，成为"啃老族""佛系青年"；少数学生劳动取向功利化，参加志愿服务以及社会实践活动不以认识社会和提升能力为目的，而是关注能否在综合测评中"加分"，是否有助于"评优评先"，一旦认为达不到应有的回报，便选择逃避。日常生活中对劳动的消极态度，影响着大学生对劳动以及劳动人民的情感，并进一步影响到大学生的就业观，表现为就业时眼高手低，追求不切实际的薪酬待遇，随意毁约，频繁跳槽。

（2）劳动认知不足，了解片面。认知是态度和行为的基础，对劳动认知积极认真，能够使大学生热爱劳动，尊重劳动，投身劳动。然而，由于社会环境、成长经历和应试教育等因素的长期影响，当前大学生对劳动的认知普遍不足。劳动包含体力劳动和脑力劳动，但不少大学生对劳动简单化理解，片面地将体力劳动等同于劳动的全部，对劳动充满抵触情绪；也有部分学生轻视体力劳动，认为从事体力劳动低人一等，对体力劳动者缺乏应有的尊重；部分学生毕业后找不到满意的工作，宁愿在家"啃老"也不愿意到基层一线去；还有一些学生不能理解国家开展劳动教育的意义和价值，对劳动教育是"人生的第一教育""劳动教育是立德树人的重要载体"认识不到位，觉得当下开展劳动教育多此一举。

（3）劳动能力弱化，缺乏技能。娴熟的劳动能力需要在长期的的学习及动手实践中培养和练就。由于劳动观念淡薄、劳动价值模糊、劳动实践不足，当前大学生普遍动手能力较差，缺乏基本的劳动技能。更有甚者，连自己的日常生活都不能自理，如有的学生不会做饭，甚至不会整理房间和清洗衣物，以至于新生开学时有新生父母帮忙挂蚊帐的现象，媒体中时有大学生邮寄脏衣服回家清洗的报道。部分学生不会使用劳动工具，扫把不会拿，拖把不会用。把劳动工具当玩具，劳动技能基本为零。一些毕业生眼高手低，不能很好地胜任工作岗位，且不愿意向有经验的先辈学习。以前的农村大学生对农活还有所了解，并能从事简单的农务工作，但现今一些农村学生也吃不起苦，受不起累，不仅劳动技能大幅下滑，甚至"五谷不分"，更谈不上土地情结。

（4）劳动品质欠佳，缺乏热情。社会主义的劳动教育最重要的目的是培养学生的劳动价值观，使学生知道劳动的价值，欣赏劳动的过程，尊重劳动的果实。然而受劳动认知不足和劳动态度消极的影响，不少大学生没有养成良好的劳动品质，且劳动情怀比较缺失。有的学生崇尚安逸享乐，渴望不劳而获，梦想一夜暴富；有的学生劳动意志脆弱，不能吃苦耐劳，在劳动面前容易产生退缩心理；也有学生缺乏艰苦奋斗精神，生活不够节俭，铺张浪费，攀比享乐；还有学生以自我为中心，不善于团队协作。造成大学生劳动素养偏低的原因是多方面的，集中表现为大学生成长历程中缺乏培育劳动素养的土壤。

（三）提升劳动素养的途径

1. 注重劳动价值引导

加强劳动思想教育，让"劳动最光荣、劳动最崇高、劳动最伟大、劳动最美丽"的观念深入内心。大学生要加强马克思主义劳动理论的学习，能够深刻领会马克思主义关于劳动创造人、劳动促进人的全面发展等观点，通过加强思想政治方面的学习、专业知识的学习从而提高参加劳动实践、接受劳动锻炼的自觉性和主动性。

劳动教育并不是简单地学习理论课程，也不是完成多少劳动任务。接受劳动教育，不仅是获取劳动的知识与技能，而且涉及价值观等的培养问题，要在日常行为习惯中养成培养劳动的意识，以及基本生存能力和责任担当意识。因此，劳动教育的核心目标是劳动价值观的培养，要通过劳动教育，加强对劳动的认识，改变对劳动的态度，培养对劳动的情感，最终树立尊崇劳动、热爱劳动的价值观。

2. 加强劳动品德修养

劳动品德重点体现了劳动的伦理要求，是人们在劳动过程中所表现出来的对他人和社会的稳定的心理特征或倾向。大学生要深刻理解新时代的劳动者"不仅需要有力量，还要有智慧、有技术，能发明、会创新"的道理，要以大国工匠和时代劳动模范为榜样，胸怀理想、脚踏实地、锐意进取、敢为先锋、勇于创造。

3. 加强劳动技能学习

劳动知识技能是个体从事一定劳动所必须具备的知识、技术、技巧及综合运用这些知识技术、技巧的能力，是个体劳动素养全面提升的必备基础。大学生应通过专业课学习实习实训、创新创业教育、专业实习、毕业实习等课程加强劳动技能学习，用系统的科学知识为提升劳动素养奠定坚实的基础。

4. 加强劳动实践锻炼

劳动习惯是个体在长期劳动实践训练中形成的稳定的行为生活方式。大学生要在实践中养成良好的劳动习惯，要让真抓实干、埋头苦干成为基本的行为模式。积极参加家庭劳动、学校组织体会劳动素养提升与自身健康成长和全面发展的内在联系，勤工助学、校外实习、假期的劳动教育和劳动锻炼，并积极寻找社会实践、公益劳动等劳动机会，在劳动过程中训练劳动技能，形成热爱劳动的良好品德，锻炼吃苦耐劳的意志品质，全面提高劳动素养。

5. 营造劳动校园文化

校园文化对大学生的思想观念、价值取向和行为方式具有潜移默化的影响。高校应加强劳动育人校园文化建设，大力弘扬劳模精神、劳动精神、工匠精神，实现劳动教育与校园文化建设相结合。对于高职院校的学生而言，一是重视向优秀的榜样学习，通过参加学校开展的"劳模大讲堂""大国工匠进校园"等专题讲座，以及在校园官网、官方微信、橱窗、走廊、宣传台等推送传播劳模和工匠的先进事迹，使学生能够近距离接触劳动模范，聆听劳模的典型故事，感受榜样的力量，从而诱发出他们尊敬劳模、学习劳模，崇尚劳动、热爱劳动的情感；二是重视朋辈效应的作用，向身边的人学习。高职院校学生应积极参加与劳动有关的兴趣小组、学生社团，在班会、团课、社团活动等多个平台，广泛开展与劳模精神相关的主题演讲、知识竞赛、征文比赛、手绘大赛，以及辩论赛、情景剧大赛，在各种活动中主动探索和反思劳动的意义与价值；要广泛参加以劳动教育为主题的手工劳技展演，如手抄报、手工制作、电器维修、班务整理、室内装饰、宿舍内务技能大赛等实践活动，主动提高自身的劳动意识，加强自身劳动习惯的养成。

案例 3-14

聆听劳模宣讲　弘扬工匠精神

为充分发挥先进典型人物的榜样引领作用，2022 年 4 月 1 日，遵义职业技术学院邀请全国人大代表、全国五一劳动奖章获得者、贵州航天天马机电科技有限公司材料成型部有色金属焊接班班长姜涛作"劳动光荣 技能宝贵 劳模精神进校园"主题讲座。本次讲座由党委书记李凌主持,全校师生代表200余人参加讲座。

"作为贵州航天的一名产业工人代表,我们要讲出贵州航天的好故事、发出贵州航天的好声音。"2个小时的讲座中,姜涛宣讲了十三届全国人大五次会议的会议精神,介绍了自己五年来的履职情况和履职感悟。同时,他紧紧围绕如何成长为一名技术能手分享了自己的心得。三百六十行,行行出状元。姜涛结合亲身经历鼓励同学们要热爱劳动,追求工匠精神,坚定走技能成才、技能报国之路。

三十多年来,姜涛和他的团队一直从事航天产品的焊接工作。在生产一线,姜涛攻克了多项焊接技术难关,让焊缝探伤检测百分之百无缺陷。在工作中,姜涛培养出300多名优秀焊接技能人才,他们很多人在各类技能竞赛中都取得了好成绩,最终成长为全国、省、市级技术能手和各级技能大师工作室带头人。

本次讲座内容充实,参会的同学纷纷表示要学好专业知识和技术,大力弘扬劳模精神、劳动精神、工匠精神,并将其作为激励自己前行的精神力量。"听了姜涛班长的讲座后我深受鼓舞与启发,这么多年他坚持把一件平凡的事情做到极致,并且毫无保留地把掌握的知识和经验传授给年轻人。作为在校生,我们要努力学习,为将来报效国家打好基础。"机电与信息工程系学生罗伦对记者说。

讲座结束后,李凌作总结讲话。李凌指出,姜涛代表的分享让我们更加深切感受到了平凡的伟大,把一件简单的事坚持下来就不简单,把一件平凡的事坚持做好做实就不平凡。李凌表示,我们要弘扬劳动光荣、技能宝贵、创造伟大的时代风尚,将劳模精神、劳动精神、工匠精神根植于心,在工作和学习中要尽心、尽力、尽责,对待任何事情都要认真负责,精益求精,努力向榜样看齐。

6. 培养劳动素养

要想进一步提升学生的劳动素养,应通过线上、线下结合的方式,营造劳动素养教育氛围,提高全体学生对劳动教育的认知。高职院校可以通过横幅、宣传板报以及每周的主题班会等方式来进行劳动素养培育的宣传,也可通过校园网站、QQ群聊、微信群聊、学校公众号等进行线上宣传报道,进一步提升全体学生的素质教育意识。学校还可以通过开展一些优秀毕业生讲座以及实地参观企业现场等方式来感染学生,让学生能够将劳动素养刻在心中,增强学生的劳动意识。在寒暑假期间,高职院校老师应做好家、校联动,通过与学生家长的沟通交流,共同培养学生的劳动素养。家长本就是学生的第一任老师,学校加强与家长之间的沟通,有利于了解学生成长的过程,从而可以采取正确的教育策略,因材施教,培养学生的劳动观念,让学生树立正确的劳动意识,及时调整学生不恰当的行为。此外,学校还应当积极创新劳动素养培育实践模式,通过构建劳动展示窗口来激发学生的兴趣,提高学生劳动参与度。学校可以以班级、宿舍为单位,每周组织学生进行大扫除,或者每月开展校级、院级卫生检查活动;老师要做好自我表率成为典范,身体力行地培养学生热爱劳动、积极踊跃参加劳动的品质。学校同样可以组织学生参加社区清扫活动,鼓励学生积极参加社会实践活动,激发学生劳动的积极性。

案例总结

刘超：归雁领航，展现乡村振兴巾帼担当

在广饶县张守凤家庭农场里，80后农场主刘超正在和几个农村妇女一起给萝卜定苗。别看她年龄小，但是干起活来手脚利索，活脱脱一个"老农民"的把式。"现在我们的农场规模达到了2100亩，同时为周边群众提供了就业岗位，农场主刘超也成了我们年轻人的榜样。"广饶县张守凤家庭农场有限公司员工赵心悦说道。

出生于1987年的刘超，大学毕业后曾在中铁二十四局南昌建设有限公司担任项目财务工作。生活在大城市，工作在央企，是很多大学生毕业后梦寐以求的选择，可对刘超来说，心里总感觉缺少了什么。在她的家乡李鹊镇，有东营唯一的成方连片达6万亩的粮食主产区，一望无际的麦田和整齐划一的蔬菜大棚，远远望去恰似一幅生机勃勃的田园画卷。昔日"雁南飞"，今朝"凤还巢"。2015年春节，刘超毅然放弃国企工作回乡替父经营农场，实现了从"白领"到"家庭农场主"的转变。从此，她扎根黄土地，发展现代农业，在乡村振兴这方大舞台上展现新时代巾帼风采。

"跨行"经营，想法虽好，但真正做起来却是困难多多、阻力重重。归来之初，由于缺乏农业经验，刘超也经历了一些挫折。"创业之初空有一腔热情，对农业技术不了解，盲目地引进美国手指胡萝卜，对农场的发展带来了很大的负面影响。"广饶县张守凤家庭农场有限公司总经理刘超说道。

在她困惑的时候，当地妇联等部门送来了"及时雨"，帮助她参加了女农场主培训、新型职业农民培训。她还请教专家、查阅资料，决定将原来的单一种植模式转变为绿色生态循环模式，通过引进智能水肥一体化等现代化智能设施，大力发展"羊—沼—菜"绿色生态循环农业，为农场发展注入了新动能。

如今，刘超带领的张守凤家庭农场有限公司种植规模已达2 100亩，注册3"守凤""罗小卜""红萝贝"等多个商标和"李鹊胡萝卜"地理标识，年生产胡萝卜1万余吨、收入900万元，带动周边300余名农村妇女就业，人均增收3 000余元。农场先后被评为"山东省示范家庭农场""东营市巾帼双创示范基地"，同时，刘超也荣获了"全国劳动模范""全国农村青年致富带头人""山东省最美乡村女致富带头人"等荣誉称号。"我应该把这份沉甸甸的荣誉转化为创业中前进的动力。我希望自己能发挥更多余力，带动更多乡村妇女共同致富，为乡村振兴贡献自己的微薄之力，展现巾帼风采。"广饶县张守凤家庭农场有限公司总经理刘超说道。

作为一名农民企业家，刘超始终立足当地产业结构，以农为本，惠农助农，集合行业、产业优势，推动先进农业发展，促进当地农业种植结构调整。扶持带动当地及周边地区1 000余户农民共同致富，为周围的乡亲们提供工作岗位300多个，每年人均增收3 000余元。

劳动体验

争当一名实习榜样

学生参加实习的过程，既是理论联系实际，培养解决实际问题能力的过程，也是提高操作技能，培养独立工作能力的过程，更是经受社会实践锻炼，培养职业意识，养成良好的职业纪律、职业习惯和职业道德，顺利实现就业的过程。因此，实习对学生们来说，是非常重要的学习和实践方式。大家参加实习时要树立"车间是课堂""实习是学习"的观念，要立足本职、刻苦锻炼，以便顺利完成实习任务。

一、活动名称

争当一名实习榜样。

二、活动宗旨

通过实习，完成教学计划所规定的学习任务，培养学生良好的职业道德和热爱劳动的品质，加深学生对已学专业理论知识的理解，使学生熟练掌握从事本专业必须具备的操作技能和技巧，让学生了解社会、了解生活、扩展知识领域，提高学生的认识能力与应变能力。

三、活动内容

（1）例会。认真参与实习单位组织的各种例会，较快融入新团体，以便更好地开展工作。

（2）集训。参加单位集训，培养团结合作精神，认真参与，有集体荣誉感。

（3）实际工作。在实习中掌握待人处事的技巧，能很好地与同事交流，履行好自己的职责，努力完成每一项工作任务；将实际操作的情况反馈到专业知识中，完善所掌握的知识与技能；安排自己的每日工作日程，合理安排时间，做到按时、按质、按量完成任务。

（4）汇报。各班级定期组织实习汇报，将大家的实习过程、感受等汇总，取长补短，以便大家更顺利地完成实习。

四、活动要求

（1）服从学校的推荐和实习单位的工作安排，听从老师、实习单位指导师傅和领导的指挥。不计较单位好差，不计较收入高低，不计较岗位差异。

（2）勤学好问，刻苦钻研，精益求精，一丝不苟，努力提高自己的专业知识、业务水平和动手能力，努力做到工作态度好、工作质量高。

（3）遵守学校制定的实习纪律和实习单位的规章制度，遵守国家有关的法律法规，乐于接受正确的批评和教育，有意见可向学校反映。

（4）尊敬师长和同事，虚心好学，讲究文明礼貌，注重仪容仪表。

（5）完成实习任务，按时写好总结。未经实习单位及学校同意，不得擅自离开实习岗位及实习单位。

五、活动总结

实习完成后，每位学生从学习态度、工作态度、人际关系情况、技能掌握情况、遵守规章制度情况和个人创造价值情况六个方面对自己的实习情况进行客观评价，并针对不足之处提出改善方案，形成报告并进行汇报。

第四章
提升职业素养

　　劳动者的劳动不是简单的机械制造或再制造，而是有生命、有理想的劳动者个体按劳动计划而展开的创造性工作。劳动也不只是具备了必要的劳动知识就足够了，优秀的劳动者必定具有极高的职业素养。

　　职业是劳动者通过社会分工和生产内部的劳动分工，而长期从事的具有专门业务和特定职责，并以此作为主要生活来源的社会活动。人们在一定的职业生活中能动地表现自己，就形成了一定的职业精神。全面提升从业人员的职业素养必须要恪守职业道德，弘扬职业精神。作为当代大学生，无论今后从事什么职业，良好的职业道德劳动素养，是良好的职业素质的前提条件。作为未来社会的有用之才，从现在起就必须培养和发扬主人翁的责任感和敬业精神，脚踏实地地学习、工作，尽职尽责地完成各项任务，保持高昂的热情和干劲，做到干一行、爱一行，干一行、钻一行，切实提高自身职业素养，提高自身学习、职业水平。

　　大学生是专业和活力的代名词，是未来社会主义现代化建设的主力军，具备良好的职业道德、职业意识和职业责任是学生未来步入职场的前提条件。提前做好职业精神方面的培养和准备，理解职业道德，养成职业意识，明确职业责任是当代大学生的使命担当。

　　本章主要包括恪守职业道德、树立职业意识、担当职业责任和提升职业素养四个方面的内容。职业素养是人类在社会活动中需要遵守的行为规范。通过学习本章内容，学习职业道德，可以使学生进行自我剖析，自觉提升自身道德水平；树立职业意识，了解职业意识提升的途径和方法；理解职业责任，提升个人在社会中的劳动责任感；洞悉职业素养，使学生找准职业方向，为择业做好准备。

名言警句

　　在重视劳动和尊重劳动者的基础上，我们有可能来创造自己的新的道德。劳动和科学是世界上最伟大的两种力量。

——高尔基

第一节　恪守职业精神

火灾中的最美逆行者

火场救人，争的是时间，抢的是生命。一说到火灾，我们马上就会联想到一个词——消防员，他们的主要工作就是进行火场救援以及保护人民群众的财产。是否还记得有一支消防队伍，他们当天出警25人，同时这25名消防员也全部英勇牺牲。

位于天津港内的"瑞海国际物流公司"仓库发生特大火灾爆炸事故，造成了165人遇难的惨剧发生，这次遇难人员包括很多奋不顾身冲入火海的消防战士，在119接警后他们火速到达火灾现场开展救援任务，在这次救援任务中有消防官兵却葬身火海，他们再也没有回来。在这群牺牲的消防战士中，有一支消防大队当晚出动了25名官兵，但是他们全部遇难，壮烈牺牲。他们是英雄，也是我们的榜样。

这支没有回来的消防队伍隶属于天津市公安局消防支队第五大队。

我们把时间回到2015年8月12日晚上11点左右，天津市119消防大队接到报警求助，请求消防部门派遣消防员进行救火任务。

第四大队是第一个抵达现场的队伍，但是到达后他们发现火势太大，需要后续支援，他们请求火灾现场附近一大队和五大队前往救援后续任务。第五大队整理装备，进行现场救火任务。火灾现场火势非常大，这群英雄消防官兵们拿着消防设备冲向大火，可是火苗依然没有被扑灭，在火灾现场有很多化学工业原料以及其他易燃易爆的物品。这些化学物品燃烧势头非常大，情况非常危急，如果消防员们不能及时扑灭大火后果很难想象。

虽然25位消防员用尽全身力气加大水压进行救火，还是阻止不了大火蔓延。在晚上11点34分的时候，火场仓库发生了第一次大爆炸，火场腾起数十米高大火，浓烟一直散不去。在这个时候电台里传来一声命令：火势太大，大家快撤出去。可是周围已尽是熊熊烈火，他们已经无法撤出火场，因为他们已经被大火包围。在这种危险关头，他们依然在继续救火，因为这是他们的职业信念。他们的使命，就是消灭大火保护人民的生命和财产。他们不是站在聚光灯下面的人，但他们是无情灾害中最伟大的英雄。

"如果不是真的热爱，谁愿意干这种脑袋别在裤腰带上的工作啊。那火燃起来那么猛，我也害怕啊。不过，总还是需要有人去挑战大火吧，总还是需要有人去当这个逆行者吧。既然我认定了一个职业，那么我就愿意为了这个职业奉献一切。"胡乐做到了自己所说的话，他真的为了消防事业奉献了自己的性命。与胡乐一样的人，还有许多。他们的生命，在前一天都还如此鲜活。他们的志向，曾经是"欲与天公试比高"。可是大火无情，他们终究归于尘土。

这一支没人回来的消防队，被所有人铭记在了心中。虽然人没了，但第五大队的精神依旧存在。后续有其他消防员被调入了第五大队，传承着这种大无畏的精神。幸存下来的人，也经过了多次的心理疏导。现在的第五大队，仍旧是一支挡在火灾和人民中间的铁军。第五大队的铁血精神,仍然激励着无数的消防员。

全国上上下下的人民,都应该牢记安全原则。了解更多安全知识,掌握更多安全技能。保护好自己,对生命负责。天津港的悲剧,希望永远不再重演。

> **名言警句**
>
> 劳动使一个人的道德变得高尚,使他习惯于小心地对待劳动的工具、器械和产品,重视书籍及其他精神文化和物质文化的物品,尊重任何一种职业的劳动者,仇视那些寄生虫和剥削者、二流子、怯懦者和懒汉。
>
> ——凯洛夫

一、职业道德认知

(一) 职业道德的概念

道德是人们在长期的劳动、生产、生活中形成的被普遍接受的具有社会规范性、普遍性的思想观念和行为准则。

职业道德是从事某一行业中的人们在长期的生产、管理、经营活动中形成的被本行业大多数人所接受的,有普遍约束力的思想观念和行为准则。职业道德的基本范畴是职业道德体系的重要组成部分。职业道德是从业者在职业活动范围内应当遵守的与其职业活动相匹配的行为规范,是一定社会范围内道德基本要求在不同的职业活动中所表现出的特定行为规范。

不同的职业人员在特定的职业活动中形成了特殊的职业关系,包括职业主体与职业服务对象之间的关系、职业团体之间的关系、同一职业团体内部人与人之间的关系,以及职业劳动者、职业团体与国家之间的关系。

(二) 社会主义职业道德的特征

1. 职业性

每种职业都担负着一种特定的职业责任和职业义务。不同职业的职业责任和义务不同,从而形成各自特定的职业道德的具体规范。

2. 继承性

职业道德是在长期实践过程中形成的,具有不断发展和世代延续的特征,不仅其技术世代延续,其管理员工的方法、与服务对象打交道的方法,也有一定历史继承性。如"有教无类""学而不厌,诲人不倦",始终是教师的职业道德。

3. 多样性

不同的行业、不同的职业,有不同的职业道德标准,且各类职业道德的要求都较为具体、细致,故其表达形式多种多样。

4. 实践性

职业行为的过程,就是职业实践过程,只有在实践过程中,才能体现出职业道德的水准。

5. 纪律性

纪律是一种行为规范,它是介于法律和道德之间的一种特殊规范。它既要求人们能自觉遵守,又带有一定的强制性。遵守纪律既是一种美德,又具有法令的要求。如工人必须执行操作规程和安全规定,军人要有严明的纪律,等等。

案例 4-1

李蕻娟:以行动诠释职业信仰、职业精神、职业情怀

李蕻娟是毒品案件检察业务骨干,是一位忠于职守、勤于奉献,在平凡岗位上一步步走向成熟的女检察官。2020 年 6 月,李蕻娟被国家禁毒委员会表彰为"全国禁毒工作先进个人",是全国检察机关唯一获此表彰的个人;2021 年 1 月,被最高人民检察院表彰为"全国检察机关优秀办案检察官";2021 年 7 月,入选全国检察机关重罪检察人才库。2021 年 6 月,李蕻娟办理的 3 件毒品案件入选云南省检察院"依法惩治毒品犯罪,预防新型毒品危害青少年"新闻发布会典型案例。

2016 年以来,李蕻娟共承办案件 300 余件,无超期办案现象,无无罪判决案件。近两年来,承办万克以上特大毒品案件达 50 件 123 人。在办案时,她始终坚守办案质量"生命线",全身心对待每一个案件,精心审查每一份证据,不放过任何疑点,用"工匠精神"雕琢公平正义。"办理重大刑事犯罪案件需要不断提高审查判断证据能力、法律适用和政策运用能力、出庭公诉指控犯罪能力、诉讼监督能力。"

"既然当了检察官,就要认真履职,要对得起这身检察蓝。"李蕻娟是这样说的,也是这样做的。她主动将自己置于组织和群众的监督之下,严格遵守各项廉政规定,时时事事起着模范带头作用。她清正廉洁、赤胆忠心,时刻牢记"立检为公、执法为民"的宗旨,时刻牢记以事实为根据,以法律为准绳的原则。

从检 15 年,她从未办理过人情案、关系案和金钱案,以实际行动诠释了一名检察官的职业信仰、职业精神和职业情怀。

二、职业道德的内涵

(一)职业义务

职业义务是社会义务在职业活动中的具体表现,是在职业活动中,在道德上应尽的责任和不要报酬的奉献。职业义务具有利他性和无偿性两个基本特点。利他性是从业人员在进行职业义务时,做出了利于他人、利于社会的行为,这种行为对他人有利,而不是对自己有利,有时甚至还要做出某种程度上的自我牺牲。职业义务的无偿性是从业人员在履行职业义务时,不与谋求个人回报联系在一起,是一种"不要报酬"的奉献。作为未来步入职场的大学毕业生,要努力培养自己的职业义务感,自觉主动地履行职业义务,全心全意为人民服务。

案例 4-2

从"文墨精度"到大国工匠：方文墨

方文墨，中航工业最年轻的首席技能专家。

方文墨初中毕业后没有和同龄人一样考高中、上大学，而是遵循父辈的事业，考入沈飞技校学习技能，18 岁时以钳焊专业第一名的成绩分配进入沈飞公司工作。他前后经过了两次破格晋升，在 25 岁时成为沈飞公司历史上最年轻的高级技师，26 岁时成为本工种最年轻的全国钳工冠军，28 岁成为省市特等劳动模范及全国五一劳动奖章获得者，29 岁成为航空工业集团最年轻的首席技能专家，31 岁成为国家级方文墨技能大师工作室创领人，34 岁享受国务院特殊津贴。2013 年 5 月 4 日、2016 年 4 月 26 日，他分别作为优秀青年代表和劳动模范代表，两次受到习近平总书记的亲切接见。

初入中航工业，他的身材就成为钳工的另类，身高 1.88 米，体重 200 斤，身高比 1 米的工作台高了将近一倍，不少老师傅都觉得这样的条件不可能成为出色的钳工。方文墨不信这个邪，把家里阳台改成练功房，下班一回家就钻进阳台苦练技术。正常情况下，钳工一年会换十多把锉刀，方文墨一年却换了两百多把。经过不断努力，方文墨加工的精度达到千分之三毫米，相当于头发丝粗细的 1/25，这是数控机床都难达到的精度。中航工业将这一精度命名为——"文墨精度"。

技能改变命运。方文墨说："只要我们肯吃苦、耐得住寂寞、刻苦练习、钻研技能，我们就可以用技能的精度，改变人生的高度。"方文墨的家人大多是航空工人，姥姥、姥爷、爸爸、妈妈以及他的妻子都是沈飞的一线职工，每个人都心灵手巧。年幼时，家里的长辈就是他的偶像。在参加工作的 17 年里，方文墨参与生产、研制的机型众多，圆了长辈没有实现的梦想。

飞机是高精尖的特殊产品，每个零部件不仅本身的精度要达到头发丝的几分之一，甚至是十几分之一，而且还要保证装配和拆卸毫无障碍，对质量和技术要求都极高。他所在的标准件厂生产的零件就好比是把飞机成千上万个零部件连接成为一个整体的"黏接剂"，方文墨班就负责为这些"黏接剂"做最后一道手工精密加工。工作的高要求促使他在实际操作中不断总结经验，先后解决了生产方面诸多瓶颈问题，并获得 12 项国家发明专利和实用新型专利。通过多年的工作实践，他的徒弟也先后取得省市、全国钳工工种技能竞赛冠军，使钳工技能从 80 后向 90 后有了时代的交接。

方文墨说："我们赶上了重视技能人才的时代。近几年，全社会大力弘扬劳模精神和工匠精神，使我们有了施展才华的广阔天地。我们一定要把自己的命运和国家的命运联系在一起，只有国家强大了我们才能有更大的作为。

方文墨之所以能取得这样的成就，在于他身上体现的爱岗敬业的良好职业道德，干一行爱一行、爱一行钻一行，敬业求精，尽职尽责。良好的职业道德是立足职场的重要条件和在职业生涯中脱颖而出的制胜法宝。

（二）职业责任

职业责任主要是从事某种职业的个体，对他人、集体（班组、部门、单位、行业）和社会所承担的责任,包括人们应该做的工作和应该承担的义务。虽然行业不同责任不同,但忠于职守、尽心尽力、保质保量完成工作,是共同的职业责任要求。作为即将步入职场的大学生而言,就业后要认真履行职业职责,做好本职工作;要尽快熟悉业务,与同事协同配合;要处理好关系,将国家和集体利益放在第一位,个人利益要服从国家利益、集体利益。

案例4-3

马得宏:坚守医者初心 不负白衣使命

他叫马得宏,是西双版纳州人民医院副主任医师、医务部副主任。从医以来,他恪尽职守、甘于奉献,默默耕耘在一线的平凡岗位上,始终用实际行动坚守医者初心,担当白衣使命;他不断提升医术,淬炼医德,用医者仁心为患者排忧解难,为边疆医疗事业发展作出了应有的贡献。马得宏荣获2022年云南省五一劳动奖章。

1982年出生于勐腊县勐腊镇的马得宏,因儿时曾深受疟疾等传染病之苦,便立志长大后做一名医生治病救人,在医学院攻读传染病专业硕士研究生毕业后,2013年,成为西双版纳州人民医院感染性疾病科的一名医生。

刚进入西双版纳州人民医院工作的马得宏,恰巧遇上西双版纳州发生大规模输入性登革热疫情。作为传染病专业的临床医生,马得宏用最短的时间调整好自己的状态,与医疗团队一起迅速投入登革热疫情患者的救治工作中。当时登革热疫情在西双版纳还属于新发的罕见病,大家对此病缺少认识,缺乏临床救治经验,只能边摸索边诊断、边救治边总结经验。

面对接踵而来的病人,在一次又一次的救治中,马得宏慢慢掌握了登革热病情的发展变化规律,总结出许多登革热病例的救治经验,到2017年,他已经能通过肉眼观察判断出病人是否为登革热患者、病情轻重程度和需要接受的治疗方案。截至目前,经他诊疗的登革热病例已有上千例。

2013年以来,西双版纳州共发生了6次大规模输入性登革热疫情,马得宏始终奋战在救治一线,用自己精湛的专业技术,与医疗团队一起救治登革热重症患者,实现了西双版纳州登革热感染零死亡的目标,取得了把疫情扑灭在当地,不向州外纵深传播的成果。他还对当地热带传染病进行深入研究,参与编写《登革热应急救治手册》,作为培训当地医疗卫生机构的疫情救治指导手册使用,他还与国内顶尖团队合作,对登革热等热带传染病进行深入研究,参与创立《西双版纳州登革热应急综合救治体系》。经行业专家鉴定,西双版纳登革热救治水平特别是重症登革热救治成功率达到了国内领先,国际先进水平。

为在感染病领域的临床和科研方面有更深的造诣,马得宏谦虚上进、勤于实践,他踊跃参加医院组织的各种培训,积极争取外出进修的机会,不断积累和丰富在感染性疾病、热带传染病等疾病诊断和治疗上的理论知识和临床经验,视野得到了拓宽,理论功底得到了夯实,在本地区传染病防控、临床救治、科研、医疗服务等方面的能力得到了很大提高,加上其缜密的逻辑思维和对事情的周详考虑,他对感染科临床危、急、重症病例的诊断及救治常常有自己独特的见解,成为社会认同、领导赏识、同事认可、患者信任的感染科专业医生。

2020年春节,新型冠状病毒肺炎疫情突如其来,马得宏在万家团圆的大年夜从餐桌前返回医院,协助院领导制定医院防控方案,梳理防控流程。由于流程规范,防控到位,医院很快甄别出了本地区第一批疫情中的所有病例,未发生院内感染,为本地区疫情防控赢得了黄金时间。同时，他无惧令人们谈之色变的新冠病毒，主动请战，第一批进驻确诊病例收治定点医院，在条件极其艰苦的情况下开展医疗救治工作，收治了本地区疫情第一阶段所有的病例。

"新冠病毒是一种不明病毒，它的传染性怎么样？致病率如何？感染的结果有多严重，大家都不是很清楚，我们第一批进驻隔离医院，每个人心里都非常紧张。"为尽快进入角色，更加高效地救治患者，马得宏和救治团队一起研究诊疗方案、规范感控操作流程，学习个人防护知识。在防护物资严重缺乏、救治条件极其艰苦的情况下，他千方百计凝聚团队力量，鼓励大家坚定信心，通过全体医护人员的共同努力，最终圆满完成了西双版纳州第一阶段新冠肺炎患者的救治任务。

"'健康所系、性命相托'是作为一名医务人员的初心，也是所肩负的神圣使命，医生就应该把患者健康放在首位。"马得宏表示，他将把这次获奖作为人生的一个新起点，更加努力地提高自己的医疗技术，增强为患者服务的意识，为西双版纳州的医疗事业作出更大贡献。

（三）职业纪律

职业纪律是为了维持职业活动的正常秩序，保证职业责任的履行，由国家、机关、企事业单位等组织制定的规章、制度、条文等人们在从事职业活动中要共同遵守的行为准则。作为即将步入职场的大学生，要明确职业纪律，避免无知违纪。要严守职业纪律，不能明知故犯。

（四）职业良心

职业良心一般指在履行义务的过程中从业人员形成的职业责任感，以及对自己职业行为稳定的一种自我调节与自我评价的能力。作为即将步入职场的大学生，更应该做好职业活动前的筛选导向，在职业活动中做好监督调节，在职业活动后进行总结、反省以及自我批评。

案例 4-4

为百姓站岗、为六安执勤！他是一个兵，更像一颗"钉"

在同事眼中，他是一个兵，工作认真负责，作风顽强，迎难而上，完成任务从来不打折扣；在领导眼中，他是一颗钉，无论身处哪个岗位，始终严于律己，恪尽职守，就像一颗钉子，钉得进去，沉得下去，冲锋在前从来不讲条件。他，就是六安市交通运输综合行政执法支队三大队一中队中队长田益民。

1972年出生的田益民，已经50岁了，无论坐行，总是身板笔挺，雷厉风行的军人风范，他说，这是部队、是军营给他留下的痕迹，改不了，也不想改。他说，那段短短三年的军旅时光是他最难忘的回忆，深深地镌刻在人生旅途中。他还说，如果把青春比作一片充满生机的绿色，那他的青春，就是橄榄绿。

1991年，高中毕业的田益民满怀着青春的激情参军入伍，成为北京武警总队十一支队十三中队的一名新兵。入伍不到半年，田益民就当上了副班长。更重要的是，在不知不觉中，一种名为使命与责任的军人担当逐渐在心里扎下了根，并最终影响了人生生涯。从1991年入伍到1994年退役，在部队期间，田益民多次受到嘉奖被评为优秀士兵，并荣立个人三等功一次，在军营这个火热的大熔炉里把自己炼成了一块名副其实的精钢。

时光荏苒，1994年，田益民完成兵役，退伍回乡。他恋恋不舍地脱下一身橄榄绿，人生从此拉开新的篇章。

1996年，田益民被分配到六安市公路局路桥一处工作。面对新的工作领域的挑战，他保持军人本色，发扬特别刻苦、特别努力的钉子精神，很快就掌握了工作精髓。在担任路桥巡查工作期间，他兢兢业业、认真细致完成每一次巡查工作，上级部门从未在他负责的路域复查中发现问题。此外，他还经常在日常工作中给群众指路，带路，帮助群众找回丢失物品，为群众排忧解难；在路域巡查中发现道路上有障碍物，影响安全通行的，他积极联系相关部门予以排除，确保道路畅通和群众安全。田益民的所行所为受到了同事和群众一致赞誉，2012年，他完成了自己多年的夙愿，成为一名光荣的共产党员，从此，田益民引以为傲的，除了"我曾是一个兵"外，又多了一个更加自豪的"我是党员"。2021年建党100周年到来之际，他自愿交纳特殊党费1 500元，以此来表达对党的敬意和热爱。

2018年，因为工作需要，田益民来到六安市交通运输综合行政执法支队一大队工作，先后担任市交通运输综合行政执法支队一大队二中队中队长和三大队一中队中队长。

从工作人员到管理人员，一般人看起来是高升，在田益民看来是更加重要的使命与责任。从此，他迎难而上，冲锋在前，每日忙碌的得不到休息，家人劝他要歇一歇，他嘴上说着好好好，却总是停不住。

2022年，六安市突发新冠疫情。面对疫情防控阻击战这场"硬仗"，田益民主动请缨，当先锋、做表率，主动吃住在大队里，20余天没回家，每天都是"连轴转"。

在G40六安北高速道口查验点，每来一辆车，田益民都高举"双码"，要求驾驶员做好测温扫码、信息登记等工作。一轮值班下来，要查上百辆车，身穿的防护服里，全是蒸发出的汗水；卸下防护口罩后，脸上全是深深印痕；长时间的站立、奔走和高举查验码，他腿肚子直打转，吃盒饭时筷子都抬不起来。但田益民不喊苦不喊累，更不曾退缩。

由于连续高强度的工作，2022年4月27日下午，他感觉胸闷，头晕，身体难受，当时他去买了一瓶速效救心丸顶一顶，到晚上12点左右还是感觉胸闷喘不上气，细心的同事发现后赶忙把他送到了医院，在医院心血管科重新检查后，医生要求住院，但是他心里想着明天还要上班不愿住院，当晚坚持回到了住处。直到支队领导得知情况后，迅速调整备勤人员进行替补，他才愿意到医院重新检查。

亲人和朋友埋怨他：你不要命了吗？田益民却说，"我曾经是一名士兵，现在是一名党员。无论是士兵的身份还是党员的身份，都要求我像钉子一样，关键环节钉得下去，危难关头豁得出去，为百姓站岗、为六安执勤，永远当一个兵，永远做一颗钉。"

（五）职业荣誉

职业荣誉是从业人员对自己的职业行为具有的社会价值公认的客观评价和正确的主观认识。作为即将步入职场的大学生，要正确使用获得职业荣誉的手段，谦虚对待获得的职业荣誉。

案例 4-5

李彩芸：坚守职业初心 情注旅游事业

灿烂的笑容、悦耳的声音，在大家印象中，李彩芸不仅温婉大方，还能说一口流利的英语，对待每一位游客都热情细致。"80 后"的她，是敦煌市"优秀导游"和国家"金牌导游"。2020 年 12 月被省委、省政府授予"劳动模范"荣誉称号。

李彩芸大学毕业后放弃了大城市的繁华，回到家乡敦煌，成为一名导游，开始为全国各地的游客讲述敦煌的秀美与文化，这一干就是 18 年。

李彩芸说："这几年疫情对于旅游行业的冲击非常大，对于我们旅游人也是非常大的挑战。但即使疫情影响了我们旅游行业的脚步，却没有影响我们文旅人一直拼搏的精神。我从以前做导游到现在开始设置研学课程，研究我们敦煌的文化自信内容，做了很多当地的研学课程，目前还是很受欢迎的。"

李彩芸现在是敦煌市莫高鸿杰研学发展有限责任公司的一名导游，除了做好导游讲解工作外，李彩芸还倾心研学游工作。2022 年，敦煌市把白马塔景区打造为研学旅游基地，李彩芸积极参与，让市民从中感受敦煌源远流长的历史文化。北苑幼儿园教师谌琴说："她的知识面比较广，讲解的比较通俗易懂，孩子们在研学中听得很认真。"

做好导游和研学游工作，不仅要有基本的专业素养，更要博古通今，熟知天文地理。李彩芸一有闲暇时间就填补自己的知识库，尽量把自己武装成旅游界的"百科全书"。同时，她还积极把自己多年积累的知识和经验传授给行业新人，起到了良好的"传帮带"作用。同事代生洋说，在工作中，李彩芸兢兢业业、任劳任怨、善于学习，有着很高的业务水平。在日常生活中，李彩芸善于团结同事、乐于助人，是大家公认的学习榜样。

"金牌导游""中国好导游""甘肃导游事业发展贡献奖"，从地方到省上再到全国，这些荣誉称号对于很多人来说可能有些遥远，但是李彩芸这位"80 后"姑娘通过自己的不懈努力，仅仅用了不到 6 年的时间就拿到了这些沉甸甸的荣誉。李彩芸说，今后，她将不断学习、再接再厉，坚守劳动模范的光荣使命，践行好劳模精神，干一行爱一行，力求把每一项工作做得更好、做得更精、做得更极致，用实际行动展示新时期劳动模范的时代风采。

（六）职业幸福

职业幸福指从业人员在职场中由于奋斗目标、职业理想的实现而获得的精神上的满足和愉悦。作为即将步入职场的大学生，要合理处理好个人幸福与集体幸福之间的关系，正确处理好物质生活与精神生活的关系，处理好创造职业幸福和享受职业幸福的关系。

案例 4-6

李龙梅：让每一个盲孩子绽放生命光彩

20 年的时间里，她用爱心照亮盲孩子脚下的路，用教育智慧打开视障世界的另一扇窗，用责任与担当撑起特殊教育的一片湛蓝天空。

20 年的特殊教育生涯，她让 700 多个盲孩子走出校园，在人生的道路上挺起胸膛向前

第四章 提升职业素养

走;她让特殊教育之花盛开在南山上,之种播撒在巴渝大地,之根系于大江南北。

用智、用情扮演好"妈妈""老师""校长"三个角色,重庆市特殊教育中心校长、教师李龙梅引导盲孩子们绽放出生命的光彩。

2001年,37岁的李龙梅因为倔强、好强、坚韧的性格被组织选中,被调任重庆市担任盲人学校副校长。

巴掌大的学校,陈旧灰暗的教学楼,简陋落后的教学设备,狭窄潮湿的学生宿舍……这些都在李龙梅的预想之中,但盲孩子身上散发的异味和呆滞的面容、视障教学的简单重复枯燥、视障教育交流沟通的难度之大,让有着十几年教学经验的李龙梅始料未及。

"听说您很漂亮,我可以摸一摸您的脸吗?"那年冬天的一个早上,一个穿着破烂、流着鼻涕的盲孩子在校门口专门等待李龙梅,泣诉了自己从小因残疾被父母遗弃、在福利院长大的经历。就是这样一个温柔的抚摸,彻底唤醒了李龙梅内心深处的母性,她决定首先从"妈妈"这个角色做起。

在日常生活中,李龙梅照顾学生,是盲孩子的"守护者"。原来学校的厕所脏臭,她就从街上买来刷子、水管、清洁剂,坚持每天利用午休时间带头清理下水道、刷洗厕所,解决了学校厕所长期以来脏臭的问题。学生寝室没有独立卫生间,她就和老师们分头带孩子来到自己的寝室,为他们洗澡、理发,喷上花露水,让生活变得更加干净整洁。

10年家访,李龙梅了解学生,是盲孩子的"知心妈妈"。10年间,她带着全校教师累计家访行程3万多公里,受访学生近300人次,覆盖重庆30多个区县及周边省市边远地区。李龙梅带着母爱出发、一路行走,她给视障孩子黑暗的世界带去了光明和温暖,让无数的孩子、家长热泪盈眶,也深深打动着社会公众。

"视障教育的意义就在于点'草'成'花',改变残疾孩子命运,让他们自食其力、有尊严地活着。而在这一方面,教师需要发挥很大的作用。"李龙梅说道。

让残疾孩子有一技之长,是特殊教育的首选。"不让一个孩子掉队!"李龙梅带头对参加中医康复保健职业教育的孩子进行悉心指导,学校该专业历届毕业学生全部达到中级按摩师水平,就业率达100%。学生们凭借一技之长实现了脱贫,获得了有尊严的生活。

2013年5月,拿到高考录取通知书的盲学生张书江从山东德州赶回学校向李龙梅和老师们致谢。而在十几年前,残疾人考大学,这对特殊教育学校来说,简直是天方夜谭。

李龙梅认为,随着社会的进步,盲孩子同样需要接受高等教育,而且需求很强烈。2001年年底,她独自一人毅然北上来到长春大学谋求合作支持。2002年,长春大学特殊教育学院在学校设立重庆远程教育基地,对学校高中教育进行远程辅导。迄今为止,学校已有320多名学生考入大学。

有着丰富科研经验的李龙梅,还敏锐地意识到特殊教育领域普遍存在课程设置落后、人才培养单一化的突出问题。为此,李龙梅以"突出'特'字、以人为本、特教特办"为指导原则,根据盲孩子听觉、触觉相对发达的特点,重点打造音乐、体育、美工等特色课程,在艺术熏陶、体育锻炼中发掘潜能,在教育中实现心理康复,让残缺的生命绽放别样精彩。

20年的辛勤耕耘,李龙梅收获了爱的回报,先后获得十余个市级荣誉表彰。2013年,李龙梅获"全国三八红旗手"荣誉称号、全国道德模范(敬业奉献)提名奖;2014年,享受2014年国务院政府特殊津贴;2017年,光荣当选为党的十九大代表;2021年,当选为全国教书育人楷模,被评为重庆市优秀共产党员、重庆市先进工作者。

面对荣誉，李龙梅一笑置之："在生活中，能看到我的每一个孩子挺起胸膛的样子，这就是我今生最大的欣慰！"

（七）职业权力

职业权力是从业人员在自己职业范围内的职业活动中拥有的支配人、财、物的力量，包括政治方面的强制力量和职责范围内的支配力量。树立正确的职业权力观，正确使用手中的权力以及敢于抵制滥用权力的不正之风是正确行使职业权力的基本要求。作为即将步入职场的大学生，要明确职业权力，将其应用于职业发展，服务于人民事业。不能以权谋私，做超出权力范围的事，更不能滥用职权，要同不良行为作斗争。

案例 4-7

洪亮：法治道路上的尖兵

执业 20 年，洪亮不断创新法律实践，服务国家大局；发挥专业特长，参与法治建设；积极参政议政，彰显了一个法律人的责任和担当。

洪亮曾留学美国，有香港交易及结算所（港交所）工作经历，深谙涉外法律。2017 年，上海某旧区改造项目启动，总投资 150 亿元，是当年度上海中心城区最大的旧房改造项目，由本地国企和香港投资方共同开发建设。洪亮的法律团队参与了项目的历次谈判及项目推进，对涉外法律和中国法律政策的融合，提供了专业的法律建议，确保了法律文件的签署和履行。这一案例成功解决了国企和外企合作时所面临的"域外法律冲突"困扰，为国企和外企合作，贡献了解决法律争端的智慧。为解决旧区改造融资困难，他积极出谋划策，参与上海地方政府设立的公租房基金项目，为旧区改造融资提供了创新法律服务。

从 2006 年起，洪亮有感于中小学课本教育无法治必修课程的现状，首倡并创立了全国第一家由律所、高校和中学合作成立的中学法治教育研究基地。其研究成果为政府部门的决策提供了重要依据。

在社会各界的共同努力下，从 2016 年起，全国义务教育小学和初中起始年级"品德与生活""思想品德"教材名称统一更改为"道德与法治"。

此外，他多次参与检察部门、国资监管部门的多项课题调研，曾开创性地提出增加国资评估环节事中监管、事后追责制度，该报告的发布直接影响了上海新一轮国企改革中关于资产评估环节的制度设计。

自 2017 年起，洪亮连续三年获得上海市政协优秀提案奖。提案涉及区块链对于城市精细化管理和优化营商环境的积极作用、科创板的建设。

2020 年年初，新冠病毒肺炎疫情爆发，他及时提交了 5 篇社情民意以及 1 份提案，内容涉及政府发放口罩、中小学延迟开学、快递人员进小区、授予在抗击疫情中牺牲的医护人员烈士称号等，前述建议均被采纳，体现了一个政协委员的社会责任和担当。

三、职业道德规范

良好的职业修养是优秀从业人员必备的素质，良好的职业道德是从业人员都必须具备的基本品质，这是企业对公司从业人员最基本的规范和要求，也是每个从业人员所担负起自己的工作责任必备的素质。

（一）爱岗敬业，尽职尽责

爱岗是对人们工作态度的一种普遍要求，是职业工作者以正确的态度对待各种职业劳动，努力培养热爱自己所从事的工作的幸福感、荣誉感。敬业就是用恭敬严肃的态度对待自己的工作，把使命注入自己的工作当中，并从努力工作中找到人生的意义。工作态度的好坏决定工作成败，认真就是工作敬业的表现。认真工作是提升自己的最佳办法，也是职业道德对劳动者最基本的要求。

（二）诚实守信，服务群众

诚实守信是做人做事的基本准则，也是社会道德和职业道德的一个基本规范。人们不仅需要靠思想、情感、兴趣、爱好等相互吸引，还要靠讲求信誉、诚实守信来维系。讲求信誉、诚实守信是社会交往中应遵循的道德准则，在社会生活中有着重要的作用。它是个人成就事业的根基，是每个人在职业生涯中得以在市场竞争立足的基本条件。此外，作为公司的员工，对公司忠诚是员工素质的必要条件。

（三）办事公道，服务群众

办事公道，服务群众对于人和事的一种态度，无论对人对事，都要做到公平公正。作为当代大学生，国家和人民赋予了其更多的责任，在未来的社会工作中，必须有高度的责任感和敬业精神，通过互相服务，促进社会发展、实现共同幸福。

（四）热情饱满，奉献社会

好的服务意识是职场必备的素质，拥有奉献精神，才能积极自觉地为社会作贡献。一个自觉奉献社会的人，才真正找到了个人幸福的支撑点。奉献和个人利益是辩证统一的。

案例总结

公交司机用生命最后一刻保住车上乘客

2021年4月2日晚上7点多，咸阳市淳化县一辆拉了17名中学生和1名家长的通村客车在快上高速公路时，司机马小群突发脑溢血，危急之际，他拼力将车靠边停稳，保住了车上18名乘客的生命。

公共视频显示，事发时客车径直向路沿方向开去，危急之际，马小群做出一个下意识反应，一个方向将车摆正，然后拼尽全力将车挂在空挡上，随后他就陷入了半昏迷状态。

当时车上有18名乘客，其中17个都是放假的学生。发现情况不对后，车上的一名学生紧急跳出车窗求救后，被正在不远处处理交通事故的淳化交警看到，交警紧急上前查看。

淳化县公安局交通管理大队事故处理中队辅警张翔回忆："拉开车门发现驾驶员当时已

经昏迷不醒、口吐白沫，他的手当时在空挡上，我们赶紧就说，让车先熄火。"情况危急，民警立即帮助马师傅拉手刹开启危险示廊灯，随后拨打120并联系客运公司将车上18名乘客转运。

让民警感动的是，在将马师傅抬下车时，他的两只脚还紧紧地踩着离合和刹车，手一直抓着挡杆。在紧急送医后，4月3日晚，55岁的客车司机马小群抢救无效离开了人世。

淳化中学高一12班学生杨佳怡说："我很感谢这个司机师傅在他有生命危险的时候，能够救下我们一车人，不顾自己的生命危险，希望他在天堂里永远安息。"

据了解，马小群从事驾驶行业已经30多年，每年体检身体状况都不错，没想到这次会出现突发状况。

马小群女儿马翠说："我爸这个人一辈子勤勤恳恳，做事本分，我希望更多的人把他这个优良的特点传承下去，挽救更多的生命。"

第二节 树立职业意识

例引入

黄彩忠：退伍不褪色 建功在公交

　　黄彩忠，1964年7月出生，1983年7月加入中国共产党，甘谷县六峰镇人，现任甘谷县鑫翰公交有限公司副经理，先后被甘谷县委、县政府表彰为"优秀共产党员"，2021年12月荣获甘肃省"陇原最美退役军人"荣誉称号，2022年4月荣获天水市五一劳动奖章。

　　作为一名退役军人，他始终坚持退伍不褪色、退役不褪志，在不同岗位、不同人生阶段积极为社会作贡献。1981年，他怀揣浓烈的爱国热情，积极响应国家号召，义无反顾加入84865部队。服兵役期间历任班长、司务长、油料股助理员等职务，曾荣立三等功2次、荣获团嘉奖1次、连队嘉奖3次，特别是在1986年的对越自卫反击战中，因作战英勇荣立三等功1次。1996年7月，黄彩忠转业到甘谷县第二运输公司工作，2002年10月公司改制重组，他继续在重组后的甘谷县冀城公共交通有限公司工作，2020年12月，甘谷县冀城公交公司出资2 000万元，注册成立了控股子公司——甘谷县鑫翰公交有限公司，他担任副经理。

　　作为一名交通战线的"老兵"，黄彩忠常说，退役只是战场的转移，真正的军人即使脱下军装，依然会保持军人的信念和勇敢。在军旅生涯中，他没有因为挫折而后退；走出部队后，他同样没有退缩和畏惧。无论是在服兵役期间还是在公共交通系统工作以来，他总是能够保持军人本色，认认真真履职尽责、兢兢业业干好工作、心怀感恩奉献社会，以实际行动诠释退役军人永葆本色、奋发图强的优秀品质和良好精神风貌，展现了新时代退役军人的英勇风采。服兵役期间，他刻苦钻研专业技术，认真努力工作，安全行车5万公里无事故发生。担任司务长后，他探索改进管理方式，想方设法为战士们改善伙食，受到了所在部队战友的一致好评。在公共交通系统工作以来，他不丢军人本色，始终不忘全心全意为人民服务的宗旨，充分发挥共产党员先锋模范作用，坚持诚信守法经营，带领企业职工攻坚克难、锐意进取，努力创造经济效益，积极主动回馈社会，努力把公司打造成为引领全县交通运输行业发展的龙头企业。

　　在做好本职工作的同时，黄彩忠时刻不忘自己是一名共产党员，总是能够立足工作实际，积极发挥作用。在他的大力倡导下，鑫翰公交公司先后吸纳20余名退役军人就业，有力维护了社会大局和谐稳定。在他看来，企业在发展壮大的同时，应主动承担社会责任，积极为困难群体提供工作生活便利，"纽带"用得好，社会就会更加和谐稳定，自身社会价值也得到相应放大。为了让企业更好服务社会，他充分发挥公交车在保障群众出行方面的重要作用，每年都成立"高考爱心"车队，积极配合教育部门、交通运输部门认真做好接送高考监考教师、免费接送高考考生等工作，以实际行动树立了良好的企业形象，以优质高效的服务赢得了全县人民的一致好评。

　　2020年12月，甘谷县鑫翰公交公司成立后，建立了公司党支部，黄彩忠担任副总经理兼党支部书记。他把加强党的建设作为推动公司发展壮大的"根"和"魂"，始终坚持党建

工作与业务工作同安排同推动同落实，做到了党建与业务同心同向、同频共振，有力提升了公司的核心竞争力。公司在甘谷县委、县政府的坚强领导下，在交通运输管理部门的精心指导下，始终坚持"安全、经济、便捷、优质"的总体要求，秉持"强安全、重服务、讲和谐、求发展"的经营理念，加大改革创新力度，健全完善现代企业制度，加快企业文化建设，强化员工培训管理，着力提升服务质量和水平，有力增强了企业的核心竞争力，公司逐步发展为全县道路运输行业标杆企业。特别是2021年以来，公司紧盯绿色低碳发展导向，立足原有老旧公交车更新换代的现实情况，聚焦城市公交客车现代化发展需求，投资500万元，在冀城路谢家村大桥东侧，新建了占地约1万平方米的新能源充电站，建成投用了40台充电桩和办公配套设施，投资1 000万元购置了新能源公交车30辆，有力助推了全县公共交通行业绿色低碳发展。

砥砺奋进新时代，面向未来再创业。黄彩忠清醒地认识到，新时代是奋斗者的时代，他将始终保持军人本色，锐意进取、奋发作为，立足县情实际，充分发挥企业优势，带领公司全体职工认真践行"乘客至上、服务第一"的宗旨，聚焦人民群众出行对便捷公共交通的需求，扎实推进公交系统综合改革，统筹城乡公交一体化发展，继续深挖乘运潜力，持续优化公共交通线路，着力提高车辆档次和品位，改善市民乘车候车环境，降低市民出行成本，努力为乘客营造安全、便捷、经济的出行条件，为推动全县公共交通运输事业持续健康发展作出新的更大贡献。

名言警句

志向是天才的幼苗，经过热爱劳动的双手培育，在肥田沃土里将成长为粗壮的大树。不热爱劳动，不进行自我教育，志向这棵幼苗也会连根枯死。确定个人志向，选好专业，这是幸福的源泉。

——苏霍姆林斯基

一、理解职业意识

（一）职业意识的概念

职业意识也称主人翁精神，是职业人所具有的意识，是人们对职业劳动的认识、评价、情感和态度等心理成分的综合反映，是职业道德、职业操守、职业行为等职业要素的总和，是支配和调控全部职业行为和职业活动的调节器。

（二）职业意识的重要性

职业意识强的人会在工作中努力拼搏奋斗；积极健康的职业意识有助于大学生职业选择的顺利实现，职业生涯的顺利发展和事业的成功；正面积极的职业心态和正确的职业价值观意识，是成功职业人必备的核心素养。马克思曾说，存在决定意识，意识对存在具有反作用。职业意识对大学生的职业社会化起着非常重要的作用。职业意识是对所从事的专业的认同，因此，职业意识可以最大限度地激发人的活力和创造性，是敬业精神的前提。

案例 4-8

一名医务工作者的职业意识

有位护士刚从学校毕业，在一家医院实习，如果这期间能让院方满意，便可获得一份正式工作，否则就得离开。

一天，有位因车祸而生命垂危的病人需要手术，这位实习护士被安排做外科手术专家、院长亨利教授的助手。当手术将完，患者伤口即将缝合时，这位护士突然严肃地对院长说："亨利教授，我们用了12块纱布，可是您只取出了11块。"院长不屑一顾地回答说："我已经全部取出了，不要多说，立即缝合。""不，"这位护士高声抗议道，"我们确实用了12块纱布。"院长对此不加理睬，命令道："听我的，准备缝合。"这位实习护士听到后，几乎大叫起来："你是医生，你不能这样做！"直到这时，院长冷漠的脸上才露出一丝微笑。他举起手心里握着的第12块纱布，高声宣布道："她是我最合格的助手。"

这位护士的举动，绝不仅仅是认真，还体现了她作为一个医务工作者强烈的职业意识，是职业意识使她成为正式护士。

二、提升职业意识的基本要求

在职业教育的过程中，为了适应社会科技的发展和人力资源市场化的需求，提升职业意识可从树立职业理想、履行职业责任、遵守职业纪律、提高职业技能、提升职业道德五个方面着手。

（一）树立职业理想

职业理想是人们在职业中依据社会要求和个人条件，个人渴望达到的职业境界。它是人们实现个人生活理想、道德理想和社会理想的手段，并受社会理想所制约。职业理想是人们对职业活动和职业成就的超前反映，与人的价值观、职业目标、职业期待密切相关。

职业理想是职业选择的向导，是取得职业成功的推动力，是事业成功的精神支柱。

正确认识自我。全面认识自己的生理特点、心理特点、学习水平、学识能力等与未来职业需要之间的差距，要在全面认识自己的基础上，结合自己的发展潜力，对自己进行合理的定位。

全面了解社会和职业。首先要对党和国家的路线、方针、政策及我国社会的经济构成和发展状况有所了解，在此基础上要了解自己所学专业所对应的职业群，以及在社会主义建设中的地位和作用、社会价值、工作性质、工作条件、工作待遇、从业人员的发展前途，以及该职业群中各种职业对人员的素质要求，包括学历、专业、性别、智力、体力、性格等方面的要求。

树立正确的人生观、职业观。不同的人生观会产生对人生的不同看法和不同态度，而对人生的不同看法和不同态度，则会导致人们选择不同的人生道路。不同的职业观，就有不同的职业理想。要充分考虑社会发展的需要，把择业同民族的振兴、祖国的富强联系起来，根据时代的要求，不断提高自己的思想觉悟，不断提高自己的思想素质、文化素质、能力素质，不断地完善自我，做到自尊、自爱、自强，树立正确的人生观和职业观。

（二）履行职业责任

能否履行职业责任，是一个职业者是否称职、能否胜任本职工作的根本问题。职业工作者自觉履行职业责任意识，需从三方面来践行。

1. 明确职业责任

责任意识强调的是责任感，责任感是企业以及员工的宝贵品质。履行职业责任意识，要把个人的前途和命运融入中国特色社会主义的伟大事业中，服务他人、奉献社会；着眼于爱国主义和集体主义，把国家、集体、个人的利益有机结合起来，坚持国家利益、集体利益高于个人利益；着眼于职业道德和职业精神，把职业目标同远大理想结合起来，在自己的岗位上忠实地履行对社会、对国家、对人民的责任，自觉地把责任意识转化到"全心全意为人民服务"的行动中去。做好自己的本职工作，每个人的尽责是对集体的尽责，每个集体的尽责是对社会的尽责。

案例 4-9

守好职业道德底线

李倍佳是一家集团公司采购部职员。2019 年 5—8 月，她利用职务之便先后 4 次收受供应商微信红包合计 2 200 元。被公司发现后，她如实交代了自己收受红包行为，并将这些"好处费"用于公司的支出。尽管如此，公司仍向李倍佳发出劝退通知。因其不同意离职，公司又向其发出解除劳动合同关系通知书。

李倍佳认为，其收取"好处费"虽有不当，但并未给公司造成经济损失。依据《劳动合同法》第三十九条规定，只有员工存在"严重违反用人单位的规章制度""严重失职，营私舞弊，给用人单位造成重大损害"等行为时，用人单位才可以解除其劳动合同。而其行为并未达到这样的程度，公司不应当解除其劳动关系。

李倍佳不服公司决定，向劳动争议仲裁机构申请仲裁，请求公司予以赔偿，但其请求未能得到支持。

李倍佳通过微信收受公司客户"好处费"，不仅与职业道德及社会主义核心价值观相悖，更是典型的涉及商业受贿违法犯罪行为，是国家法律法规及行业规范所明令禁止的行为。即便其向公司如实交代了违法行为，但不能因此改变其商业受贿行为的性质。

2. 培养责任担当

勇于承担责任一直以来都是中华民族的优良传统。大禹治水"三过家门而不入"，诸葛任"鞠躬尽瘁，死而后已"；范仲淹挥写"先天下之忧而忧，后天下之乐而乐"，文天祥高歌"人生自古谁无死，留取丹心照汗青"。不怕牺牲、尽忠职守、责在人先，是无数志士仁人相传的思想标杆，也是后世子孙生生不息的精神动力。

每个企业都清楚需要的人才，只有勇于承担责任的人，才有可能被赋予更大的使命，才有资格去获得更大的荣誉。一个缺乏责任感的人，首先失去的是社会对自己的基本认可，其次失去的是别人对自己的信任与尊重。人可以不伟大，但不能没有责任感，推卸责任。"国家兴亡、匹夫有责"，反映了国民的责任意识；"在其位、当谋其政"说出了领导干部的责任意识;"企业兴则我荣,企业衰则我困",折射出企业员工的责任意识。企业业绩好坏、发展速度快慢,在很大程度上取决于每名员工有没有责任意识,尤其在当前面临需要突破瓶颈的新形势下,责任意识既是获得进步的机遇,又是增强自我竞争力的关键。公司是一个整体,只有每名员工忠于职守,爱岗敬业,增强了责任意识,履行了岗位职责,公司才能又好又快地发展下去。

3. 树立责任职责

讲责任,也要讲责任制;有履责要求,也要有责任追究。落实责任制,一在履责,二在问责。没有问责,责任制就形同虚设。问责,要贯穿到履责的全过程。事前问责是提醒,事中问责是督促,事后问责是诫勉。对认真负责的,要给予奖励和表彰;失职渎职的,要予以追究和惩罚。在今后工作中,大学生要把责任和责任制统一起来,把履责和问责结合起来,这样才能确立一种良性的责任导向,从而增强责任心、培育责任感、提高责任意识。

(三) 遵守职业纪律

职业纪律是为了维持职业活动的正常秩序,保证职业责任的履行,是人们在从事职业活动时必须遵守的规矩和准则。职业纪律具有明确的规定性和一定的强制性。自觉遵守职业纪律是履行岗位职责的前提条件。无规矩不成方圆,人们在工作中需自觉遵守工作的规章制度,照章办事,这样才能提高工作效率,使各项工作井然有序进行。

案例 4-10

坚守"白衣天使"的职业纪律

对于急诊科的每一位护士,护士长经常教育大家,在工作中要始终坚持诚信、严谨、慎独的职业道德规范,在护理技术上互相切磋,精益求精,发扬互帮互助、团结协作的团结精神,正是这种坚持,多年来急诊科始终营造着一种团结、协作、忙而不乱、和谐的工作氛围,每一位护士虽然工作很累,工资不高,但是都不愿离开急诊科,也正是这种坚持,使急诊科每一位护士都养成了一种良好的工作作风。如拾金不昧,拣到患者钱物,不论贵重与否,千方百计联系失主,若联系不上,班班交接并向护士长报告,若在工作中出现差错,能及时诚实地报告护士长,真诚地说明错误的原因并道歉,向患者做好补救和后续工作,使护患纠纷平息在科内,赢得广大患者高度的理解和信任。

2022年3月17日晚10点,急诊科接诊了一位急性高血压女性患者,名叫武燕,在院时血压 160/110 mHg(毫米汞柱),夜班护士周瑜遵医嘱快速给予降压治疗,血压监测等急救措施,因降压不可过快,滴速要求严格,要随血压波动随时调节,护士非常辛苦,严密巡视,并与患者及家属交流沟通,得知是夫妻生气所致,周瑜便对患者进行心理疏导,经过四个多小时的精心护理,患者血压下降病情平缓离院。临走时其家属为了表示谢意,硬给护士周瑜塞了300元现金,次日晨交班周瑜向护士长报告并将现金交与护士长,委托护士长退还患者及家属,并对护士长说:她本人不能收患者钱财,不能违反职业道德,违反她做人的原则。这就是急诊科护士遵守职业道德的具体体现。

后来经多方寻找,于2022年5月21日下午,护士长亲自将300元现金退给患者武燕及家属,向她表明护士的心愿,受到患者及家属的高度赞扬。

(四)提高职业技能

职业技能,是大学生将来就业所需的技术和能力。职业技能不仅能在确立职业态度、明确职业理想的过程中起到积极作用,也是从业人员职业理想付诸实现的重要保障。如今,各大高职院校正推广实行的"1+X证书制度",即"学历证书+若干职业技能等级证书"双证,其目的就是引导大学生在获取专科学历证书的同时,也能够获得相关职业资格认证,使双证并重互通,为就业打下良好基础。提高职业技能,需要做到以下几点。

(1)树立正确的职业理想。大学生一旦确定自己的理想职业,就会依据职业目标规划自己的学习和实践,并为获得理想的职业积极准备相关事宜。

(2)适时进行自我分析和职业分析。自我分析即通过科学认知的方法和手段,对自己的性格、气质、兴趣和能力等进行全面分析,认识自己的优势与特长、劣势与不足。而职业分析是在进行职业生涯规划时,充分考虑职业的岗位性、区域性和行业性等,比如职业所在的行业现状和发展前景,职业岗位对求职者的素质和能力的要求等。

(3)掌握扎实的专业知识,构建合理的知识结构。要根据职业和社会发展的具体要求,将已有知识科学地重组,构建合理的知识结构,最大限度地发挥知识的整体效能。

(4)要熟悉执业岗位业务。了解职业岗位的工作内容、工作性质和对从业人员素质的要求。

(5)勤学好问,勤动手多实践。对于不懂的问题要有打破砂锅问到底的精神,多向有经验的前辈学习。实践出真知,实践是检验真理的唯一标准。处理问题的经验是从动手实践中得来。处理解决问题之后,要善于总结,吃一堑,长一智。

(五)提升职业道德

职业道德规范的主要内容包括:爱岗敬业、诚实守信、办事公道、服务群众、奉献社会等。提升职业道德,首先,要树立正确的人生观;其次,要从培养良好的行为习惯着手;最后,要学习先进人物的优秀品质,不断激励自己。此外,还可通过以下几点有效提升职业道德。

(1)学习职业道德规范、掌握职业道德知识。

(2)努力学习现代科学文化知识和专业技能,提高文化素养。

(3)经常进行自我反思,增强自律性。

(4)提高精神境界,努力做到"慎独"。

案例总结

维权就是为老百姓办实事,要做就一定要做到最好

都说处理消费者投诉的维权工作最"麻烦"、最"烧脑",不但不收一分钱,还要付出不少精力。胡建洪却不这么认为,他说:"维权就是为老百姓办实事,要做就一定要做到最好。"

娄底市娄星区市场监督管理局物流运输市场监管所,监管服务全区范围内的汽车4S店和物流行业。近年来,随着汽车销售和物流行业的蓬勃发展,行业消费投诉随之猛增,投诉

处理难度较大。监管所所长胡建洪,作为一名消费维权战线的"老兵",每起投诉他都认真对待,查清事实,搜集证据,不厌其烦地调解,维护消费者合法权益。

维权无小事,做好无止境。消费维权要有理有据,不少案例都需反复调解。胡建洪将消费者需要放在第一位,对维权工作倾注饱满热情和耐心。

2020年4月,投诉人王某称某汽贸公司销售的货车车辆轮胎规格和合格证上轮胎规格不一致,导致货车因轮胎规格型号与合格证不匹配,不能上户。

接到投诉后,胡建洪和单位同事立即找来双方当事人进行调解,经反复协商,最终汽贸公司赔偿4 000元给王某。事后,胡建洪又对该汽贸公司经营现场展开检查,发现有9台货车轮胎规格型号不匹配。胡建洪当即责令其整改,并对该公司按"以不合格产品冒充合格产品"的违法销售行为进行处罚,罚款6.2万元,没收违法所得1 743.37元。

"每次有什么消费维权规定不太清楚的,找老胡准没错,他是维权'百事通'。"市场监管所副所长胡双梅说。消费维权工作要想做好,就必须对相关法律法规烂熟于心。为此,胡建洪恶补《汽车消费维权必备法律法规汇编》《消费者权益保护法》《机动车维修管理规定》相关知识,将法律法规条款"装进"脑袋。

"维权无小事,做好无止境。"这是胡建洪对同事们常说的一句话。经过20多年的不断学习和经验积累,掌握处理消费维权工作独特技巧,对相关法律法规烂熟于心,很多疑难复杂的重大消费维权案件经他调解成功。

急人之所急,想人之所想。翻开胡建洪的工作簿,里面密密麻麻记录着他的工作进程与心得。"每一起消费维权,对于维权人而言都是大事,也让我们'牵肠挂肚'。"

为了及时受理消费者投诉,胡建洪向社会公开办公室电话和手机号码,他也一直24小时待命。胡建洪始终把消费者的投诉当成工作指令,从接到投诉开始,他立马了解情况,辨明原委,成功调解一起起消费纠纷。

2020年5月,张某电话投诉在某4S店预订小车1台,当付完全款218 800元提车时,4S店要张某在4S店购买保险,如退购也要扣除前期费用1.5万元。因张某工作地点在新化,只有星期日有时间来娄底城区。胡建洪征求双方当事人意见后,约定星期日组织双方进行调解。调解当天,双方互相阐述理由,胡建洪秉着合情合理、互信互让的原则,对案情进行仔细询问,最终张某决定不购买车辆,4S店将218 800元全部退给张某。

在长期接待投诉中,胡建洪敏锐意识到,相对于经营者,消费者的维权意识还很薄弱,是弱势群体。经胡建洪力推,娄星区市场监管局物流运输市场监管所在各个监管区设置公示牌,公布管片专干姓名和联系电话以及消费投诉电话,还制作发放消费维权服务卡。物流运输市场监管所也设有投诉电话,并安排专人值班,时刻保持投诉电话向广大消费者开"绿灯"。

"我们是消费者的娘家人,要急人之所急、想人之所想,工作绝对不能懈怠。"胡建洪说。近两年来,物流运输市场监管所新建消费维权服务站25个,实现对全区42个汽车4S店消费维权服务站的全覆盖。受理消费投诉600多件,调解成功率达95%以上,为消费者挽回经济损失120多万元。

第三节　担当职业责任

例引入

刘鑫：医生是一份职业，更意味着责任与担当

刘鑫，全国唯一一个来自县级医院的首届"华夏杯"全国脑卒中静脉溶栓大赛获奖医生，曾接诊一位年龄约40岁的男性偏瘫患者，患者病情复杂，因高血压和长期吸烟、酗酒而致病。作为一名医生，刘鑫始终坚持"全力救治"的信念。以刘鑫为核心的医护团队，从细微处破解疾病难题，患者最终痊愈。

"成为一名医生"是刘鑫的梦想。高中填报志愿时，刘鑫郑重地将医学院作为第一志愿，并被顺利录取。2016年，刘鑫在河北医科大学取得硕士学位，毕业后，在黄骅市人民医院成为一名神经内科医生。

走上工作岗位的刘鑫坚持不断学习充实自己，筑牢专业基础，提升自身业务能力。刘鑫定期阅览医学期刊和文献，掌握最新的学科动态，同时，去往北京、天津、石家庄等全国各地参加学习交流培训会。多年来，他参加各种医学比赛历练自己。2018年，刘鑫首次参加沧州市级比赛，荣获二等奖；在首届"华夏杯"全国脑卒中静脉溶栓大赛中，他与来自东、西、南、北四个赛区近200名参赛选手同场竞技，获得佳绩。"比赛对我来讲是一种突破自我的方式，通过前期的知识积累提高了我的专业水准，赛场上的比拼也锻炼了我的心态、表达和临场反应等各种能力，全方位提升了我的个人素质。"刘鑫说。

凭借一股肯学习、善钻研的劲儿，刘鑫对各类型的诊疗越来越得心应手。

神经内科主要治疗脑血管、偏瘫、脑部炎症等疾病，大多发生在老年人身上，刘鑫的专业素养与良好的服务态度赢得了众多患者的信任与肯定。在办公室，刘鑫一边接受采访，一边应对各种工作，不停接打电话、接待患者、安排会诊事宜……正巧，有一名年过六旬的患者因头晕而住院，"这位病人没有什么大问题，头晕只是心理因素导致的。"刘鑫和记者说。虽然如此，但在回答这位患者咨询时，刘鑫始终亲切而有耐心。"刘医生，你真是位好医生，太感谢你了！"这是在刘鑫办公室听到的最多的话。

"作为医生最基本、最重要的就是责任心。"刘鑫工作五年来，患者的名字和床号、药物剂量的确定……刘鑫将每一处细节都熟记于心，无论再忙再累，刘鑫总会耐心细致地为患者看诊，认真辩证分析，竭尽全力为患者排忧解难。

"我每天的工作其实很平凡，在平凡的历练中，我期望拥有一个更稳定平和的心态，在工作上更加从容。我也会始终以积极向上的心态不断努力、挑战自己，精进业务，勇攀医学高峰，这是我毕生的追求。"刘鑫说。

> 播下一个行动，收获一种习惯；播下一种习惯，收获一种性格；播下一种性格，收获一种命运。
>
> ——威廉·詹姆士

一、职业责任

（一）职业责任的含义

职业责任是人们在一定职业活动中所承担的特定的职责，在某个职业上，对服务对象（社会或他人）应该负有的责任，同时把责任转化成行动的心理特征。它包括人们应做的工作和应承担的义务。职业活动是人一生中最基本的社会活动，职业责任是由社会分工决定的，是职业活动的中心，也是构成特定职业的基础，往往通过行政的甚至法律方式加以确定和维护。

社会上的每一个行业都对社会或其他行业担负着一定的使命和职责，从事一定职业的人们也对本职工作担负着一定的职业使命、职责、任务。职业责任往往是通过具体法律和行政效力的职业章程或职业合同来规定的。有责任意识，再危险的工作也能减少风险，职业责任意识强，再大的困难也可以克服。拥有职业责任意识的人，受人尊敬，让人放心。

首先，职业责任与行为者承担的角色密切相关。一个人（包括自然人和法人，以下同）在某种制度结构中承担了一定的角色，制度赋予他某种特定的权利和义务，并决定他应该做什么，在这种情况下，此人对自己的行为就应该负"责任"。换言之，一个人承担什么样的角色，他就应该负怎样的责任。

其次，职业责任还与行为者在组织机构中承担的使命相关。如果行为者除了选择自己的行为以外，还要指导他人的行为，他就成为拥有权利或权威的人。那么，他不仅应该对自己所做的事负责，而且还应该为那些执行他的指令的行为负责。因此，责任与特定制度结构中个人的角色相应，与个人在某种组织结构中承担的使命相关。

最后，职业责任与行为者造成的后果密切相关。一般来说，不管所从事的职业是否自愿，职业行为往往是一个人出于某种意图，经过审慎思考与推论后的选择，是根据自己的意图，是在理性的基础上履行这一行为的。由此而造成的不利后果则需由行为者自己来承担。因此，责任与行为者造成的后果是密切相关的。

（二）职业责任的特点

（1）自愿性。责任是主体的内省化行为，它并不依赖于他人的意识，而是行为者所作出的自主抉择。职业责任是从业人员对社会和他人履行职业义务的道德责任，是一种自觉行为。在任何一种职业活动中，无论是谁都肯定会与他人、与社会发生并保持着各种联系。这些联系形成了种种特定关系，又由这种特定关系产生出诸多义务。凡是与自己本职工作有关的义务就是职业义务。作为劳动者，为保持并发展已经形成的或将要建立的一系列联系、关系，就必须自觉地担负起对社会、对他人负有的使命、职责和任务，也就是说，必须自觉地履行应尽的职业道德责任。

（2）社会性。在现代社会里，任何人都不可能游离于社会生活的体系之外，一旦进入了人类共同生活的相互作用的系统之中，社会生活的共同规则与秩序强加在身上的那种责任便自行启动了。若以不负责任的行为来挑战社会规则与秩序，就会失去扮演某一角色、承担某一任务的资格。

（3）法定性。每一种职业都是社会的组成部分，每一个劳动者在职业活动中是否尽职尽责，不仅关系到自身的利益、他人的利益，甚至关系到整个国家和社会的重大利益。不坚守岗位、玩忽职守、渎职失职的行为，不仅会影响单位的正常运转，而且会使单位的公共财产、国家和人民的利益遭受损失。因此，国家用法律的形式来保护各行各业的职业规范和纪律，并规定了从业人员未尽职责而应当承担的法律责任。

（三）职业责任的内容

职业责任应包含有两个方面的内容：一方面，职业责任意味着从业人员对自己从事的职业所肩负的职责和应尽的义务；另一方面，职业责任也意味着从业人员对自己从事的职业所应该承担的后果和责任。

1. 肩负的职责和应尽的义务

对个人而言，从本质上说，责任是一种与生俱来的使命，它伴随着每一个生命的始终，是生命价值的体现。人可以不伟大，也可以清贫，但不可以没有责任。扛起了责任，就是扛起了信念，扛起了生命的机制。个人的责任就是自我产生的责任，是自己对自己负责，自己就是自己的主管，能够对自己进行评判，是自己对自己、对自己行为的责任。

对集体而言，这是从业人员对自己供职单位所承担的职责和义务。不同职业或不同岗位的责任是不同的，其责任大小也是有差别的。一般而言，管理者的责任都大于普通员工的责任，职业责任与职业行为相伴随行。无论是管理者还是普通员工，在职业行为之前必须明确责任意识，对工作尽心尽力，就是对集体的负责，就是勇于担当对集体的责任。在实际工作中，那些有职业责任感的人不仅在工作中严谨认真、一丝不苟，而且总是主动承担工作中的过失。

对社会而言，社会学家戴维斯说："放弃了自己对社会的责任，就意味着放弃了自己在这个社会中更好的生存机会。"任何一种职业都是社会的一分子，每个人都是社会的一分子，社会通过分工把各种职业的社会责任和义务赋予每个劳动者，每个人都应该承担一定社会责任，为社会作出应有的贡献。每个职业人都应该明确自己的职业和社会之间的联系，明确其中的社会责任和义务。

案例 4-11

李子柒：追逐心中梦想，让人生变得更有意义

说起李子柒，其实很多人都知道，她被誉为东方美食生活家，在美食领域，有着较高的人气和地位。但是，李子柒一生的追求，其实就是传承古典文化，以自己想要的生活方式去生活。在这一理念的驱动下，李子柒从繁华的都市回到大山，回归本真，过出了心中想要的生活。李子柒是中华传统文化的实践者。

李子柒 1990 年出生于四川省绵阳市，中国内地美食短视频创作者。李子柒是中国自媒体平台的一个传奇，她是全网最火的网红，粉丝数量超过 1 亿，在国外还有上千万的粉丝群体。

很多人都觉得，李子柒现在都很成功了，她的童年经历应该算是很幸福吧。但是，谁又能知道，李子柒的童年，其实是相当不幸福的，大多数人都没经历过李子柒童年时候的生活。李子柒在6岁的时候，就被继母拽着头发往水里按，那时候的李子柒，还很小，但是她依然坚持了下来。关于李子柒的童年经历，其实，绵阳市某区妇联的一位女士是相当熟悉的，她透露说，在李子柒小时候，亲生母亲就离家出走了，后来，亲生父亲也在她8岁的时候去世了，由于双亲的离开，李子柒只能和爷爷奶奶一起生活。

年幼的李子柒为了谋生，开始在城市中漂泊。她露宿过公园的椅子，在做服务员的时候，一个月的工资只有300元。她还曾在酒吧打碟。因为奶奶生病，需要人照顾，她便留在家乡，开始尝试自媒体创作，幸运的是，李子柒后来遇到了刘同明。说起这个人物，其实很多人都知道，他就是微念科技创始人。对于李子柒，其实刘同明也是相当熟悉的，他说，李子柒刚开始对于拍摄和剪辑，并不太懂，那时候的李子柒，都是自己拿着手机拍摄和剪辑，后来，李子柒虽然有了内容团队，但是依然坚持学习，经常学习到深夜，同时，李子柒还坚持自己主导内容和创意，这样的李子柒，确实是给现代的年轻人树立了榜样。

现在很多人都喜欢看李子柒的作品，但是，谁又能知道，李子柒在创作的时候，还是很辛苦的，有时候，在拍摄作品时，更是会出现危险。在之前的时候，李子柒的小助理民国就透露，有一次李子柒在拍摄作品时，摔下了山坡，好在背了一个背篓，正是这个背篓救了她一命。这样的经历，其实比比皆是，李子柒确实是相当不容易。

虽然人们看到李子柒已经很成功了，但是在坚强的外表下，李子柒却拥有着很多人不知道的艰辛。一路走来，李子柒确实是付出了很多，她这样坚持不懈的奋斗，一直在为传统文化而作出贡献，这样的李子柒，相当了不起。

李子柒说："有3件事情是我最想做的，第一个就跟乡村振兴和共同富裕相关的一些事情，就是想要做一个可复制、可传播、可循环、可推广的试点，就是让老百姓在真正意义上能够为他们增收，然后第二个我还是想继续把我们的非遗的传统文化做一些更好的继承和传播，还有第三件事我最想做的是青少年的引导这方面的事情，因为我们现在身处在一个信息碎片化的时代，我们的孩子们现在又过早地去接触一些职能产品，接触一些零零散散的信息片段，所以我不希望以后问他们要干什么，他们说自己想当网红、当明星，我希望他们能够有正确的价值观！"

2. 承担的后果和责任

责任是人天赋的职责和使命，它是永恒的职业精神。我们应时刻对自己的行为、家庭、工作以及社会负责。一个缺乏责任感的人，会失去自己的信誉和尊严，同样会失去别人对自己的信任和尊重，得不到别人对自己的认可。每一种职业都有相关的法律法规和职业道德规范来规定从业人员的职业行为和承担的责任。职业责任的承担形式主要有道德责任、纪律责任、行政责任、民事责任和刑事责任五种。

（1）道德责任。是从业人员在履行职业职责的过程中，由于违反职业道德而遭受同行的批评、社会舆论的谴责或自我良心的谴责。这是从业人员最基本的一种承担职业责任的形式。

（2）纪律责任。是指从业人员在履行职业职责的过程中，因违反职业纪律而受到的纪律处分，纪律处分一般有警告、记过、记大过、降级、降职、撤职、开除等。

（3）行政责任。是从业人员在履行职业职责的过程中，因违反行政法规而依法应当承担的责任。

（4）民事责任。从业人员在履行职业职责的过程中，因故意或过失而违反了有关法律、法规或职业纪律，构成民事侵权、形成债权债务关系等依法应当承担的责任。

（5）刑事责任。是从业人员在履行职业职责过程中，因个人行为给国家、集体或个人造成伤害、损失，并触犯了刑法的有关规定，依法应当承担的责任。

案例 4-12

诸葛亮挥泪斩马谡

蜀后主建兴六年（公元228年）诸葛亮为实现统一大业，发动了一场北伐曹魏的战争。他命令赵云、邓芝为疑军，占据箕谷（今陕西汉中市北），亲自率10万大军，突袭魏军据守的祁山（今甘肃），任命参军马谡为前锋，镇守战略要地街亭（今甘肃秦安县东北）。临行前，诸葛亮再三嘱咐马谡："街亭虽小，关系重大。它是通往汉中的咽喉。如果失掉街亭，我军必败。"并具体指示让他"靠山近水安营扎寨，谨慎小心，不得有误。"

马谡到达街亭后，不按诸葛亮的指令依山傍水部署兵力，却骄傲轻敌，自作主张地想将大军部署在远离水源的街亭山上。当时，副将王平提出："街亭一无水源，二无粮道，若魏军围困街亭，切断水源，断绝粮道，蜀军则不战自溃。请主将遵令履法，依山傍水，巧布精兵。"马谡不但不听劝阻，反而自信地说："马谡通晓兵法，世人皆知，连丞相有时得请教于我，而你王平生长戎旅，手不能书，知何兵法？"接着又洋洋自得地说："居高临下，势如破竹，置之死地而后生，这是兵家常识，我将大军布于山上，使之绝无反顾，这正是制胜之秘诀。"王平再次谏阻："如此布兵危险。"马谡见王平不服，便火冒三丈说："丞相委任我为主将，部队指挥我负全责。如若兵败，我甘愿革职斩首，绝不怨怒于你。"王平再次义正词严："我对主将负责，对丞相负责，对后主负责，对蜀国百姓负责。最后恳请你遵循丞相指令，依山傍水布兵。"马谡固执己见，将大军布于山上。

魏明帝曹睿得知了蜀将马谡占领街亭，立即派骁勇善战，曾多次与蜀军交锋的曹魏名将张郃领兵抗击，张郃进军街亭，侦察到马谡舍水上山，心中大喜，立即挥兵切断水源，掐断粮道，将马谡部队围困于山上，然后纵火烧山。蜀军饥渴难忍，军心涣散，不战自乱。结果，张命令乘势进攻，蜀军大败。马谡失守街亭，战局骤变，迫使诸葛亮退回汉中。

诸葛亮上奏后主刘禅说"我以弱才，幸得君主的信任，得以统帅三军。由于我治军法度不严，做事不够谨慎，以致出现了街亭失守的败局。这个责任，在于我知人不够，用人不当，因此我情愿自降三级，以督察我的过错。"

二、提升职业责任感

每个人根据自己所从事的职业，做自己应该做的事，完成自己应担负的工作，那么国家就会和谐，个人就会实现幸福。哲学家柏拉图也提到，只要社会上从事各种职业的人各尽其责、各司其职，就会出现正义的社会。职业职责是每一个人应尽的义务，任何职业工作者都必须认真履行自己的职责。持久而良好的职业职责是职业工作者最起码的品格。职业责任感是职业人的第一素质。不管从事什么职业，缺乏职业责任感的后果都是非常严重的。在校大学生可以从以下几个方面提高自己的职业责任感。

（一）强化思想意识

作为当代大学生，强化思想道德意识是必修的课程。每个人的道德觉悟和水平因政治因素、经济状况和文化素养的影响都不同。但是责任心是国家对每名公民、社会对每位成员、企业对每名员工共同的道德要求。构建好思想道德意识是提升职业责任感的根基，是衡量一个人思想道德品质的一个重要尺度。

（二）培养责任意识

就即将步入社会的大学生而言，在责任意识方面存在一定的弱化和缺失，主要表现为：自我意识浓重，个人责任淡化；公德和纪律意识低下，角色责任弱化；个人责任与社会责任错位。其原因如下：一是受不良社会风气的影响。二是德育教育的不足导致学生责任意识缺失。三是家庭教育的疏离是造成学生责任意识缺失的重要因素。四是大学生心理发展的矛盾是形成其责任意识缺失的关键因素。因此，在进入职场前，大学生必须明确责任，明确职业责任，有效培养和提升职业责任意识。

案例4-13

自由撰稿人的职业责任

Burgess是位自由撰稿人，一直都用自己的文字来赚钱。一次，一个公司要他写一个宣传集，并要求赶在星期六的大型企业展览会之前完成。资料和相关图片都是现成的，他只要整理并润色一下就可以了，这对于Burgess来说并不是什么难事，于是他就轻松地答应了。

可是，就在他答应给这家公司写集子的第二天，家里忽然来电话说父亲病重，要他赶快回去。Burgess刚刚把资料看完，还没开始整理，图片也没看，可他最敬重的父亲得了病，必须得回去。怎么办，Burgess急得像热锅上的蚂蚁。

冷静下来，他想：现在要工作推掉不太现实，人家哪还有时间再找一个人写了。再说，我已经答应人家了，肯定不能失信于人。要不，我订一张软卧票，争取在火车上把工作完成。

想出办法后，Burgess就心定了。他收拾好行李，把这家公司的所有资料都带上了。在火车上，他再次把资料都看了一遍，然后整理，修改，润色，等弄到自己满意，天都已经蒙蒙亮，自己也只能趴着休息一会儿。

回到家，第一件事就是把整理好的宣传集发给对方公司，然后才去医院照顾自己的老父亲，在医院，Burgess接到那家公司的电话，说对写的宣传集非常满意，以后会有更多的工作给他。

Burgess为了不失信于客户，自己在火车上完成了宣传集，得到客户的认可。这份对自己信誉度的维持，值得我们每个人学习。

（三）提高主动性

职业责任感的形成与工作的主动性是相辅相成、辩证统一的关系，责任感是主动性的内在基础，主动性是责任感的外在表现，责任感因为主动性而起作用。作为一个有高度责任感的职业人，实现自己的理想和自身价值才是最主要的。当我们对工作充满强烈的责任感时，我们就得更主动地从中学习行业知识，培养对这份工作的兴趣，同时也有了更加饱满的工作热情。只有抱着这种价值观，才会真正激发起我们的职业责任感，在工作中自觉发挥主动性，更好地挖掘自身潜力，以更积极、更强烈的工作热情投入工作。只有这样，才可能在工作中不断取得进步，收获成功。

（四）认真做事

工作责任感的强烈与否，体现了一个人工作态度的好坏。态度决定一切，是尽自己最大的努力去完成任务，还是随便敷衍了事，这一点，也正是事业成功者和事业不成功者的分水岭，有人说成功的人的品质都是一样的，而不成功的人却是各有各的不同。一个人是否可靠，是否可以托付，是通过一件件事情的完成来感觉和判断的。弄虚作假，早晚会被察觉，因为虚假的事情，无法自圆其说。比如在公交车上的司售人员，能把行车所载的乘客安全送达并做到几年如一日，在拥挤的城市中穿梭，在复杂的路面上平稳安全的行驶。责任感从一朝一夕到年复一年地践行着，事实证明强烈的责任感虽然不能使我们的工作由平凡变为高尚，但它能提升我们的工作能力和工作品质。

（五）勇于担当

在日常工作中，企业判断员工有无责任意识的一个标准就是员工是否会为工作未达到目标而找借口。工作中，一旦没有达到预期目标，找借口不仅于事无补，反而会分散精力、浪费时间，养成推脱责任、散漫慵懒的工作作风。但凡成功的人，都是敢于承担责任、从来不找任何借口的人。勇于担当就是要有魄力解决敢不敢的问题。在大事难事面前不回避，在大是大非面前要勇于担当、知难而进、攻坚克难，积极作为。作为大学生，更应自觉强化责任意识、进取意识，敢闯敢试、敢抓敢管、敢作敢为。敢担当体现的是一种勇气，面对矛盾敢于迎难而上，面对危机敢于挺身而出，面对失误敢于承担责任。

案例4-14

勇于担当，善于作为，向时代楷模致敬

中华民族全面建成小康社会，和千千万万个奋战在脱贫攻坚战中的"时代楷模"密不可分。正是有了时代楷模邱军这样的驻村帮扶力量，在脱贫攻坚战的关键时刻，挺身而出，竭尽全力，才有了全面建成小康社会的如期完胜。

脱贫攻坚战是一场硬仗，尤需钢铁战士浴血奋战。作为中国化学工程集团所属东华科技股份有限公司项目管理部党支部书记、副主任的邱军，在脱贫攻坚战进入攻城拔寨的关键时刻，他积极响应党中央号召，坚持扶贫、扶志扶智相结合，千方百计引进扶贫项目、因地制

宜发展特色产业，推动华池县整体脱贫，受到当地干部群众广泛赞誉，把年仅39岁的生命献给了华池这片红色热土，为脱贫攻坚贡献了热血和生命。新征程，多一些这样的年轻力量为新时代贡献力量，小康成果才会更加牢固。

巩固来之不易的全面小康果实，需要邱军等科技力量为全面小康社会建设注入活力生机，更需要孙美丽这样的土生土长的农村党员干部。生前系福建省霞浦县松山街道古县村党支部书记的孙美丽，她17年如一日扎根农村基层，时刻把群众安危冷暖放在心上，任劳任怨、苦干实干，不断增强基层党组织凝聚力，大力发展乡村集体经济，着力解决群众急难愁盼的具体问题，带领群众把落后的古县村建设成为美丽乡村，被当地村民视为知心人、贴心人、领路人。2021年8月6日，在防抗台风工作中，为保护群众财产安全，不幸因公殉职，年仅44岁。多一些这样的力量，全面小康建设社会成果才会更加向着新高度迈进！党史教育才会更有突破，党心民心才会更加紧密相连！

向"时代楷模"邱军、孙丽美学习致敬！他们燃尽芳华、奉献老区；扎根基层、不怕牺牲，他们是忠实践行习近平新时代中国特色社会主义思想的光辉榜样，是奋力担当作为的优秀党员干部代表。我们要以"时代楷模"为榜样，从英雄模范身上汲取奋进力量，自觉用伟大建党精神滋养党性修养、坚定理想信念、筑牢初心使命。

向"时代楷模"邱军、孙丽美学习致敬！每个青年都要自觉发扬光荣传统、赓续红色血脉，努力把学习党史和推动工作结合起来，明理增信、崇德力行，用心用情用力努力践行社会主义核心价值观，努力做出无愧于党和人民、无愧于历史的新业绩！

（六）享受过程和结果

对大部分企业来说，能够做事情，有结果的员工才是好员工。做负责任的好员工，至少干得要比说得漂亮，做得比答应得精彩。把结果带回来，做一名负责任的员工，这是走向事业成功的前提。失败有一千种理由，但成功却只有一种方法：做任何事情都出结果。有人说："过程比结果重要。"每个人都期待一个好的结果，都渴望自己成为学霸，都不希望自己甘于人后。特别是成绩不好的学生，每天看书刷题刷到半夜鏖战三更，殚精竭虑地想取得好成绩。人一旦急功近利、急于求成就容易失去对未来的正确规划，成功还好；一旦失败了就容易把失败的问题和原因归责于外界环境和周围的人，就容易忽视自身存在的短板和不足，缺乏对成功的正确理解和认识，结果陷入一个恶性循环——越想考好越考不好，越考不好就越急躁以至于到最后一败涂地。

重视过程，让自己在每一次学习、每一次考试中发现自己的短板和不足，为自己下一步的调整和改变提供目标和方向。就像古代寓言里面说的那样，故不积跬步无以至千里，故不积小流无以成江海。如果说重视结果是人之常情，那么重视过程才是真正指引你走向成功的智慧结晶。

（七）履行承诺

古语一诺千金，一个人应当信守承诺，无论是在生活中还是工作中，这是一条永恒不变的道德法则。有一颗坚守承诺的责任心，花费再大的努力也要把任务完成好，这就是维护自己职业信誉度的最佳体现。职业信誉度可以简单地理解为职业信用，公司的员工做某一件事时，在职业规范要求的基础上，在履行工作行为的过程中表现出来的有关职业技能、职业道德和各方面素质的综合记录和评估，是对一个员工的综合评价。在职场中，没有人会一直盯着我们的工作，我们只有靠自己的责任感来保证，将工作完成得更有质量。在职场同事眼中，一个人有责任感，就是表示这个人值得信任，这个人的职业信誉度高，那么他得到的机会相对也比其他人多得多。在职场中，较高的职业信誉度是我们在职场上的通行证。

案例总结

钟南山的无座车票

  2020年3月18日，钟南山院士奔波劳碌的身影，出现在广州市疫情防控新闻通气会上。在通气会现场，有张车票"惊喜"亮相。这张起点和终点分别是广州南站、武汉站，票价465.5元的无座二等动车票，是84岁的钟南山院士临危受命，于1月18日，紧急"逆行"武汉的车票。

  那天是星期六，钟南山从深圳抢救完相关病例坐高铁于下午刚回到广州，就接到通知赶去武汉。当天航班已无机票，高铁票也非常紧张，钟老明白，疫情就是命令，时间就是生命，因为祖国需要、人民需要、疫情需要，哪怕半夜抵达也一刻不能延迟。就是这张无座动车票，将他从广州带到了武汉，两天之后，钟南山院士作出科学、精准的判断，发出了全国抗击新冠肺炎病毒的警报，为改变疫情局面，扭转事态的发展起到关键作用。

  这张"无座车票"，写满了责任感、使命感、紧迫感，展现着乘车人向危险逆行的坚定决心，体现出其高尚的品格和勇于担当精神，让我们看到了一个科学家浓浓的家国情怀和义无反顾的信念。

  这张让人动容的车票，更是一个见证和缩影。新冠肺炎疫情发生以来，我们打了一场异常艰辛的仗，从钟南山一张小小的无座车票，到医护人员那些让人心疼的勒痕、关卡值勤干警蹲在路边吃饭的情景、社区人员风雪天抗疫工作场面、请战书上的红手印……从上海市新冠肺炎医疗救治专家组组长张文宏"共产党员跟我上"，到贵州省铜仁市江口县纪检干部杨荣最后留下的遗言"坚守岗位，疫情不退我不退"、身患渐冻症的武汉金银潭医院院长张定宇"我要用渐冻的生命，从病毒手里抢回更多的病人"……抗疫战场中每个不平凡的小细节，都见证了可歌可泣的感人故事。疫情期间，广大党员干部、医护人员、公安干警、社区人员、志愿者，奋战在抗疫的最前线，以使命践行担当，以行动诠释责任。

  岁月静好，山河无恙，皆因有人负重"逆行"。正是这些新时代"逆行英雄"们视死如归、挺身而出的无畏精神和无私付出，汇集成震撼人心的坚强力量；正是他们用英雄壮举，筑起了铁的长城，守护着我们的平安。从他们身上，我们看到了强烈的使命担当，看到了坚定坚守的精神力量，看到了战胜疫情的希望和信心。

第四节 提升职业素养

刘传建机长：曾是战机飞行员 是一名真正的军人

2018年5月14日，川航3U8633重庆至拉萨航班执行航班任务时，在万米高空突然发生驾驶舱风挡玻璃爆裂脱落、座舱释压的紧急状况，这是一种极端而罕见的险情。生死关头，刘传健果断应对，带领机组成员临危不乱、正确处置，确保了机上119名旅客生命安全。

刘传建毕业于空军第二轰炸学校，这所学校十分出名，是建国时创办的，寄托着老一辈开国元勋对中国空军的殷殷嘱托。

毕业后，刘传建担任过战斗机飞行员，后来成为空军第二飞行学院的教官。为国家培养了很多出类拔尖的蓝天雄鹰。

现役的很多空军飞行员，都是刘传建的学生，他们依然在为我国的国防事业而奋斗。

2006年刘传建转业来到了川航工作，成为一名民航飞行员。这对他来说是老本行了，当然客机不同于战机，所以这对刘传建来说也是一项新的考验。

作为一名军人，刘传建有着过人的胆识。同时他还是一名飞行员教官，肯定拥有着丰富的驾驶经验。这次的飞机玻璃破碎事故，他当军人时就演练过好几次。

但是这次的事故不同于演练，因为此次川航的挡风玻璃是全部破碎了，副驾驶员直接被大风抽了出去，半边身体在窗外悬挂。好在有安全带保护，否则人可能就没了。

那当时驾驶室是怎样的环境呢？挡风玻璃破碎，内部压力突然发生骤变，这对飞行员的耳膜造成了很大的伤害。

同时飞行高度在32 000英尺（1英尺＝0.304 8米），气温在零下40摄氏度左右，平时气温低于0摄氏度，河水就结冰了，很多人也都披上了羽绒服。而刘传建只穿了一件白衬衫，可想而知当时有多冷，下来的时候机长的手都已经冻僵了。

更危险的是，驾驶室的仪表设备被大风掀翻，噪声极大，多数无线设备全部失灵，只能依靠目视水平仪来进行操作飞机。

无法确定航向和迫降的位置，这对飞行员来说是极大的考验。在向地面发出"7700"指令后，机长刘传建立刻调转方向，紧急迫降。

为了避免机组成员受到进一步的伤害，刘传建必须先减速然后迫降，在迫降过程中，刘传建的听觉是完全失灵的，他完全靠自己的毅力在掌握方向杆。

这对于很多人来说不可能的事情，刘传建最后还是做到了。跟黄继光、董存瑞这些英雄一样，我们不能用常人的眼光去质疑他们，因为他们是军人。

最后飞机成功迫降，除了副机长和一位空姐受到了伤害，其余人等全部安然无事。最后请记住刘传建机长，同时也记住川航3U8633航班的机组人员，是你们的临危不乱，挽救了100多条人命。

习总书记专门邀请四川航空"中国民航英雄机组"全体成员参加庆祝中华人民共和国成立69周年招待会，并在人民大会堂亲切会见他们，评价他们说："我很感动，为你们感到骄傲。授予你们'英雄机组''英雄机长'的光荣称号，是当之无愧的。"刘传健在接受采访时，表示："我觉得只要在平凡的岗位上做出不平凡的工作，都是英雄。"

> **名言警句**
>
> 如果我们生活的条件容许我们选择任何一种职业，那么我们就可以选择一种建立在我们深信其正确的思想上的职业；选择一种能给我们提供广阔场所为人类进行活动，接近共同目标即完美境地的职业。
>
> ——马克思

一、职场

（一）职场

职场是指一切开展职业活动的场所。广义上还包含与工作相关的环境、场所、人和事以及与职业相关的社会生活活动、人际关系等。

（二）职场的关键要素

职业定位就是一个人能够清晰地明确在职业上的发展方向，它是人在整个生涯发展历程中的战略性问题，也是根本性问题。职业定位应包含有三层含义：一是确定自己是谁，自己适合做什么工作；二是告诉别人自己是谁，自己擅长做什么工作；三是根据自己的爱好、特长、能力以及个性将自己放在一个合适的工作（生活）岗位上。职业定位是自我定位和社会定位的统一，是一个动态过程，需结合个人职业生涯的不同阶段不断作出相应调整。

大学生的职业定位受就业意识形态所支配，是大学生价值观的重要组成部分。而就业意识的核心是就业动机，大学生的就业动机总是从一定的动机出发并指向一定的目标。谋生型、创业型和贡献型三种就业动机影响着大学生的职业定位。

职业素质是社会工作者对职业了解与适应能力的一种综合体现，主要表现为职业兴趣、职业个性、职业能力及职业情况等方面。职业素质受教育程度、实践经验、社会环境、工作经历以及个人基本情况（如身体状况等）的影响。职业素质是人才选用的第一标准。工作者能够顺利适应职场环境，取得职场成就，很大程度上取决于个人的职业素质。职业素质越高的人，获得成功的机会就越多。

职业意识即主人翁意识，是职场工作者对职业的认知、意向及所持的观点，是正确认识和把握社会需求对自己进行正确社会定位的思维能力。工作者对自己未来所从事的职业，有明确的追求和全面、清醒的认识，包括职业的就业现状、发展前景等。职业意识能够为人们指明方向，成为人们以某一特定职业去为人类和社会进步服务的内在精神支柱。

职业规划是职业工作者对职业生涯乃至人生进行持续的系统的计划的过程。初入职场时，有效地职业规划可使个人认清自身发展的进程和事业目标，积累相关的工作经验，准确充分地利用好相关机会与资源，指引自我不断进步与完善，可作为选择职业与承担任务的依据。职业规划能够准确评价个人强项，评估个人目标和现状的差距，从而提供奋斗的策略，增强职业竞争力。

职业发展是进行职业生涯规划的基础条件之一，是致力于个人职业道路的探索、建立以及取得成功和成就的终身的职业活动。职业发展是在自己选定的领域里，在自己能力所及的范围内，成为最好的专家，即在某一领域有深入和广泛的经验，对该领域有深刻而独到的认知的人。

二、职业人

职业人是具备较强的专业知识、技能和素质，通过社会分工，为社会创造物质财富和精神财富，并获取相应报酬，在满足物质需求和精神需求的同时实现自我价值最大化的一类职场人士。

作为一个合格的职业人，要有较强的责任感和较高的职业道德素养。在工作中自觉遵守公司的规章制度，应带头执行公司决议，自觉维护企业的形象。

作为一个合格的职业人，要有责任和诚实，这是职业人可贵的品性。做一个合格的职业人，就是有责任有担当。只有对自己负责的职业人，才能对生活、工作和社会负责。当获得成功时，会不自满，会将成功作为新的起点；遭到挫折失败时，会不灰心、不气馁，从失败中去寻找教训，继续奋斗，直到成功。因此，责任是积极、主动、热情之源。一个诚实的人，会勇于面对自己的过失，不会为一己之利而损害公司的利益。

作为一个合格的职业人，要不断自我学习，提高工作效率。职业人不是燃烧的蜡烛，而是蓄电池，不断地给自己充电，也不断地释放能量。职业人的自我学习是提高自己综合素质的基础。更要学会思考，思考可以产生力量，只有客观分析才能有准确的判断力。在平时工作中努力学习，不断总结经验与教训，坚持批评与自我批评，不怕苦，不怕累，刻苦钻研，攻克难关，善于思考、分析和解决问题。

作为一个合格的职业人，要适应不同的环境，要有及时处理突发事件的能力。作为职场人，当工作环境改变，就需要迅速地调整好自己，适应新的环境，以新的思维方式和心态面对新的环境。作为一个职业人，要善于总结生活中的经验教训，培养独立思考能力和独立运作能力。

案例 4-15

够不到的黑板擦

一位矮个子的英语教师姓徐，一次进入课堂教学之前，从窗户外看见一个高个子顽皮的男生故意快速地把黑板擦放在黑板上沿，让徐老师上课时够不着，出洋相。徐老师明白这位学生的用意，一开始很生气，她真想狠狠教训他一顿，让这位男生知道要尊重老师。然而，这时她的耳边猛地响起加里宁的声音："一个教师必须好好检点自己，他的一举一动都处在最严格的监督之下……孩子们几十双眼睛盯着他"。想到这里，她控制情绪，平静下来。不动声色，走进教室，踏上讲台，转身在黑板上写了昨天同学们作业中出现的错误，面带微笑喊那位男生上黑板改错。这位男生立即意识到自己的错误，趁改错时，顺便把黑板擦拿下来，徐老师对他的改错题进行了评价，答案是正确的，并表扬了这位男生，然后以抑扬顿挫的语调开始讲述她早就准备好的内容。课后这位男生向徐老师道了歉。就这样一场风波还没有掀起就平息下去了。

作为一个合格的职业人，要有创新意识。知识经济时代，就是创新的时代。不断发展的企业，在每一个阶段，都是创新的过程，唯有不断创新，才能保持其可持续发展能力。作为一个合格的职业人，应不断地用创新的、发展的观念来看待问题，对发展过程中可能出现的问题，及早地进行研究，拿出对策方案。社会是进步的，前进的步伐是挡不住的。在这个机遇与挑战并存的时代，我们只有调整心态，顺应时代需要，完成从一名员工到合格职业人之间的转变，伴随社会共同成长。

案例 4–16

"老纪检"用创新之剑保护权力在阳光下运行

"聆听了习总书记的讲话，我深受鼓舞，倍感压力。未来将更加严肃惩腐，把清理社会'毒瘤'作为主要职责，以零容忍的态度与腐败现象作斗争。"江苏省宿迁市宿城区纪委副书记、监察局局长徐保明说。

徐保明是个"老纪检"了，在18年的工作中，他凭着对党、对纪检工作的无限忠诚，始终战斗在江苏省宿迁市宿城区纪检监察一线，奉献在基层，秉公执纪，忠贞爱民，不徇私情，多次被评为优秀公务员、先进工作者和信访工作先进个人。

2011年6月，徐保明被中央纪委监察部、人社部联合表彰为"全国纪检监察系统先进工作者"；2015年4月，被党中央、国务院授予"全国先进工作者"荣誉称号。

徐保明善于思考、注重创新，积极探索反腐倡廉的有效机制。"要用制度保护干部，用创新之剑保护权力在阳光下运行。"近年来，徐保明牵头制定的"证人证言收集实施办法"，使案件查办取证环节更加规范。他创新运用信访"五库"科学化管理办法，提高问题线索利用率和转化率。2012年以来，参与或组织办案275件，移交司法机关26人，追缴违纪款近千万元，挽回经济损失2 000余万元。

不冤枉一个好人，但绝不放过一个腐败分子是他的办案底线，为他赢得了一些特殊的"朋友"。被留党察看处理的沈某曾对他说："你办案讲事实、重证据，秉公执法，真诚待人，俺心服口服，俺敬重你。"每逢节日，沈某都会给徐保明发短信祝贺，俨然把他当成了好朋友。

这些特殊的朋友也为他办案打开了局面，"我的事给您添麻烦了，如果你们审案需要，我愿现身劝说那些拒不交代的人走从宽之路。"这是一名被他查处过的人发来的短信。这样的短信非常多，更多是饱含悔恨之意、感激之情。

三、职业能力

职业能力是履行职业责任的基础，也是提高工作质量的关键。显然，各行各业的劳动者要想为社会提供优质服务，都需要努力提高职业技能，并在工作中精益求精。那么，职业能力究竟是什么？大学生应该如何提升职业能力？

（一）职业能力的概念

职业能力是个人多种能力的总称，是一个人完成工作任务、从事与职业相关的活动所必备的本领。例如，一位企业家除了要具备企业管理能力，还要拥有决策能力、识人用人能力、社交能力和表达能力等。职业能力决定着一个人能否胜任工作以及进入工作状态的快慢。与职业相关的能力可以划分为以下三个层次。

1. 一般职业能力

一般职业能力是指与各种岗位和各种职业有关的共同能力，适用于广泛的职业活动，能满足多种职业的需求。一般职业能力通常与人的思维、感知和意识紧密联系在一起，具有抽象性，如观察能力、记忆能力和思维能力等都属于一般职业能力。简单概括，我们可以把一般职业能力等同于人的智力。

2. 专业职业能力

专业职业能力是职业能力中的核心能力，指个人从事某个具体的职业时必须具备的能力。如今社会职业分工程度越来越细，一般职业能力越来越难以满足精细化工作的需要，这就要求人们具有更高水平的专业技能，尤其对于专业技术岗位，扎实的专业基础是最重要的。比如，工程师必须掌握工程经济、工程法规和工程管理实务等相关专业知识与技能。大学生应该提高自己对专业知识的重视程度，稳扎稳打地学好专业基础知识，并时刻关注与专业相关的最新动态。

3. 特殊职业能力

特殊职业能力是指在具备专业职业能力的基础上，能够通过一些方法提高职业活动的效率和质量的能力。国外学者通常把这种对职业活动产生积极影响甚至举足轻重作用的特殊能力，称为关键能力。特殊职业能力又可分为方法能力和社会能力。

（二）大学生职业能力的发展特点

大学生由于还未真正进入职场，自身的职业能力还在进一步的提升进步中，但其基本雏形已经形成。大学生职业能力的发展具有以下三个特点。

（1）基础性。大学生在校期间，一般以发展专业职业能力和一般职业能力为主。专业职业能力主要通过学习专业课程并进行教学实践（如考试和写论文等方式）而得以发展。一般职业能力的发展则贯穿整个学习生活，如对学识问题的探讨、进行辩论比赛、阅读好的书籍，这些都有助于一般职业能力的培养。

（2）延伸性。大学生在校内外参与各种实践活动，不可避免地要和他人进行接触、沟通与协调，从而不断提高自身的语言表达能力、人际交往能力和组织协调能力等，发展和提升自身的特殊职业能力，使自己的职业能力具有延伸性。

（3）潜能性。虽然一部分大学生参与了各种校内外实践，但由于时间短、活动繁多零碎，不能形成系统、完整的职业活动，因此有很多潜在的职业能力还未被发现。

（三）大学生提高职业能力的方法

随着社会工作对专业化和精细化要求的提升，社会上出现了许多跨专业的行业。对即将步入社会的大学生来说，他们有必要增强自身的职业能力来增加就业竞争优势。了解了大学生群体的职业能力特点后，大学生应思考如何针对这些特点并结合自身条件，来培养和增强自己的职业能力。下面提出五点建议供大学生思考。

（1）认真学习专业知识。专业知识的积累能为自己的知识储备奠定坚实的基础。

（2）规划职业生涯发展。大学生可以根据规划中对职业能力的需求来有针对性地对自身能力进行培养和提高。

（3）参加职业培训。通过参加职业培训，大学生可以快速、容易地获取有关职业能力方面的知识，可以在培训老师的指导下有规划地对自身职业能力进行培养和提高。

（4）多进行反思总结。大学生要将在学校学到的知识与在社会实践中的所学相结合，并在二者之间不断反思总结，以获得对提升自己职业能力有用的经验。

（5）勇于实践和创新。大学生要从实际出发，做实干者，在实干中总结经验教训、认识规律，只有这样才能在实践中创新，并将创新成果发扬光大。

四、职业道德修养

所谓修养，是指人们为了在科学文化知识、艺术、思想等方面达到一定水平，培养高尚的品质和正确的待人处世态度，所进行的自我教育、自我改善和自我提高的活动过程。人的一生是一个不断修养的过程，修养是人们提升个人的人生境界必不可少的手段。提高职业道德修养则是指职场人士按照职业规范，在职业活动中进行自我教育、自我改善和自我提高，形成良好的职业道德品质并达到一定的职业道德境界。

那么我们应该怎么提高职业道德修养呢？

（一）树立正确的人生观

人生观是指人们对人生的根本看法和态度，包括对人生目的、人生价值和人生意义的基本看法和态度，它决定着人们实践活动的目标和人生道路的方向，也决定着人们行为选择的价值取向和对待生活的态度。树立正确的人生观是提高职业道德修养的前提。在现实生活中，每个人对人生都有自己的根本看法和态度。例如，有的人认为人活着就是为了享乐；有的人则认为人生在世对他人和社会要有所担当。因此，不同的人生观会从根本上影响一个人职业道德修养的层次。人们只有树立正确的人生观，才能在职业活动中自觉地提高道德修养，形成良好的职业道德。

（二）从日常生活的细微处做起

我国战国时期的思想家荀子曾说："积土成山，风土兴焉；积水成渊，蛟龙生焉；积善成德，而神明自得，圣心备焉。故不积跬步，无以至千里；不积小流，无以成江河。"优良的职业道德品质不是一夜之间能够养成的，是日积月累逐步培养起来的，是一个"积小善为大善"的修养过程。因此，我们要从日常生活的具体事情做起，在细微处下功夫。既要从点滴小事入手，培养自己良好的行为习惯，又要防微杜渐，随时克服和纠正自己不道德的思想和行为。

（三）在社会实践活动中提高修养

参加社会实践，在实践活动中进行自我教育、自我改善和自我提高，是形成良好的职业道德品质并达到一定的职业道德境界的基本方法。作为大学生，为了不使提升职业道德修养成为一句空话，就要把职业道德品质的培养渗透到平时的实践活动中去。只有在实践活动中，大学生才能更加清楚地认识到哪些行为习惯符合职业道德规范的要求，哪些行为习惯有悖于职业道德规范的要求。

（四）接受批评与自我批评

提高职业道德修养需要接受批评与自我批评。

首先，在提高职业道德修养的过程中，我们要正确对待批评。人非圣贤，孰能无过。对于自己在实际工作中的缺点或错误，我们自己不易察觉，即便能察觉，也不一定有深刻的认识；而有了别人的批评帮助后，我们就可以提高自己的认识。因此，虚心接受别人的批评是个人成长进步不可缺少的条件。

其次，在提高职业道德修养的过程中，我们需要自我批评。提高职业道德修养讲究个人自觉性，它是一个人头脑中进行的两种不同思想的斗争。形象地说，就是"内省"，自己与自己作斗争。一个严于律己的人往往能依据职业道德规范，自己进行反省和检讨，严于剖析自己，勇于自我批评。我们只有正确开展自我批评，才能充分发挥思想道德正确方面的主导作用，认真检查自己的一切言论和行动，改正一切不符合职业道德的行为，不断提高自己的职业道德水平。

五、劳动素养

（一）劳动素养的内涵

素养是人在解决复杂问题时一种不可预测的高级能力，是一种习惯、准备，素养不等于知识、技能或某种能力或品质，而是对知识、技能、情感、态度、价值观等各个方面能力的要求，是个体适应社会的基本保障。

劳动素养是对劳动的某种特殊的素质修养，是对劳动心态和劳动技能的综合概括。劳动素养包括劳动意识、劳动价值取向、劳动精神、劳动能力以及知识储备和创新精神等内容。它是衡量劳动者者能否胜任工作最根本、最直接的指标。

劳动素养是劳动者在劳动活动中逐渐形成的与劳动者匹配的综合性劳动技能的综合体现，是衡量劳动者能否胜任各种劳动工作的最根本、最直接、最重要的综合指标。

高职院校大学生的劳动素养是指学生的劳动观念、劳动能力、劳动精神、劳动习惯和品质。学校劳动教育的实施也是针对学生劳动素养的培养进行的。劳动素养的培养与提升离不开劳动教育，反过来，劳动教育又是培养与提升劳动素养的主要方式和途径。

高职院校的劳动教育应与专业教学、专业技能相结合，开设具有不同专业特色的劳动教育内容，将劳动内容嵌入专业课程中，培养学生热爱劳动、甘于奉献的劳动精神，从而实现立德、增智、强体、育美的全面育人价值。

大学生劳动素养的培养还需要与我国优良的劳动传统有机结合起来。学生要了解先辈的伟大智慧，学校要利用好传统的劳动、工艺的育人功能。

（二）提升劳动素养的意义

劳动者素质对一个国家、一个民族而言至关重要。我国是世界上人力资源最丰富的国家,但由于劳动者的整体素养还有待提高,人力资源的数量优势还没有转化为人力资源的现实优势。因此,加强人力资源开发、提升劳动素养,已经成为事关我国经济发展后劲和国际竞争力的一项重大而紧迫的任务。现阶段,培养高素养人才、全面提升劳动者的工作能力和工作水平,已经成为促进一个企业乃至一个国家快速健康发展的重要手段。认真分析总结提升劳动素养的方法,对我们科学高效地提升劳动素养有重要的指导意义。

高素养的劳动力,有助于提高劳动生产率和资本利用率,可以最大限度地吸收和组合各种生产要素以弥补资源的匮乏。尤其是在科技高度发达的今天,人们更多依靠脑力劳动而不是体力劳动来创造财富。人力资源是否具有优势不再单纯地取决于人力资源数量的多少,而更偏重人口质量的高低,也就是劳动素养的高低。

劳动者是社会可持续发展不可缺少的力量。绿水青山就是金山银山,节约能源、保护环境既关系到全民族的切身利益,也关系到整个社会的生存发展。劳动者是企业经济效益的创造者,高素质的劳动者,可助力企业全面节约能源资源,保护生态环境,使国家能源可持续发展,这正是当前的迫切需要和社会发展方向。

高素质的劳动力是实现现代化强国建设的内在需要。高职院校大力传播劳动知识、弘扬劳动精神、宣传劳动思想、广泛开展劳动教育活动,可以推进劳动者的文化素养和劳动素养。劳动者素质提高了,国家劳动服务能力也会随之增强,这将对建设社会主义现代化强国的目标打下良好基础。

(三) 提升劳动素养的途径

加强理论学习,培养劳动品德。加强高职院校的劳动教育是培养德智体美劳全面发展的社会主义建设者的有效途径。高职院校弘扬工匠精神和贯彻工学一体教育理念的内在要求,是培养高素质人才的内在要求。

通过劳动教育学习,在校大学生在日常的学习生活中可以形成尊重劳动的价值观念;通过劳动教育学习,学生可以将"劳动最光荣、劳动最崇高、劳动最伟大、劳动最美丽"的观念内化于心、外化于行。通过劳动教育学习,学生可以加深对劳动的认知,增强对劳动的情感,最终树立正确的劳动观念

加强劳动技能学习,用系统的科学知识为劳动素养的提升奠定坚实的基础。高职院校大学生毕业后,面临的就是就业和步入社会,为了更好地适应职场生活,高职院校大学生务必在在校期间重视对劳动技能的学习和训练。

高职院校大学生要主动加强劳动实践锻炼,养成良好的劳动习惯,积极参加家庭劳动、学校组织的劳动教育和劳动锻炼,并积极寻找社会劳动、公益实践、勤工助学、假期工作等劳动机会,在劳动过程中训练劳动技能。高职院校大学生应当在学校的倡导下,紧扣所学专业,整合家庭、社区等资源、开辟劳动实践基地,通过多种方式积极开展劳动实践锻炼。

学习劳模精神,提高自身劳动意识。弘扬劳动精神、劳模精神、工匠精神,实现劳动教育与校园文化建设相结合,是学生加深认识的有效方法。通过主动向劳动模范学习,参加学校开展的关于零距离和劳模接触、聆听劳模背后的故事,感受劳模的力量等活动,从而产生热爱劳动的情感,虚心向身边及社会中具有劳模精神的先进榜样学习,进行及时反思。

大学生在校园生活和日常自我管理中培养劳动素养,要坚持在校园生活中、日常自我管理中培养自身的劳动素养。

劳动意识的提升在日常，如果大学生平时在家不劳动，在外面更不会有劳动的意识。所以要从小事做起，从家务做起，增强自身的劳动意识，培养勤劳的良好习惯。

案例总结

清澈的心，只为中国

"清澈的心，只为中国"这是"00后"战士陈祥榕写下的战斗誓言，勇敢的陈祥榕为了领土的安全，为了大好河山，在与外敌的战斗中最终不幸牺牲，陈祥榕用生命谱写和平年代，成为保卫国家的英雄赞歌。

陈祥榕，男，2001年12月生，中共党员，福建省宁德市屏南县甘棠乡下山口村人，生前系陆军某边防团战士。

2020年6月，有关外军再次公然违背与中方达成的协定，越线挑衅。陈祥榕为保卫国土，英勇战斗，光荣牺牲，牺牲时不到19周岁，被南疆军区政治部评为烈士，被中央军委追授一等功。

"清澈的爱，只为中国。"这是陈祥榕18岁入伍时写下的战斗口号，也是他一生的真实写照。

宁德地处闽东，这里的人们崇文尚武，革命战争年代曾经走出一批批忠肝义胆的闽东儿女，也书写了一段段可歌可泣的红色往事。时光流转、初心不改，"00后"陈祥榕用自己的鲜血和生命，续写着"闽东之光"。

"穿上军装的那一刻，他就不再是一个普普通通的公民，身上肩负的是军人的天职，所以我也很为他感到骄傲。"回忆起弟弟参军入伍的情景，陈祥榕的姐姐陈巧钗泪流满面。

在所有亲朋好友眼里，陈祥榕从小就是对家负责、乐观坚强孝顺的孩子。在学生时代，陈祥榕就有参军梦想。

2019年，陈祥榕报名参军。"要去就去最艰苦的地方，到前线去。"他把自己的想法坚定地告诉家人。当得知在新疆的部队能够上前线，他便决定去新疆做一名保卫祖国疆土的卫士。

从福建到新疆，山高路远，家人都舍不得他去。"苦怕什么，去部队不吃苦还要享福？"陈祥榕信念坚定。

参军前有为期一周的集训，当时部队领导说，看集训情况，如能过关，就定兵到新疆去！为此，陈祥榕每日5点便起，绕县环城路跑步一圈，回到家中吃过早饭，再去集训场地参加训练，不敢有丝毫懈怠。

"那些天和弟弟说话，感觉他眼里都有亮闪闪的光。"陈巧钗十分感慨地说，觉得自己的梦想即将实现，他浑身上下都是朝气。

一周集训下来，陈祥榕表现抢眼，从众多新兵中脱颖而出。他到新疆入伍的事情就这样敲定了。

入伍前夕，妈妈叮嘱陈祥榕："要守纪律，刻苦训练。再苦也不能当逃兵，不能给屏南人丢脸。""死也要死在边疆上！"陈祥榕斩钉截铁地回答。

家是国、国是家，家国两相依。陈祥榕将对家的热爱带到了军旅中。入伍后不久，陈祥榕便写下值得我们铭记的一句话——"清澈的爱，只为中国。"当时他的班长问他，你一个

"00后"的新兵，为什么口气这么大。陈祥榕坚定地回答说："班长，这跟年龄没关系，我就是这么想的，也会这么做的。"

当兵入伍之后，面对着残酷的边防战斗，身为新兵的陈祥榕毫不畏惧。

2020年4月以来，有关外军严重违反两国协定协议，蓄意挑起事端。

2020年5月初，外军越线寻衅滋事，老兵李确祥和陈祥榕等紧急前出处置。李确祥问年轻的战友："要上一线了，你怕不怕？"陈祥榕回答："使命所系、义不容辞！"他们赶到前沿后与对手殊死搏斗，坚决逼退越线人员。

陈祥榕在日记中自豪地写道："面对人数远远多于我方的外军，我们不但没有任何一个人退缩，还顶着石头攻击，将他们赶了出去。"

2020年6月，外军再次公然违背与我方达成的协定，越线挑衅，并暴力攻击前去谈判的团长祁发宝和我方几名官兵，蓄意制造了加勒万河谷冲突。

宁洒热血，不失寸土！在忍无可忍的情况下，边防官兵对暴力行径予以坚决回击，陈祥榕作为盾牌手战斗在最前面，毫不畏惧、英勇战斗，直至壮烈牺牲。

雪山回荡英雄气，风雪边关写忠诚。战斗结束清理战场时，有人发现一名战士紧紧趴在营长身上，保持着护住营长的姿势。这名战士，正是陈祥榕，他的生命永远定格在群山耸立的加勒万河谷。

2020年6月30日，陈祥榕烈士的骨灰运回他的家乡屏南，陈祥榕的英魂也将在此永垂不朽！

什么是"清澈的爱"？在和平年代，谁为我们负重前行？

在新时代的好战士陈祥榕身上，我们找到最真实、最确切的答案，这就是新时代劳动者身上的劳动素养。

劳动体验

做一名校园的绿化大使

"文明连着你我他,创建文明靠大家",校园卫生环境需要大家共同来创建和爱护,为此学校组织学生参加校园绿化劳动体验实践活动,具体安排如下。

一、活动名称

做一名校园的绿化大使。

二、活动宗旨

以促进学生素质综合发展为目的,积极开展各种形式的劳动教育,增强学生的劳动意识,培养学生良好的卫生行为习惯,创建洁、净、美的学习、生活环境,努力提高学生的身体素质。

三、活动内容

每个班分为多个劳动小组,每周一至每周五轮流安排各小组在早晨进行卫生劳动,劳动过程中需注意人身安全。主要活动内容如下。

(1) 负责各班教室、门前走廊的卫生,负责由各小组承包的教学楼前后、操场以及绿化带区域的卫生。

(2) 负责各班宿舍内、走廊、楼梯的卫生,负责由各小组承包的宿舍楼前后区域的卫生。

(3) 负责由各小组承包的除教学楼、宿舍楼以外的校内其他建筑前后区域的卫生。

(4) 负责由各小组承包的校外附近的交通路面的卫生。

四、活动要求

1. 教室卫生

(1) 教室及相应的走廊地面保持整洁,无纸屑、无杂物。

(2) 教室及走廊墙面无积灰、无划痕、无印迹。

(3) 门窗无积灰,玻璃明亮干净。

(4) 讲台、课桌椅无积灰,排放整齐。

2. 宿舍卫生

(1) 室内地面清洁,墙壁无乱写、乱画、乱贴现象。

(2) 床上用品与生活用品干净整洁、摆放整齐。

(3) 室内无异味。

(4) 室内及走廊垃圾桶及时清倒,不得有垃圾存放,保持垃圾桶无污垢。

(5) 宿舍及走廊墙面无划痕、无印迹,宣传字画、开关、消防等设施无损坏。

(6) 走廊及楼梯清扫干净。

3. 交通路面卫生

(1) 保证路面无石块等危险物。

(2) 保持路面干净整洁。

(3) 保持路牌标识等公共设施干净清晰、无损坏。

4. 公共区域卫生

（1）保持各区域整洁干净，做到无纸屑、果皮等废弃物。

（2）绿化带无杂物、无损坏。

5. 卫生监督

（1）各小组有义务保证所负责区域的卫生环境良好。若出现未达到要求的情况，需及时安排人员处理。

（2）各小组要对所负责区域的卫生进行监督，可向班级或年级举报相关破坏卫生环境的行为。

五、活动评价

每个小组根据自己小组成员的总体表现进行评价，并针对小组在劳动过程中的不足之处提出改善意见，形成报告并进行汇报。

第五章
保障劳动权益

　　劳动法律制度是规范劳动关系的法律制度。而劳动权益是由劳动法所规定或肯定的，由劳动权利和劳动义务所共同体现和保障的，并由劳动法主体最终享有的利益。近年来，随着《劳动合同法》《就业促进法》《社会保险法》等的相继实施，我国逐渐形成了以《宪法》为依据、《劳动法》为基础、《就业促进法》《劳动合同法》《社会保险法》《劳动争议调解仲裁法》为主干、相关法律法规为配套的劳动保障法律体系。而《劳动合同法》是与大学生的就业息息相关，它以完善劳动合同制度，明确劳动合同双方当事人的权利和义务，保护劳动者的合法权益，构建和发展和谐稳定的劳动关系为目的，值得每个人充分理解并能够灵活运用。

　　大学生在劳动过程中不仅要遵守劳动纪律，还要遵守法律法规。在工作过程中，要懂得保障自己的劳动权益，使自己的合法权益不受侵犯。而顶岗实习作为职业教育人才培养的主导模式，它是高职学生完成学业、走向工作岗位的必经阶段。大学生在实习期间的劳动权益很难得到充分保障，为规范职业院校学生实习工作，维护学生、学校和实习单位的合法权益，提高技术技能人才培养质量，增强学生社会责任感、创新精神和实践能力，更好服务产业转型升级需要，依据《中华人民共和国教育法》《中华人民共和国职业教育法》《中华人民共和国劳动法》《中华人民共和国安全生产法》《中华人民共和国未成年人保护法》《中华人民共和国职业病防治法》及相关法律法规、规章，教育部等八部门制定《职业学校学生实习管理规定》，为维护实习相关各方权益提供依据。

　　本章从劳动法律法规、权利保障两大模块展开。通过学习本章内容能够熟悉相关劳动法律法规，并能运用法律知识解决劳动关系中的实际问题，明确自己在劳工关系和顶岗实习中的权利和义务，维护自身利益，做一个知法、守法、懂法的社会好公民，为今后适应社会职场生活做好充足准备。

名言警句

法律的制定是为了保证每一个人自由发挥自己的才能，而不是为了束缚他的才能。
——罗伯斯庇尔

第一节 合法劳动

 **例引入**

"实习生"入职9个月被辞退，法院判赔20余万元

2019年3月5日，经他人推荐，李某通过面试，入职了某证券公司，当时双方并没有签署劳动合同，但是人力部门与她进行口头约定，每月工资为到手1万元。但是在此之后的9个月，某证券公司一直不与其签署劳动合同，也不给她发工资。

2019年12月25日，某证券公司人力部门以口头告知的方式，告诉李某解除双方实习关系。

法院最后认定，李某与某证券公司存在劳动关系，某证券公司所谓的李某是其"实习生"的说法不能成立，最后法院判决某公司需要向李某支付双倍工资等合计20万元。

关于李某身份，李某在2018年已经毕业，其身份不属于在校大学生，某证券公司现有证据材料不能证明其是实习生。2019年3—12月的工作经历，某证券公司与李某并无异议。李某在上述工作期间，接受所在部门领导安排，从事调研、会议记录、整理数据等工作，这些工作都是属于公司日常事务。李某在上述工作期间，多次与某证券公司的人力部门进行沟通确认，问及何时能够办完入职手续，签署劳动合同。综上，双方成立劳动关系。

法院根据《劳动合同法》的相关规定作出的认定和判决，就其主要原因是某证券公司一直不与李某签署合同，同时支付劳动报酬，甚至在9个月后，将李某辞退。按照《劳动合同法》要求：用人单位自用工之日起超过一个月不满一年未与劳动者订立书面劳动合同的，应当向劳动者每月支付两倍的工资，此时劳动者不同意补订劳动合同的，用人单位还要支付经济补偿。

 名言警句

科学决不能不劳而获，除了汗流满面而外，没有其他获得的方法。热情幻想以整个身心去渴望，都不能代替劳动，世界上没有一种"轻易的科学"。

——赫尔岑

一、掌握劳动纪律

纪律是在一定社会条件下形成的，集体成员必须遵守的规章、制度、条例的总和，要求人们在集体生活中遵守秩序、执行命令和履行职责的一种行为规则。劳动纪律是人们在共同劳动过程中，为取得行动一致，保证生产（或工作）过程的实现而遵守的行为准则，是人们从事社会劳动的必要条件。在任何生产方式下，只要进行了共同劳动，就一定会有劳动纪律。其对所有成员都有约束力，以维护劳动活动处于有序的状态。

大学生在校园应遵守校纪校规，服从学校管理，掌握劳动纪律，自觉遵守劳动纪律，今后能够自觉遵纪守法，合法劳动，做一个合法、懂法、知法的劳动者。

（一）劳动纪律

劳动纪律是用人单位为形成和维持生产经营秩序，保证劳动合同得以履行，要求全体员工在集体劳动、工作、生活过程中，以及与劳动、工作紧密相关的其他过程中必须共同遵守的规则。劳动纪律又称职业纪律，是劳动者在劳动中所应遵守的劳动规则和劳动秩序。由于社会分工的精细化，各行各业劳动方式和工作种类也不尽相同，不同用人单位、不同岗位、不同行业的劳动纪律内容也会有所差异，但涵盖的范围基本一致，主要表现为以下内容。

（1）履约纪律：严格履行劳动合同及违约应承担的责任。

（2）考勤纪律：按规定的时间、地点到达工作岗位，按要求请休事假、病假、年休假、探亲假等。

（3）生产、工作纪律：根据生产、工作岗位职责及规则，按质、按量完成工作任务。

（4）安全卫生纪律：严格遵守技术操作规程和安全卫生规程。

（5）日常工作生活纪律：节约原材料、爱护用人单位的财产和物品。

（6）保密纪律：保守用人单位的商业秘密和技术秘密。

（7）奖惩制度：遵纪奖励与违纪惩罚规则。

（8）其他纪律：与劳动、工作紧密相关的规章制度及其他规则。

从以上八项劳动纪律的内容看，用人单位主要从五个方面来制定规章制度，即：劳动合同管理（或称人事管理）、考勤与休假、生产与工作、奖励与惩罚、其他。

（二）制定劳动纪律的作用

劳动纪律是实施于集体生产、工作、生活的过程之中，需在职全体员工共同遵守。劳动纪律是劳动者进行社会生产和协作所必须遵守的劳动秩序、劳动规则、工作制度和操作规程等，制定完整的劳动纪律有以下作用。

（1）可以保证社会主义劳动生产正常地进行，从而促进国民经济顺利发展；

（2）可以促进劳动生产率的提高；

（3）劳动纪律是严格科学管理，完善企业各种经济责任制的必要条件；

（4）有利于社会主义精神文明建设。

制定劳动纪律，是保证企业生产的正常进行、提高劳动效率、保证劳动者安全生产所必需的。用人单位的规章制度不仅涉及劳动者劳动义务的履行，也涉及劳动者权利的享有。用人单位制定规章制度的内容中不得有违反法律和行政法规的规定，内容需具有合法性。

（三）劳动纪律和规章制度的区别

1. 适用情形不同

劳动纪律作为一种普遍行为准则，适用于所有劳动者，劳动纪律无论是否告知劳动者，劳动者均需要遵守；规章制度作为用人单位制定的约束劳动者行为的准则，只有在告知劳动者的前提下才能适用于该劳动者。

2. 制定程序不同

劳动纪律可以书面形式规定，如存在于规章制度中，也可以不采用书面形式，也不需要与劳动者协商确定；规章制度则需要经过职工代表大会讨论，并与劳动者平等协商确定，并以适当方式告知劳动者。

3. 法律依据不同

劳动纪律仅在《劳动法》中以及各地审判机关的裁判指引或解答意见中有详细规定，而在《劳动合同法》中没有详细规定；规章制度不仅在《劳动法》和《劳动合同法》中有具体规定，而且各地审判机关对其也有特别规定。

案例 5-1

违反公司考勤，被公司辞退，该不该维权

小王是A公司的员工，A公司最近制定了考勤管理制度，在考勤制度中规定员工旷工1天属于严重违反劳动纪律，A公司可与员工解除劳动合同且不支付经济补偿金。A公司要求员工在该制度上签字确认并组织了相关培训。随后一个月，小王因个人私事旷工1天，A公司以此为由解除与小王的劳动合同关系。小王不服，向仲裁机构提起仲裁，请问A公司的做法能否得到仲裁机构的支持？

用人单位应当依法建立和完善劳动规章制度，保障劳动者享有劳动权利、履行劳动义务。用人单位在制定、修改或者决定有关劳动报酬、工作时间、休息休假、劳动安全卫生、保险福利、职工培训、劳动纪律以及劳动定额管理等直接涉及劳动者切身利益的规章制度或者重大事项时，应当经职工代表大会或者全体职工讨论，提出方案和意见，与工会或者职工代表平等协商确定。

在规章制度和重大事项决定实施过程中，工会或者职工认为不适当的，有权向用人单位提出，通过协商予以修改完善。用人单位应当将直接涉及劳动者切身利益的规章制度和重大事项决定公示，或者告知劳动者。

案例中小王不符合情理的条文有可能得不到劳动仲裁的支持（例如旷工1天即视为严重违反企业规章制度），与劳动合同中约定内容相违背的条款得不到劳动仲裁的支持。且未在公司制定考勤制度中提出异议，故无法得到仲裁机构的支持。

（四）自觉遵守劳动纪律

纪律与工作作风的好坏是反映一个团队优秀与否的核心品质。一支团队，一个企业，甚至一个岗位只有依靠严明的纪律要求，才能发挥人力资源的核心价值作用。必须从加强劳动纪律，遵守操作规程，提高自身素养等方面入手。要想成为一名合格的劳动者，我们需要自觉遵守劳动纪律，树立严谨的劳动纪律观念。

（1）不断强化纪律意识，遵守现有的规章制度。一个企业，一个集体，如果没有纪律的约束，将是一盘散沙。加强纪律性，就是要求克服自身的不足，克服自身的懒惰思想，一切为了工作，一切以大局为重。具体到工作中，就是一切按企业的规章制度办事。

案例 5-2

麦科特利润虚假问题

2000年11月，中国证监会对麦科特利润虚假问题立案调查发现，麦科特光电股份有限公司会计师通过伪造进口设备融资租赁合同，虚构固定资产9 074万港元；采用伪造材料和产品的购销合同、虚开进出口发票、伪造海关印章等手段，虚构收入30 118万港元，虚构成本20 798万港元，虚构利润9 320万港元。在麦科特造假案中，深圳华鹏会计师事务所为其出具了严重失实的审计报告，对其进行同步审计和资产评估，编造有关合同、协议、法律文件和政府批文，并倒签日期，欺骗有关部门，骗取股票发行资格，导致所内4人被刑事拘留，2人取保候审，此案还另外涉及资产评估师、麦科特公司员工等共24人。其总会计师练国富等人均被司法检察机关逮捕归案。

在这一案件中，麦科特会计师及对其进行审计的注册会计师均严重违背了客观公正的职业道德操守，公然造假以欺骗投资者，给广大投资者带来巨大损失。可见，在会计从业中自觉遵守劳动纪律是非常重要的。

(2) 严守操作规程与业务流程。每个岗位若违反操作规程就存在一定的危险。只有严格按操作规程与业务流程办事，才能避免安全事故的发生。疏忽大意只能换来后悔和自责。

(3) 不断提高自身素质与业务技能。每个员工都应该立志在本职岗位上学好专业知识，利用各种机会向有经验的同事学习，在实践工作中熟练，通过学习达到不断提高自身业务水平与技能的目的。

(4) 养成良好的职业道德。做到忠诚守信，爱岗敬业，奋发图强，尽职尽责，做好自己的本职工作，这就是衡量一个员工是否合格的重要标准。诚信是做人的根本，忠诚守信是我们作为员工的职业道德。

案例 5-3

虚假报销违背诚信，被辞之后没有补偿

2013年11月17日，张春玫入职一家药业有限公司从事销售部业务员工作。该公司经民主程序制定的《员工手册》规定：员工如有下列行为，公司有权解除劳动合同：……(5) 有违诚实信用、违反公司的财务管理制度，提交不实的报销文件，虚报冒领，以及其他违反员工行为准则情节严重的，给公司造成损失满5 000元及以上的。

2020年12月，张春玫向公司提交报销申请文件，以其于2020年12月16日在外地某医院举办有关公司产品的学术会为由，申请报销餐费等5 460元。

公司进行会计检查时发现，张春玫提交的会议照片、会议视频、餐费单等反映的会议地点、参会人员和用餐时间与其申请内容不符，遂认定其申请报销内容未真实发生，未予报销。

张春玫辩称，该报销申请文件所涉费用是其上级主管王某某答应给予客户的赞助费，但公司仍然依据《员工手册》相关规定，以违纪为由对张春玫作出解除劳动合同决定。

为此，张春玫申请仲裁，要求公司支付解除劳动关系补偿金，但未能得到仲裁支持。

用人单位依法制定并经法定民主程序通过的纪律制度，对员工具有法律约束力。本案中，无论案涉事实是否如张春玫所述，是其应上级主管王某某的要求而为之，还是相关费用因其他会议确实已经发生，都不能否定其向公司作虚假陈述和违背诚信的事实。因此，公司根据《员工手册》规定与其解除劳动合同，并不违反法律的强制性规定。在此情况下，张春玫通过仲裁主张的权益当然不会得到法律的支持。

二、遵守劳动法律

（一）劳动法律体系、制度及法规

1. 劳动法律体系

劳动法律体系是由各项劳动法律制度及其劳动法律规范组成的劳动法有机联系的整体。特点是按一定的标准将劳动法律规范分类组合。劳动法律体系说明各项劳动法律规范之间的统一、区别、相互联系和协调性。可以按照劳动法律规范的制定机关及其效力分类组合成一种形式的劳动法律体系，也可以按照劳动法律规范的内容分类组合成一种形式的劳动法律体系。劳动法律体系对于加强劳动法律规范之间的协调性具有重要意义。

2. 劳动法律制度

劳动法律制度是指调整劳动关系以及与劳动关系有密切联系的其他社会关系的法律制度。各项法律制度及其劳动法律规范构成劳动法律体系。由于劳动法律制度所调整的范围涉及劳动关系的方方面面，其内容非常丰富。包括劳动关系方面的法律制度、劳动基准方面的法律制度、劳动力市场方面的法律制度、社会保险方面的法律制度以及劳动权利保障与救济方面的法律制度等几个方面。

案例 5-4

养老保险过期能否补办

王某于 2010 年到某制衣公司工作，公司未为其缴纳养老保险。2016 年 5 月 11 日王某达到法定退休年龄，但未享受企业退休职工养老保险待遇。2020 年 6 月 5 日王某向公司提出解除劳动关系，后申请劳动仲裁主张养老保险待遇损失。

法院审理认为，王某于 2016 年 5 月 11 日达到法定退休年龄，此后其虽继续向制衣公司提供劳动，但公司已无继续为其缴纳社会保险的义务，其养老保险待遇损失已经固定，故王某最迟应于达到法定退休年龄后一年内即 2017 年 5 月 12 日前主张该项权利，现王某于 2020 年 6 月才申请仲裁主张权利，已超过一年仲裁时效，不予支持。

劳动争议调解仲裁法规定，劳动争议申请仲裁的时效期间为一年。仲裁时效期间从当事人知道或者应当知道其权利被侵害之日起计算。劳动者达到法定退休年龄，因用人单位未依法为其缴纳养老保险，且社会保险经办机构不能补办，致其无法享受养老保险待遇，主张养老保险待遇损失的，劳动者应当及时主张权利。仲裁时效自达到法定退休年龄之日起开始计算，不因是否继续用工而区别计算时效。

3. 劳动法律法规

劳动法律制度是规范劳动关系的法律制度。我国主要的劳动法律法规包括《中华人民共和国劳动法》《中华人民共和国劳动合同法》《中华人民共和国劳动争议调解仲裁法》《中华人民共和国社会保险法》《中华人民共和国就业促进法》《中华人民共和国工会法》等。

三、《中华人民共和国劳动法》和《中华人民共和国劳动合同法》

（一）《中华人民共和国劳动法》

《中华人民共和国劳动法》（以下简称《劳动法》）于 1995 年 1 月 1 日起施行并分别于 2009 年和 2018 年进行了修正。它是国家为了保护劳动者的合法权益，调整劳动关系，建立和维护适应社会主义市场经济的劳动制度，促进经济发展和社会进步，根据宪法而制定颁布的法律。作为维护人权、体现人本关怀的一项基本法律，《劳动法》包括劳动者的主要权利和义务；劳动就业方针政策及录用职工的规定；劳动合同的订立、变更与解除程序的规定；集体合同的签订与执行办法；工作时间与休息时间制度；劳动报酬制度；劳动卫生和安全技术规程等。

《劳动法》的基本原则如下。

1. 基本原则

劳动既是权利又是义务的原则；保护劳动者合法权益的原则；劳动力资源合理配置原则。

2. 劳动是公民的权利

每一个有劳动能力的公民都有从事劳动的同等的权利。

（1）对公民来说意味着有就业权和择业权在内的劳动权；

（2）有权依法选择适合自己特点的职业和用工单位；

（3）有权利用国家和社会所提供的各种就业保障条件，以提高就业能力和增加就业机会。对企业来说意味着平等地录用符合条件的职工，加强提供失业保险、就业服务、职业培训等方面的职责。对国家来说，应当为公民实现劳动权提供必要的保障。

3. 劳动是公民的义务

这是劳动尚未普遍成为人们生活第一的现实和社会主义固有的反剥削性质所引申出的要求。

案例 5-5

打工无故被辞退，劳动仲裁失败，法院却判决获赔 7.3 万元

2016 年 12 月 9 日，经过朋友介绍，王先生入职了一家生产汽车复合材料的公司，由公司招聘人刘先生招入。岗位是车间操作工。工作的地点就在这家公司的某一个车间。这家公司，我们就叫他 A 公司。

对于王先生的工资待遇问题，当初招用他的 A 公司招聘人员刘先生告诉王先生，他的工资会有另外一家 B 公司通过银行转账向王先生支付，而实际上是由招工人刘先生每月向王先生通过银行汇款来支付工资。

王先生在这家公司工作还是非常辛苦的。王先生的工作时间，一个星期每天上 12 小时的班，中午没有休息。一个星期倒一次班，由 A 公司车间工段长管理并记工。并且由于被告知是 B 公司给王先生发工资，实际工作的 A 公司并没有与王先生签订劳动合同。

就这样，王先生在这家公司兢兢业业地工作了一年，到了 2017 年 12 月 20 日，这一天，王先生跟往常一样，到公司的车间去上班。然而让王先生没想到的是，负责招聘王先生的招聘人刘先生，阻止王先生上班。强制不让王先生进入车间工作，并且将王先生强行辞退。

我们的主人公王先生对于公司这种辞退的方式，也是一脸茫然。工作干得好好的，没有事先通知，突然间就被辞退了，搞的王先生措手不及。这个时候，王先生想起了要拿起法律的武器，来维护自己的合法权益。

于是，就在王先生被公司辞退的第二天，也就是 2017 年 12 月 21 日，王先生直接向当地劳动仲裁委员会申请劳动仲裁，要求工作的 A 公司支付经济补偿金等相关各项费用。但是在劳动仲裁的时候，让王先生没想到的是，他工作过的 A 公司已经做好了充足的准备。A 公司出具了与 B 公司签订的一份工业品委托外加工合同，并且出具了 B 公司委托招工人刘先生发放工资的授权委托书。A 公司凭这些材料证明与王先生不存在劳动关系。到了 2018 年的 1 月 11 日。仲裁结果出来了，王先生的请求被驳回。王先生通过劳动仲裁维护自己权益的努力宣告失败。

憋了一肚子气的王先生对劳动仲裁的裁决，表示不服。于是，王先生按照法律程序，鼓起勇气向所在地人民法院提起了诉讼！要求 A 公司支付经济补偿金等各项费用，并且在诉讼中，把牵扯进来的 B 公司也追加为第三人。

在诉讼的过程中，A 公司承认，招工人刘先生是本公司的员工，但不承认王先生与 A 公司有劳动关系。并且 A 公司又拿出了一大堆理由：与 B 公司有委托加工合同，二声称王先生是 B 公司的员工，与 B 公司存在着事实劳动关系，B 公司也为王先生投保了人身意外伤害保险，A 公司的招工人刘先生是受到了 B 公司的委托，给王先生发放工资。

在法律的压力面前，B 公司为了自保，终于说出了实情，B 公司承认，在劳动仲裁的时候，A 公司提供的工业品委托外加工合同和发放工资的授权委托书，都是 A 公司为了逃避责任，胁迫 B 公司签订的。事实终于变得清晰起来，正义得到伸张，王先生笑到了最后。法院经过认真审理，认为 A 公司和王先生是符合劳动关系的主体资格的，双方虽然没有签订书面的劳动合同，但是 A 公司认可了王先生的入职，并且王先生在 A 公司的车间工作，平时穿的也是 A 公司的工作服，并且 A 公司向王先生发放了工作证、工作专用章。同时，王先生在平时的工作中也是由 A 公司的车间工段长负责计算工时。

最后，法院判定 A 公司应该支付王先生，经济补偿金 4 303 元，没有签订劳动合同的两倍工资差额 44 994 元，法定节假日的加班工资 900 元，双休日的加班工资 8 546 元，延时加班工资 6 321 元，2017 年 10 月和 11 月的工资 8 256 元，总共 7.3 万余元。

---

4. 保护劳动者合法权益的原则

（1）偏重保护和优先保护：劳动法在对劳动关系双方都给予保护的同时，偏重于保护处于弱者的地位的劳动者，适当体现劳动者的权利本位和用人单位的义务本位，劳动法优先保护劳动者利益；

（2）平等保护：全体劳动者的合法权益都平等地受到劳动法的保护，各类劳动者的平等保护，特殊劳动者群体的特殊保护；

（3）全面保护：劳动者的合法权益，无论它存在于劳动关系的缔结前、缔结后或是终结后都应纳入保护范围之内；

（4）基本保护：对劳动者的最低限度保护，也就是对劳动者基本权益的保护。

案例 5-6

单方面变更劳动合同无效

李某大学会计专业毕业后到一家外资公司工作，在单位的工作岗位一直是会计，劳动合同书上也是这么约定的，收入为 2 800 元左右。但是，不久前单位销售科的一名职工离职了，于是单位提出，要将李某的岗位变更为销售员，报酬也变更为基本工资 1 000 元，绩效工资随销售业绩浮动。李某表示不同意，认为自己不适合干销售，并且调动岗位要协商一致。但不管他同意不同意，单位就发出一份通知书，宣布他的岗位调整为销售员，于是双方发生争议。李某到劳动仲裁委员会申诉，要求公司继续履行劳动合同。

劳动合同的变更，是劳动合同生效以后，未履行完毕之前，劳动关系双方当事人就已订立的劳动合同的部分条款达成修改、补充或者废止协定的法律行为。

劳动合同一经订立就具有法律效力，双方当事人必须全面履行劳动合同所规定的义务。但在实践中，当事人在订立合同时，有时不可能对涉及合同的所有问题都作出明确的规定；且由于客观情况的不断变化，会出现劳动合同难于履行，或者合同的履行可能造成当事人之间权利义务的不平衡，这就需要用人单位和劳动者双方对劳动合同的部分内容进行适当的调整。因此《劳动合同法》允许当事人在一定条件下可以变更劳动合同，但要符合法定的条件和程序。任何一方不得随意单方变更劳动合同。

根据《劳动合同法》的规定，在一般情况下，只要用人单位与劳动者协商一致，即可变更劳动合同约定的内容；另外，根据《劳动合同法》第四十条第三款的规定，劳动合同订立时所依据的客观情况发生重大变化，是劳动合同变更的一个重要的法定事由。另外，变更劳动合同应采用书面形式，变更后的文本应由双方各执一份。因此，单位的单方变更行为是无效的。

5. 劳动力资源合理配置原则

（1）双重价值取向：配置是否合理的标准是能否兼顾效率和公平的双重价值取向，劳动法的任务在于，对劳动力资源的宏观配置和微观配置进行规范；

（2）劳动力资源宏观配置：社会劳动力在全社会范围内各个用人单位之间的配置；

（3）劳动力资源的微观配置：处理好劳动者利益和劳动效率的关系。

案例 5-7

应届大学毕业生的劳动者资格

郭懿系江苏广播电视大学（南京市莫愁中等专业学校办学点）药学专业 2008 届毕业

生,毕业时间为 2008 年 7 月。2007 年 10 月 26 日郭懿向江苏益丰大药房连锁有限公司(以下简称"益丰公司")进行求职登记,并在益丰公司的求职人员登记表中登记为南京市莫愁中等专业学校 2008 届毕业生,2007 年是实习年。2007 年 10 月 30 日双方签订劳动合同书一份,期限三年,从 2007 年 10 月 30 日起至 2010 年 12 月 30 日止;其中试用期为 60 日,从 2007 年 10 月 30 日起至 2007 年 12 月 30 日止。合同还约定,录用条件之一为具备中专或中专以上学历;原告从事营业员工作;试用期满后月工资收入不少于 900 元,试用期工资标准不低于同工种同岗位职工工资的 80%。2008 年 7 月 21 日,益丰公司向南京市白下区劳动争议仲裁委员会提出仲裁申请,请求确认其与郭懿之间的劳动关系不成立。

南京市白下区劳动争议仲裁委员会经审查,认为郭懿系在校学生,不符合就业条件,不具有建立劳动关系的主体资格,不属于《中华人民共和国劳动法》的调整范围,双方之间的争议不属于劳动争议处理范围为由,终结了仲裁活动。裁决依据:原劳动部《关于贯彻执行〈中华人民共和国劳动法〉若干问题的意见》。

该案经过两审,法院判决原告郭懿能够成为劳动关系主体,与被告益丰公司存在劳动关系,双方于 2007 年 10 月 30 日签订的劳动合同有效。理由:即将毕业的大专院校在校学生以就业为目的与用人单位签订劳动合同,且接受用人单位管理,按合同约定付出劳动;用人单位在明知求职者系在校学生的情况下,仍与之订立劳动合同并向其发放劳动报酬的,该劳动合同合法有效,应当认定双方之间形成劳动合同关系。

(二)《中华人民共和国劳动合同法》

《中华人民共和国劳动合同法》(以下简称《劳动合同法》)2007 年 6 月 29 日第十届全国人民代表大会常务委员会第二十八次会议通过,根据 2012 年 12 月 28 日第十一届全国人民代表大会常务委员会第三十次会议《关于修改〈中华人民共和国劳动合同法〉的决定》修正。它是为了完善劳动合同制度,明确劳动合同双方当事人的权利和义务,保护劳动者的合法权益,构建和发展和谐稳定的劳动关系,制定本法。其主要适用范围为中华人民共和国境内的企业、个体经济组织、民办非企业,以及国家机关、事业单位、社会团体等组织(即用人单位),与劳动者建立劳动关系,订立、履行、变更、解除或者终止劳动合同。

《劳动法》和《劳动合同法》的区别在于:《劳动法》是大法,《劳动合同法》是专门规范用人单位与劳动者建立劳动关系,订立、履行、变更、解除、终止劳动合同的法律法规。

《劳动法》与《劳动合同法》,是前法与后法、旧法与新法的关系,按照《立法法》"新法优于旧法"的原则,《劳动法》与《劳动合同法》不一致的地方,以《劳动合同法》为准;《劳动合同法》没有规定而《劳动法》有规定的,则适用《劳动法》的相关规定。

案例 5-8

岗前培训应该拿工资吗?

2021 年 8 月,闵女士被一家贸易公司聘用。入职当天,公司安排闵女士到市区一处宾馆参加岗前培训两周。培训结束后,闵女士上岗正常工作,公司与其签订了 2 年期的劳动合同，约定试用期2个月。

然而在领取第一笔工资时，闵女士发现两周的培训时间并未被计算在内，遂找到公司负责人问个究竟。公司负责人解释说，岗前培训期间双方并未订立劳动合同且不存在劳动关系，闵女士既未从事具体工作更没有为公司创造经济效益，所以没有工资。那么，该公司的说法对吗？

公司的说法是错误的。

首先，《劳动合同法》第七条规定："用人单位自用工之日起即与劳动者建立劳动关系。"第十条规定："建立劳动关系，应当订立书面劳动合同。已建立劳动关系，未同时订立书面劳动合同的，应当自用工之日起1个月内订立书面劳动合同。用人单位与劳动者在用工前订立劳动合同的，劳动关系自用工之日起建立。"这些规定表明，"开始用工"是判断双方已经存在劳动关系的标准，用人单位不能以双方尚未订立劳动合同为由，来否认劳动关系的建立。

其次，劳动关系产生于劳动过程中，而岗前培训和在职培训等职业培训也是劳动过程的组成部分，是劳动者履行劳动义务的一种特殊方式。

再次，安排入职培训是"开始用工"的一种形式。员工按照用人单位安排参加岗前培训，受训期间接受用人单位的管理，双方之间已经存在着人身隶属关系，所以，入职培训期间即便没有正式或全面从事岗位工作，也应当视为已经用工。

因此，贸易公司必须依法支付闵女士岗前培训期间的工资。如果贸易公司拒不支付该笔工资，其可以到劳动监察部门投诉解决，也可以申请劳动争议仲裁。

四、《中华人民共和国就业促进法》和《中华人民共和国社会保险法》

（一）《中华人民共和国就业促进法》

就业是民生之本和安国之策。《中华人民共和国就业促进法》（以下简称《就业促进法》）是由中华人民共和国第十届全国人民代表大会常务委员会第二十九次会议于2007年8月30日通过，现予公布，自2008年1月1日起施行的。它为了促进就业，促进经济发展与扩大就业相协调，促进社会和谐稳定而制定的。这部法律将就业工作纳入法治化轨道，从法律层面形成了更有利于学生就业的社会环境。内容涉及转变就业观念，提高就业能力；强化依法管理，加大资金投入；规范就业市场，打击违法行为；鼓励自主创业，加强就业援助；反对就业歧视，营造公平环境等几个方面。因此，当自己在就业中遇到困难时可以向相关政府部门要求援助，当受到歧视时可以向相关政府部门反映甚至诉讼。

（二）《中华人民共和国社会保险法》

《中华人民共和国社会保险法》（以下简称《社会保险法》）于2011年7月1日起施行。2018年，第十三届全国人民代表大会常务委员会第七次会议决定对《中华人民共和国社会保险法》的部分条款进行修正。

《社会保险法》是中国特色社会主义法律体系中起支架作用的重要法律，是一部着力保障和改善民生的法律。为了规范社会保险关系，维护公民参加社会保险和享受社会保险待遇的合法权益，使公民共享发展成果，促进社会和谐稳定，根据宪法而制定。《社会保险法》规定，国家建立基本养老保险、基本医疗保险、工伤保险、失业保险、生育保险等社会保险制度，保障公民在年老、疾病、工伤、失业、生育等的情况下依法从国家和社会获得物质帮助的权利。

案例总结

以单位未缴社保为由主动辞职，能获得社保待遇赔偿吗？

李某 2020 年 3 月入职某公司从事操作工工作，双方签订了劳动合同，但该公司一直没有为李某缴纳社会保险费。2021 年 5 月李某以该公司未缴纳社会保险费为由解除劳动合同。2021 年 6 月，李某申请劳动争议仲裁，要求公司支付经济补偿和自己无法享受失业保险待遇的损失赔偿。

该公司主张，《社会保险法》第四十五条规定，劳动者非因本人意愿中断就业，才可以领取失业保险待遇。李某属于主动辞职，无权获得失业保险待遇，因此也不能主张无法享受失业保险待遇的损失赔偿，公司只有义务支付经济补偿。

劳动者因用人单位未缴纳社保费解除劳动合同的，可以要求用人单位补偿其未能享受失业保险待遇而遭受的损失。最终，仲裁委员会裁决公司支付经济补偿，并根据社会保险经办机构对李某失业保险待遇损失的相关审核证明中的数额，裁决公司支付相应补偿。

第二节 权利保障

例引入

同工不同酬，要求公司补发工资差额，法律支持吗？

同工同酬，目前已经成为一个普遍熟知的原则，广大的劳动者、上班族都有一个基本的认知，那就是在同样的岗位干同样的活，理所应当拿同样的报酬，这也使实践当中劳动者与用人单位之间产生了各种各样的争议。

小李是一名在北京工作的大学生，本科毕业之后他一直从事软件开发类的相关工作。但是，小李的求职之路并不顺利，短短几年已经因为各种原因换过好几家规模不大的公司，频繁的工作更换也导致小李除了积累到一些常规的操作经验外，核心的开发能力并没有得到实质提高。2018年，小李经人推荐进入一家知名的大型通信企业工作，因为单位编制有限，小李的劳动合同只能与该公司的人力资源合作单位某人力咨询服务公司签署，同时，公司根据小李的履历和能力将其岗位确定为开发辅助岗位。

小李很珍惜这来之不易的机会，入职后表现得格外积极，除了本职工作外，也会利用自己以往的工作经验帮助开发岗位的同事做一些工作。时间一长，部门主管觉得小李可以从事一些开发相关工作，便通过内部分组调整，将小李的工作内容调整为以开发岗位为主。转眼一年多时间过去了，小李的工作越来越"丰满"，但是工资待遇却并没有任何变化，这让小李逐渐产生了不甘情绪。偶然的机会，小李得知开发岗位的收入水平是自己的几倍，这下小李彻底坐不住了，数次找主管要求调整待遇无果后，一气之下提起了劳动争议仲裁，主张自己的工作内容、工作性质等均与开发员工的岗位一致，同工同酬，要求单位补发工资差额20余万元。

本案例中涉及的派遣员工与同岗位正式员工收入存在差异的情况，是实践中同工但不同酬的常见情况。法律上对于此种情况下同工同酬的要求也作了进一步明确，《劳动合同法》第六十三条规定"被派遣劳动者享有与用工单位的劳动者同工同酬的权利。用工单位无同类岗位劳动者的，参照用工单位所在地相同或者相近岗位劳动者的劳动报酬确定。"

同工同酬的法律依据是十分明确的。小李要想获得胜诉，主要是能够证明从事了与开发岗位工作人员相同的工作，且付出了同等的劳动量并取得了同样的工作业绩，任何一项证明内容的缺失，都有可能导致最终的认定结果变成"不同工，所以不应该同酬。"结合本案背景情况，虽然部门对小李的工作内容进行了调整，但这是否可以认定为工作岗位的调整、作为开发辅助岗位的小李是否确实完成了与其他员工同样的工作、其工作成果是否达到了开发人员应有的标准都是需要小李证明的问题。事实上，小李确实无法提供足够有效的证据证明这些内容，最终，本案在仲裁委员会的主持下双方同意调解，单位一方鉴于小李确实从事了本职岗位以外的工作内容，同意提供补偿约5万元。

大学生在校期间由于缺乏对劳动法律法规知识的系统了解，在就业环节中会出现很多的法律盲区。在利益受到侵害时却无法用法律武器保护自己的权益，维权意识薄弱。因此，大

学生应提高警惕，加强自我防范意识，树立自我保护的意识；了解并熟悉与就业相关的政策法规，培养维权意识和自我保护能力，并成功就业。

> **名言警句**
>
> 没有无义务的权利，也没有无权利的义务。
>
> ——马克思

一、顶岗实习权利

（一）顶岗实习的定义

顶岗实习是在校学生实习的一种方式。是大学生在完成文化基础课、专业课以及校内专业实践课以后，到专业对口的现场直接参与生产过程，综合运用本专业所学的知识和技能，以完成一定的生产任务，并进一步获得感性认识，掌握操作技能，学习企业管理，养成正确劳动态度的一种实践性教学形式，是学生提高实践技能的重要途径。顶岗实习是在校生到校外的一些企业工作和实习，学生在企业里身兼员工身份，将理论与实践进行有机结合，分配了明确的工作责任和要求，提前到岗位上独当一面，全面提高学生自身能力，锻炼个人适应社会的能力。学生顶岗实习期间的任务，主要是完成实习工作任务和实习期间的学习任务，在实习期间既能提高自身职业技能和实践技能，又能培养吃苦耐劳的精神，提升自身就业竞争力，丰富个人阅历。

顶岗实习这一环节有利于培养高素质、高技能、创业型专门人才，促进高职教育内涵建设，提高高职人才培养质量。因此这一过程中出现的权利保障问题应当得到重视。

（二）普通实习的概念

目前高职院校学生的实习类型主要分两类，一是普通实习，是在校学生实践学习的一种方式，可以是学校安排，如校内实训等，也可以是自己在课余时间或是在假期里参与的一些社会实践工作。主要目的是让学生在理论学习中，结合实践，加深对课堂知识的深入理解。另一类是顶岗性实习，即顶岗实习。

普通实习包括教学实习和兼职实习，前者是经学校安排、组织学生在实验室等学校内部场所或校外用人单位合作进行实践的实习形式。后者通常是学生在正常学习之外进行的实习，时间较短，而且在实习过程中能得一定报酬的一种社会锻炼方式。

案例 5-9

脱颖而出的顶岗实习生——常萌萌

红日初升，其道大光。河出伏流，一泻汪洋。青春年华，是人生中最美好的一段时光，即将走出象牙塔的学子，就是时间长河里最闪耀的星辰。在丘钛，通过层层严格筛选，呈现出一批优秀的顶岗实习生，山西工程职业学院电气自动化专业 2015 级电 71 班常萌萌、2016

级电74班董长灵以及电75班童欣、温建堂、范柏岩、张伟华、王文琛、张旭八名学生从中脱颖而出。特别是常萌萌同学在丘钛的精心培养下，凭借着自己的辛勤付出与不懈努力，成为丘钛科技优秀顶岗实习生中的一名佼佼者。

刚进公司的新员工需要先进产线，从基础做起，常萌萌也不例外，通过三个月的产线工作，她顺利通过人事会安排的考试、面试等环节，于2017年12月调岗到技术支持部门。进入新部门，一切从头学起，她的主要工作是设计研发图纸，由于在学校学习的是电气自动化专业，专业基础较好，对电路比较了解，学习设计研发图纸的相关知识比较容易。她先从熟悉软件，临摹前辈的图样开始，凭借着自己的努力和善于钻研的精神，她用1个月的时间熟练掌握了ORCAD、AUTOCAD和Pads三个软件。从一星期只能画一两块版块，到现在一天就可以完成一块；从刚开始同师傅共同完成，到现在自己可以独当一面。常萌萌通过自己自我规划、自我管理、勤学善钻成为丘钛科技优秀实习生中的一员。

（三）顶岗实习与普通实习的区别

两种实习都是为了提高在校学生的实践能力、锻炼学生适应社会的能力和职业素质等，但二者有很大的区别，主要表现为如下几个方面。

（1）时间长短不同。顶岗实习的时间较长，一般为半年至一年时间，一般安排在学生在校学习的最后一年，这是符合教育规律的。学生在校经过一个理论知识准备的阶段之后，顶岗实习才会有意义；普通实习仅仅是短期间的一种实践学习。

（2）实习场所不同。顶岗实习一般是学校安排在校外的特定单位（校企合作单位）里实习，也有学生在学校规定的顶岗实习期间自行找实习单位，需向学校随时反馈实习情况；普通实习一般是个人在校外找实践机会，如果在学校安排的一般在校内进行，比如实训课、实践性作业等。

（3）承担责任不同。顶岗实习生虽属于在校学生，但他们在实习单位履行的职责与用人单位的正式员工几乎没有差别，承担一样的工作内容和责任。他们能独当一面，实践能力大大锻炼了实习生的创新和承担能力；普通实习岗位职责不大。

（4）工资报酬不同。由于顶岗实习已经是一种近似全职性的劳动，工作难度、强度、责任和压力与正式职工相近。一般顶岗实习单位都会支付实习生一定的工资报酬；而普通实习一般没有工资报酬或者报酬低廉。

正是因为顶岗实习与普通实习有着较大区别，所以关于在顶岗实习中，高职学生遇到的法律问题受到社会较大的关注。

案例5-10

花2000块，打了一个月黑工

二本院校毕业的小芸，在大四的时候也意外通过中介获取进大厂的机会。一开始，小芸也想去北上广闯一闯，但是因为离家太远、父母不放心，所以只好留在老家的省会城市，"但是进大厂的愿望一直都有。"

一次偶然的机会，小芸在招聘网站上看到身份标注为某大厂HRBP的账号发布的本地招聘实习生的广告,她很快与对方取得了联系。"对方让我在微信上和她沟通,我后来才意识到微信上和我联系的压根不是之前那个人,而是中介公司的人。"小芸告诉惊蛰研究所,对方先是要了她的简历,简单问了两句基本情况,然后就问她能不能接受远程实习。"她说因为疫情,现在都是居家办公,所以为了安全考虑建议我选择远程办公。我当时也没多想,还觉得人家特别体贴。"

在小芸确认可以接受远程办公后,中介要求她缴纳2 200元的推荐费,并且承诺推荐不成功全额返还。带着对大厂的渴望,小芸很快就把钱打到了对方的支付宝账号上,中介的效率也很高,隔天中午就安排她参加线上面试。"面试其实也很简单,一个自称是某厂项目组长的人问了好几个专业问题,我全部答完之后,对方说我符合工作要求,希望我可以跟着他好好学习,然后第二天就开始给我安排工作了。"

之前自认为很有挑战的事情,竟然这么容易就实现了,这让小芸感到无比的兴奋和惊喜。但是工作了一个月后,小芸开始察觉到这份远程实习的工作有问题。"一直拖着没有跟我签实习协议是最明显的问题,而且按理说,工作内容应该在正常的工作时间来布置的,但是实习导师每次都是中午和深夜给我布置工作内容。另外,导师自我介绍的时候说自己是A项目的负责人,但是他给我的工作内容却都和B项目有关。这就足够让人怀疑了。"

心生疑窦的小芸找到中介证实了自己的想法,原来对方确实是大厂员工,但是实习生的岗位从一开始就不存在。"弄了半天,我自己花钱给他们打了一个月的黑工!"小芸向中介提出退款要求,但中介一边安慰小芸一边告诉她,虽然实习岗位是假的,但是可以给她提供实习证明,可以支持背调。听到这个"解决方案"后,小芸选择了妥协。

"说到底,也是为了有大厂的经历可以当跳板,方便之后找工作。而且只花了2 000块钱和一个月的时间就能让简历上多一段大厂经验,也挺划算。"小芸表示,虽然这段特殊的实习经历偶尔也会在心理上带来一些道德负担,但是的确让她在之后的求职道路上顺畅了一些。

"说到底,我一直认为自己有在大厂工作的能力,只是没有合适的学历作为敲门砖,事实也证明,我后面去任何一家公司都能够胜任自己的工作,所以这种实习也不能说完全没有好处,起码给一部分不符合大厂硬性条件的人,开了一条小小的门缝,而这条门缝的后头就是别人朝思暮想的'大厂梦'。"

就职于某大厂的HR小蕊向惊蛰研究所透露,像小芸这样的情况并不少见,而HR想要查明这种实习经历也并不难,但是因为基础岗位本来招的人也多,有的人能经过几轮面试也足以说明自身的能力,所以小芸"进大厂"的路径一定程度上是可以复制的。

"最近几年,明显能感觉到美化了简历、经过面试培训的候选人变多了,而获得大厂实习经验,是不少年轻人进大厂的跳板。"小蕊表示,因为优渥的薪资待遇和"大厂工作"的优越感,很多年轻人把进大厂当作是实现人生理想的第一步,一些不太符合条件的候选人也想要通过其他渠道获得进大厂的机会,由此催生了一条灰色地带。

"之前某大厂就大面积爆出过,业务部门员工和HRBP私自给外部人员提供实习机会的违规操作。对于候选人来说,简历上的大厂经历的确能够起到加分的作用,但最终能不能在大厂留下来,还是需要靠实力说话。"小蕊还提到,这种被"训练"过的候选人对HR来说也是一种挑战,因为会增加HR的工作量,影响简历和面试筛选的效率。"有点把招聘变成HR和中介对决的意思。"

(四) 顶岗实习政策与规定

为规范和推进在校大学生顶岗实习工作，维护顶岗实习学生、学校和企业三方的合法权益，提高技能型人才培养质量，教育部依据《中华人民共和国教育法》《中华人民共和国职业教育法》《中华人民共和国劳动法》和《中华人民共和国安全生产法》《国务院关于大力发展职业教育的决定》及相关法律法规、规章的要求，同财政部、人力资源和社会保障部、国家安全监管总局、中国保监会五部门联合印发了《职业学校学生实习管理规定》。

(五) 顶岗实习主要权利

1. 四个应当

应当提供必要的劳动条件和安全健康的劳动环境；应当对实习学生进行劳动安全卫生教育，预防劳动过程中发生事故；应当按照约定的标准直接向顶岗实习学生支付实习报酬，且不得低于当地最低工资标准；应当按照实习协议为顶岗实习学生办理意外伤害保险。

案例 5-11

实习生实习期间该不该要实习报酬？

2005 年 7 月，江苏省常州高级技工学校焊接钣金专业学生陈某，由学校安排到常州某化工设备公司从事焊接工作实习。2006 年 6 月 16 日，陈某在焊接化工容器间操作结束后，独自从容器里出来时受了伤。2007 年 3 月 30 日，司法鉴定为六级残疾。

为了协商赔偿事宜，陈某及家人多次奔走于学校和企业之间，始终没能达成一致意见。于是，陈某将常州高级技工学校和常州某化工设备有限公司诉至法院，要求两被告赔偿其护理费、交通费、残疾赔偿金、精神损失费等合计 17.992 3 万元。

在案件审理过程中，被告之一常州技工学校辩称，陈某虽然是该校的学生，但发生事故是在企业正常的实习期间，学校在事故中没有过错，不应承担相应的法律责任。

另一被告化工设备公司辩称，原告的人身损害虽然发生在本单位，但单位与原告之间没有直接关系，原告是受学校的安排来单位实习的，单位与学校应按照双方约定来处理损害赔偿事宜。

常州市天宁区人民法院受理此案后，经多次调解，最终双方当事人达成协议，原告陈某的护理费、交通费、残疾赔偿金、精神损害抚慰金共计 15 万元，由化工设备公司承担 9 万元赔偿责任、技工学校承担 6 万元赔偿责任。

顶岗实习的学生经常遭遇侵权的关键原因在于有关法律法规定性不明确。这种劳务纠纷，按照我国现行的劳动法规，不适用于《劳动合同法》或者《工伤保险条例》。如果学生实习是学校和企业协商后安排的，出现劳务纠纷，学校和企业都有连带责任，具体的责任划分要看学校和企业签订合同的情况。

2. 四个不得

不得安排学生从事与所学专业无关的高空、井下作业和接触放射性、高毒、易燃易爆物品的劳动，以及国家规定的第四级体力劳动强度的劳动；不得安排总时间超过 12 个月的顶

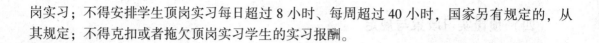

岗实习；不得安排学生顶岗实习每日超过 8 小时、每周超过 40 小时，国家另有规定的，从其规定；不得克扣或者拖欠顶岗实习学生的实习报酬。

案例 5-12

被迫进厂打螺丝，不做不能毕业

高职学生小磊读大二的时候，和同学们一起通过辅导员介绍进入某工厂顶岗实习。但是和小磊对实习工作"学以致用"的理解完全不同，他们的工作内容与专业技能毫不相关。"何止是毫不相关，简直是一毛钱关系都没有。我们机械专业的，可以让我用车床来车零件，但是实习给我们安排的却是在流水线上打螺丝。"

小磊班上有 10 多个同学被派往了同一家工厂，除了每小时 16 元的实习工资，工厂还提供食宿。"刚到那里的时候我们还挺高兴的，因为看到工作环境还不错，实习待遇也还可以。但是真正工作起来之后，才发现这是个坑。"

在每天 8 小时的工作时间外，小磊和同学们经常被要求加班 4~5 个小时，而工作内容仅仅是不断重复地给面前的电器装上螺丝。感觉被"坑"了的小磊和同学们立刻联系了辅导员，但得到的反馈却是被要求继续完成一个月的实习工作，否则无法修满学分将影响毕业。

事实上，这种把实习生当作廉价劳动力的做法仍然十分常见。惊蛰研究所偶然通过粉丝提供的线索，获得了杭州某人力资源公司联系方式，并以工厂招工为理由向对方提出了需要实习生进厂的需求。

经过初步沟通后，对方表示：只需要提供食宿，并且按照小时工资标准进行结算，3~5 天内就可以提供 50~100 人的进厂实习生资源，且除疫情中高风险区外，工作地点不受限制。该人力资源公司还强调，除了实习生在岗期间的工资和食宿外，工厂不用承担保险等其他费用，只需要保证稳定的工作订单和足够长的实习期。

而在具体的工资结算标准方面，该人力资源公司给出的报价为每小时 25 元。如果对比小磊提到的每小时 16 元的实习工资，并且按照每天 8 小时基础工时计算，人力资源公司一天可以从一名实习生身上获得 72 元，一个月工作 22 天则为 1 584 元。这意味着组织 100 人进厂实习一个月，人力资源公司能够获得近 16 万元的收入。

对于惊蛰研究所了解到的情况，在某职校任教的邓老师表示，将实习生作为廉价劳动力派往工厂实习的做法的确存在。"通常是劳务公司和学校签订合作协议，然后以劳务派遣的名义，让学生到工厂实习。而劳务公司从工厂结算的工资中进行抽成。这种合作方式的隐患在于，工厂实际安排的工作内容可能会被'偷梁换柱'，而学生作为弱势群体往往成了被牺牲和压榨的对象。"

据邓老师介绍，正规的实习合作一般由院校与企业之间直接沟通，实习前也会签订三方协议。而顶岗实习生能够获得的实习收入，其实包含获得岗位工资、餐补和人社部门提供的见习岗位补贴。在对实习相关政策的知识缺乏了解的情况下，一些实习生权益被侵犯了也不知道。

二、劳动者权益保障

劳动者作为人力资源的所有者，在劳动关系中，凭借从事劳动或从事过劳动这一客观存在获得的应享有的权益称为劳动者权益。包括平等就业和选择职业的权利、取得劳动报酬的权利、休息休假的权利、获得劳动安全和卫生保护的权利、接受职业技能培训的权利、享受社会保险和福利的权利、提请劳动争议处理的权利以及法律规定的其他劳动权利等。

（一）平等就业与选择职业的权利

平等就业是指在劳动就业中实行男女平等及民族平等的原则。招工时不得歧视妇女，不得歧视少数民族的劳动者，应一视同仁。在录用员工时，除国家规定的不适合妇女的岗位外，不得以性别为由拒绝录用妇女或提高对妇女的录用标准。在劳动和工作的调配方面应根据实际情况，在工资方面应贯彻同工同酬的原则。

案例 5-13

实习结束后，毕业学生工资能否正常发放？

2009年5月，河南某大学与某市某企业签订了实习协议，双方约定：该大学向这家企业提供实习学生58名，企业对实习学生进行实习教学，实习期限为2009年5月8日—11月7日。郑某等3人被学校委派到该企业实习，从事技术员工作。7月1日，3位学生在学校正常领取了大学毕业证书。随后3人提出，他们已经属于毕业生，而不再是学校委派的实习生，企业应当给予他们正常劳动者的待遇，但此要求遭到企业拒绝。学校和企业都认为只有实习期满才能获得正式员工的待遇。9月24日，3位毕业生决定离开该企业，但该企业坚持不向3人发放9月份工资，双方为工资给付等问题产生了劳动争议。此后，3位毕业生向该市劳动争议仲裁委员会申请仲裁，该委员会认为此案不属于其受理范围，于10月23日发出不予受理通知书。10月26日，3人向该市人民法院提起诉讼。受理案件后，办案法官最终使双方达成调解协议。12月27日，郑海等3位毕业生拿到了应得的工资。1995年原劳动部颁发的《关于贯彻执行〈中华人民共和国劳动法〉若干问题的意见》第十二条规定："在校生利用业余时间勤工助学，不视为就业，未建立劳动关系，可以不签订劳动合同。"这一条文实际上明确否认了实习生的劳动者地位，因此在我国，实习生不享受正式劳动者地位、一般没有工资也就成了大家默认的一条"潜规则"。本案中，3名大学生从2009年5月到2009年6月30日属于实习生，企业不按正式员工为其发放工资并不违法。但自2009年7月1日3名大学生拿到毕业证之日起，他们就属于毕业生，不再是学校委派的实习生，如果他们继续为该企业工作，那企业就必须给予他们正常劳动者的待遇。

《劳动合同法》第七条规定："用人单位自用工之日起即与劳动者建立劳动关系。"《劳动合同法》第十条规定："建立劳动关系，应当签订书面劳动合同，已建立劳动关系，未同时签订劳动合同的，应当自用工之日起一个月内订立书面劳动合同。"这一规定改变了以往以签订劳动合同作为建立劳动关系的标志，而以用工事实发生作为劳动关系的起始时间。因此，只要企业用工开始，即认为劳动者与企业已经确定了劳动关系，不管双方是否签订书面劳动合同，劳动者都应享受正式员工的待遇。

(二) 取得劳动报酬的权利

劳动者有权根据自己的劳动数量和质量得到合理的报酬，任何用人单位不得克扣或无故延期支付。根据《劳动合同法》规定，全日制用工的，工资应当至少每月支付；非全日制用工劳动报酬结算支付周期最长不超过15日。而用人单位工资发放时间可由用人单位与职工在劳动合同中约定。

在我国，劳动者取得劳动报酬的分配方式是按劳分配。按劳分配是根据劳动者提供的劳动量给付报酬，多劳多得，少劳少得，不劳不得。

为给予劳动者必要的社会保护，国家实行最低工资保障制度。最低工资是为保障劳动者及其家庭的最低生活需要而发放的工资，其标准由各省、自治区及直辖市人民政府规定，报国务院备案。

案例 5-14

被安排超时加班，劳动者如何维权？

随着经济飞速发展和市场竞争加剧，企业不断压缩劳动力成本，加班成了上班族的常态。超时加班文化成了部分行业的"潜规则"，典型的如"996""715"等加班模式。除了平时，节假日加班的现象也屡见不鲜。

近年来，加班问题不再局限于某行某业，也不是某一个企业的弊病，而是逐渐成为覆盖面广、涉及群体多的社会现象。因为加班问题引发的劳动争议层出不穷，既有可能损害劳动者的合法权益，也不利于社会和谐发展。当劳动者被安排加班时，应该如何维护自己的合法权益？

张某于2020年6月入职某快递公司，双方订立的劳动合同约定试用期为3个月，试用期月工资为8 000元，工作时间执行某快递公司规章制度相关规定，工作时间为早9时至晚9时，每周工作6天。2个月后，张某以工作时间严重超过法律规定上限为由拒绝超时加班安排，某快递公司即以张某在试用期间被证明不符合录用条件为由与其解除劳动合同。后张某向劳动人事争议仲裁委员会申请仲裁。申请人请求裁决某快递公司支付违法解除劳动合同赔偿金8 000元。仲裁委员会裁决某快递公司支付张某违法解除劳动合同赔偿金8 000元（裁决为终局裁决），并将案件情况通报劳动保障监察机构，劳动保障监察机构对某快递公司规章制度违反法律、法规规定的情形责令其改正，给予警告。

如果用人单位制定违反法律规定的加班制度，在劳动合同中与劳动者约定违反法律规定的加班条款，劳动者拒绝违法超时加班安排，用人单位以此为由解除劳动合同的，劳动者可以采取以下方式维护自身合法权益，通过与用人单位协商调解或申请劳动人事争议仲裁，仲裁可以请求撤销解除劳动关系通知或者支付违法解除劳动合同的经济赔偿金。根据《劳动合同法》第八十条的规定，用人单位直接涉及劳动者切身利益的规章制度违反法律、法规规定的，由劳动行政部门责令改正，给予警告；给劳动者造成损害的，应当承担赔偿责任。劳动者对劳动仲裁裁决结果不服的，还可以向法院提起诉讼。

（三）休息休假的权利

休息日是我国宪法规定的公民权利，使劳动者的身体和精神上的疲劳得以解除，从而恢复劳动能力。我国实行每日工作8小时，平均每周工作40小时的工作制度。

法定节假日期间，用人单位应当按照国家规定的休假天数安排劳动者休假，而不能任意组织加班。用人单位由于生产经验需要，经与工会及劳动者协商后可以延长工作时间，一般每日不得超过1小时；因特殊原因仍需延长工作时间的，在保障劳动者身体健康的条件下延长工作时间每日不得超过3小时，但是每月不得超过36小时。

用人单位在符合法律规定的条件下延长劳动者的工作时间，必须向劳动者支付相应的报酬，而且要支付高于劳动者正常工作时间的工资报酬。

此外，我国还实行带薪休假制度。劳动者连续工作一年以上，可以享受带薪年休假。

案例 5-15

法定休假日加班权益，《民法典》来守护！

小李为某标准工时制企业员工，是国庆假期加班大军中的一员。因近期订单增加，小李所在的企业出于生产经营需要，计划全员加班。小李老板承诺将按照国家规定保障员工的加班待遇，包括小李在内的员工积极响应企业号召，放弃国庆休假全力投入生产工作。

根据《中华人民共和国民法典》第一千零四条规定：自然人享有健康权。自然人的身心健康受法律保护。任何组织或者个人不得侵害他人的健康权。

《中华人民共和国劳动法》第四十四条规定，有下列情形之一的，用人单位应当按照下列标准支付高于劳动者正常工作时间工资的工资报酬：

（1）安排劳动者延长工作时间的，支付不低于工资的150%的工资报酬；

（2）休息日安排劳动者工作又不能安排补休的，支付不低于工资的200%百的工资报酬；

（3）法定休假日安排劳动者工作的，支付不低于工资的300%的工资报酬。

除了《中华人民共和国民法典》和《中华人民共和国劳动法》外，《宪法》也赋予了劳动者休息的权利。因此，用人单位应严格执行劳动定额标准，不得强迫或变相强迫劳动者加班。

如果确因工作需要，在法定休假日安排劳动者工作的，按照《中华人民共和国劳动法》的相关规定，用人单位应支付不低于工资300%的工资报酬。需要注意的是，劳动者在主张加班工资报酬时，应就加班事实的存在承担举证责任。

因此，劳动者在日常工作中，要注意留存加班期间的邮件、微信记录，公司盖章的加班表等符合法律规定形式的证据，一旦双方发生纠纷，将会更好地维护自身合法权益。

作为企业，应遵纪守法，尊重员工合法权益，按要求支付加班工资报酬；作为员工，要熟悉了解保障劳动者权益的相关法律法规，依法索取加班报酬，这样才能保障自己的合法权益不受侵犯！

（四）获得劳动安全和卫生保护的权利

在劳动生产过程中可能会存在各种不安全和不卫生等因素，如不采取措施，可能会危害劳动者的健康和生命安全，甚至妨碍生产的正常进行。劳动者有权要求单位改善劳动条件以及加强劳动保护，保证在生产过程中能够安全和健康。

劳动者在劳动过程中必须严格遵守安全操作规程，若用人单位管理人员违章指挥及强令冒险作业等行为，劳动者有权拒绝执行；对危害生命和健康的行为有权提出批评、检举和控告。

（五）接受职业技能培训的权利

为了提供人们从事各种职业所需的技术业务知识和实际操作技能需对劳动者进行专业的教育和训练，劳动者有权要求接受这种教育和训练。

职业培训是国民教育体系的一个重要组成部分，用人单位应当建立职业培训制度，按照国家规定使用职业培训经费。企业要根据本单位实际，有规划地对劳动者进行职业技能培训。从事技术工种的劳动者，上岗前必须经过相关培训。

（六）享受社会保险福利的权利

我国宪法明确规定："中华人民共和国公民在养老、疾病或者丧失劳动能力的情况下，有从国家和社会获得物质资助的权利。"劳动者享受的社会保险和福利权就是劳动者享受的物质帮助权。

用人单位和劳动者必须依法参加社会保险，缴纳社会保险费。国家鼓励用人单位根据本单位实际情况为劳动者建立补充保险，提倡劳动者个人进行储蓄性保险。将基本保险、补充保险和储蓄性保险相结合，使劳动者享受的社会保险待遇得到切实保障。

案例 5-16

单位未缴社保，法院判决补缴 19 万元

靳某某于 2007 年 11 月—2014 年 3 月，在北京某某工程建设监理有限公司工作，公司未为其按时足额缴纳社会保险费。2018 年 5 月公司被新北京某某供用电咨询有限公司吸收合并后注销。靳某某认为，其在职期间，用人单位北京某某工程建设监理公司未为他按时及足额缴纳社会保险费的行为，违反了《社会保险法》等规定，向单位提出要求，让单位为他补缴在职期间的社会保险费及差额，在遭到单位拒绝后，他采用法律途径维权，最终对簿公堂。

行政机关作出社会保险费限期补缴决定，责令公司 5 个工作日内为靳某某补缴社会保险费及差额共计 199 354.73 元。公司不服社保中心决定，向法院起诉。案件经过一审、二审，法院审理后判决，驳回公司的诉讼请求。

根据有关法规，单位应为职工办理参加社会保险手续，为职工缴纳社会保险费，个人承担的部分由单位从本人工资中代扣代缴。

职工入职一定要与单位签订合同，一旦发生了纠纷，合同可以作为职工与单位形成劳动关系的凭证，按照《劳动合同法》《社会保险法》等相关法律，只要存在劳动关系，企业就

应该为员工办理社保。

对于职工入职没有签订合同的，职工可以将历年的工资条、盖了章的证明、工作服装等各种可以证明与单位有劳动关系的材料，保存下来。一旦单位不给办理社保，可以前往企业所在地的劳动仲裁机构，提出仲裁。所在地劳动部门将会出具仲裁意见，职工可以根据仲裁意见，向企业提出补办、新办社保要求。

（七）提请劳动争议处理的权利

劳动争议涉及劳动者的健康安全、生活和工作等各个方面，关系到劳动者个人的切身利益，一旦劳动争议出现，劳动者就有权进行请求处理。

解决劳动争议应当遵循合法、公正和及时处理的原则，依法维护劳动争议当事人的合法权益。

三、就业权益保障

大学生在就业过程中所拥有的权利和所应该获得的利益即就业权利。大学生在毕业后跨入社会，要想顺利就业，在择业中需明确自己所享有的权利，建立自我保护意识，维护自己的权利。

劳动者就业之前的权益主要包括以下几方面。

（一）接受就业训练的权益

劳动者在就业之前，为提高自己的劳动技能，增强就业能力，有权选择并接受相关职业技能的培训，这是我国宪法赋予公民的权益。

《中华人民共和国就业促进法》也规定，政府主管部门对有就业要求的初高中毕业生、失业人员、进城务工的农村劳动者、从事特殊工种的劳动者实行职业教育和就业训练，以培养和增强他们的职业技能、就业能力和创业能力。

高等职业教育是就业教育，其专业和课程是围绕着职业能力的培养和训练而开设的，学生毕业的时候不仅可以取得毕业证书，还可取得相应的职业资格证书，为毕业生择业就业创造了很好的条件。在接受就业训练方面，高职学生具有其他社会群体所缺少的优势。

（二）公平获取就业信息的权益

劳动者应该能够通过合法、公开的渠道获得充分的就业信息，就业信息的发布要符合法律所作出的规定。《中华人民共和国劳动合同法》规定："用人单位招用劳动者时，应当如实告知劳动者工作内容、工作条件、工作地点、职业危害、安全生产状况、劳动报酬，以及劳动者要求了解的其他情况；用人单位有权了解劳动者与劳动合同直接相关的基本情况，劳动者应当如实说明。"

高职毕业生作为求职者同样拥有公平地获取就业信息的权益。就业信息的发布，无论是用人单位直接发布，还是通过学校就业部门发布，都应该面向全体求职学生，做到众所周知；所发布的就业信息应该包括劳动者需要了解的相关情况，不能有所遗漏，更不能掩盖真实情况。

实际生活中高职毕业生因缺少社会经验，不敢去问用人单位的情况，也不知道该了解哪些情况，上岗之后才知道实际的情况和自己的设想相差很大。留下来心里觉得很勉强；退出来再找机会，心里又没有把握，从而陷入两难。

案例 5-17

"浓眉大眼"的招聘，不该"黑话"盛行！

又到了一年一度的求职旺季，求职者们在面试的时候，或多或少都听到过面试官用类似的招聘"黑话"来介绍公司情况，而这些话看似平实无奇，实则暗藏玄机。许多人入职后才发现，企业的实际情况和面试时招聘人员描述的截然不同，有一种"被套路""被欺骗"的感觉。

用人单位用招聘"黑话"美化自己，遮掩企业"短板"，不符合《人力资源市场暂行条例》中的诚信原则。虽然有些用人单位这么做是为了在招聘时尽可能充分展示自身优势，从而吸引优秀人才，似乎无可厚非。但是，对前来应聘的打工人专拣好的说，并且想方设法隐瞒事实、回避不足，搞"只报喜不报忧"这一套，不仅毫无诚信可言，还可能白白浪费了应聘者的时间、精力，甚至耽误了其他求职机会。实际上，员工对于那些从一开始就忽悠自己的企业，很难产生认同感和归属感，即便被忽悠来了，一旦了解了真相，还是会用脚投票的。而企业频繁的人员流动，不仅不利于企业稳定运行，还可能影响其业界口碑。

所以，与其用招聘"黑话"放烟幕弹，不如对求职者坦诚相见、实事求是，"打开天窗说亮话"或许更能打动人心。比如，贵州有一个高校发布的招聘启事就颇受欢迎，这则招聘启事开篇就坦白地写道：学校一般、交通一般、待遇一般。全篇既没有"自吹自擂"的成分，也表达得十分"接地气"，其中所呈现出的质朴和真诚足以让人信服，而启事发布之后也确实赢得了不少人才的青睐。

面对招聘"黑话"，求职者尤其是"求职小白"，首先要提高自己的维权意识。招聘中，当用人单位对一些工作待遇和条件问题含糊其词时，求职者一定要仔细问清楚，避免让自己落入招聘"黑话"的陷阱。

对于负有责任的有关方面而言，重要的是以规范和公平发展为导向，依法依规做好用工市场保障。监管部门和招聘平台应当协同发力，及时通过大数据筛查清理不实招聘信息，并根据相关举报，严肃查处那些随意夸大、误导、欺骗求职者的招聘单位，对"招聘黑话"坚决说不，进而引导广大企业依法招聘、诚信招聘、透明招聘。

我们倡导的是更高质量的就业。所以，无论如何，"浓眉大眼"的招聘，不能任由"黑话"盛行，更不能迫使求职者把破译招聘"黑话"当作应聘找工作的"必修课"。

（三）平等选择职业的权益

大学生择业前可根据个人的职业倾向和利益取舍进行职业的选择，包括就业行业、就业单位、就业岗位、就业形式的选择。

（四）自主决定就业的权益

在符合国家法律规定和不妨碍他人利益的前提下，在就业或不就业、何时就业、采取何种形式就业等问题上，劳动者拥有自主决定的权利。但一旦作出应聘的决定，就要遵守职场规则，这是一个基本的责任和诚信问题。近年来毕业生违约现象屡有发生，已经成为人们关注的一个问题。学生一定要认识到，不讲责任、不讲诚信，就丧失了在社会上生存和发展的立足之地。

（五）接受就业援助的权益

就业困难人员是指因身体状况、技能水平、家庭因素、失去土地等原因难以实现就业，以及连续失业一定时间仍未能实现就业的人员。《中华人民共和国就业促进法》规定，各级人民政府应当建立健全就业援助制度，采取税费减免、贷款贴息、社会保险补贴、岗位补贴等办法，通过公益性岗位安置等途径，对就业困难人员实行优先扶持和重点帮助。

四、就业法律保障

大学生是一个特殊的社会群体，在就业过程中应受到相应的法律保障。大学生就业法律保障包括两个方面：一是就业协议书，二是劳动合同。

（一）就业协议书

就业协议书全称"全国普通高等学校毕业生就业协议书"，又称为"三方协议"，是毕业生与用人单位建立就业关系的正式凭证，《就业协议书》是为明确毕业生、用人单位和毕业生所在学校，三方在毕业生就业工作中的权利和义务，经协商签订的协议。

1. 就业协议书的重要作用

毕业生需持就业协议和报到证到工作单位报到，再凭"户口迁移证"办理人事档案和户口的迁移，最后就业协议和报到证等相关证明文件都将存入人事档案，这些都是就业开始的证明。

如果毕业生没有找到就业单位无法签署"就业协议"，可以在申请"暂缓就业协议"有效期间，办理暂缓就业，学校可在2年内对其的档案和户籍予以免费保管，暂缓就业期间随时可以办理就业手续，再由校方发放"报到证"及"户口迁移证"，然后毕业生持这些证明办理人事档案和户口关系的迁移等事宜。

2. 就业协议书的法律效力

毕业生、用人单位和高校在互利的基础上通过自主选择、自愿协商而达成就业协议，协议中无论是用人单位还是毕业生，其法律地位都是平等的，不存在隶属关系，也不存在管辖关系，根据双向选择的原则，履行自己的职责。

3. 就业协议书能否代替劳动合同

就业协议书不能代替劳动合同，单凭就业协议书，学生正式报到就业后的劳动权利无法得到保障。

根据《劳动合同法》第十条明确规定："建立劳动关系，应当订立书面劳动合同。已建立劳动关系，未同时订立书面劳动合同的，应当自用工之日起一个月内订立书面劳动合同。"

案例 5-18

签订了"三方协议"之后，考研上岸了，需要赔付违约金吗？

大四的时候可能有些学生会做两手准备，在签订了"三方协议"之后，又去准备考研了，最后考研成功上岸。

但是想去读研，又害怕要赔付给用人单位一大笔违约金，所以不知道该怎么办才好，其实对于这个问题，学生们不用担心。

因为"三方协议"并不属于正式的合同，所以如果学生考研成功上岸，那么"三方协议"就会自动作废了。

并且用人单位不得因为学生考取研究生，向学生收取任何违约金，所以遇到这种情况，学生只要和用人单位说明情况，一般的用人单位都不会为难学生的。

（二）劳动合同

劳动合同是劳动者与用人单位确立劳动关系、明确双方权利和义务的协议。劳动合同是由双方当事人达成一致意见后，将协议的内容用文字形式固定下来，并经双方签字确认。劳动合同的条款分为法定条款和协商条款，法定条款是指法律法规规定必须协商约定的条款，协商条款是指根据工种、岗位的不同特点，以及双方各自的具体情况，由双方选择协商约定的具体条款。劳动合同被称为劳动者的"保护伞"，为稳定的劳动关系提供了一层法律保障。

1. 劳动合同的签订原则

（1）合法原则。

其要求劳动合同的形式和内容合法。按照《劳动合同法》的规定，除了非全日制用工外，都应当以书面形式订立劳动合同。劳动合同内容必须具备必备条款，且内容不得违反法律规定。

（2）公平原则。

其要求劳动合同内容公平合理，用人单位不得强势压制劳动者而制定有失公平的合同条款。

（3）平等自愿原则。

其要求劳动者和用人单位在订立劳动合同时双方法律地位平等，订立劳动合同完全是出于劳动者和用人单位双方的真实意愿，出于自愿而签订。

（4）协商一致原则。

合同条款是经双方协商一致达成的，任何一方不得把自己的意志强加给另一方，不得强迫订立劳动合同。

(5) 诚实信用原则。

这是一项社会基本道德原则，为人处世均应当遵循该原则。用人单位和劳动者在签订劳动合同时要诚实、守信，不得欺诈对方。根据《劳动合同法》的规定，用人单位有权了解劳动者与劳动合同直接相关的基本情况，劳动者应当如实告知；而用人单位也应如实告知劳动者工作内容、工作地点、工作条件、劳动报酬、职业危害、安全生产状况，以及劳动者想了解的其他用人单位的情况。

2. 劳动合同内容

根据《劳动合同法》的明确规定，用人单位与劳动者签订劳动合同应以书面形式确立，劳动合同内容就是劳动合同中包含的具体条款，这些条款分为必备条款和补充条款。

《劳动法》第十九条规定了劳动合同的法定形式是书面形式，其必备条款有七项：

劳动合同期限：法律规定合同期限有三种，有固定期限，无固定期限，以及以完成一定的工作为期限。用人单位与劳动者在协商合同期限时，应根据双方的实际情况进行约定。

工作内容：双方可约定工作数量、质量，劳动者的工作岗位等内容。在约定工作岗位时可以约定较宽泛的岗位概念，也可以另外签一个短期的岗位协议作为劳动合同的附件，还可以约定在何种条件下可以变更岗位条款，等等。

劳动保护和劳动条件：双方可约定工作时间和休息休假的规定，各项劳动安全与卫生的措施，工作的必要条件，等等。

劳动报酬：双方可约定劳动者的标准工资、加班工资、奖金、津贴、补贴数额及支付方式、支付时间等。

劳动纪律：可采取将内部规章制度印制成册，作为合同附件的形式加以简要约定。

劳动合同终止的条件：这一必备条款一般是在无固定期限的劳动合同中约定，因这类合同没有终止的时限。但其他期限种类的合同也可以约定。

违反劳动合同的责任：违约是指严重违约，致使劳动合同无法继续履行，如职工违约离职，单位违法解除劳动者合同等。一般有两种违约责任形式，一是违约方赔偿给对方造成经济损失，即赔偿损失的方式；二是约定违约金的计算方法。

案例 5-19

大学生试用期无薪水，不上社会保险

应届高校毕业生去非正规单位、小型私营企业就业，双方在签订劳动合同时，单位常以毕业生没有工作经验为由，提出"试用期一年、试用期内无薪水、不上社会保险"这样的歧视条款。毕业生为保住工作常选择忍气吞声。从而使自己的劳动得不到相应的补偿。

《劳动法》规定，试用期最长不得超过6个月。对于试用期的具体期限确定，国家法律法规规定：合同期限在6个月以下的，试用期不得超过15日；合同期限在6个月以上：1年以下的，试用期不得超过30日；合同期限在1年以上、2年以下的，试用期不得超过60日。且试用期内不能无薪，单位必须为员工购买养老、医疗等社会保险。此外，试用期期间，职工可随时与单位解除劳动关系。该条款如果写入了劳动合同即属无效。招聘时单位提出此要求的，劳动者应该据理力争。

3. 补充条款

补充条款又称为"可备条款",是通过双方当事人协商订立的条款,条款的内容如下。

(1) 试用期条款。试用期条款是劳动合同中的常见条款,法律对试用期有较明确的规定。如试用期应当包含在劳动期内,并应当参加社会保险,以及试用期最长不得超过6个月等。合同期若在1年以上、2年以内的,试用期不得超过60日;合同期在6个月以上、1年以下的,试用期不得超过30日;合同期在6个月以下的,试用期不得超过15日等。

(2) 保守商业秘密条款。约定这一条款的目的在于保护用人单位的经济利益,目前越来越多的用人单位开始重视商业秘密的保护,在录用一些关键岗位的人员时要求其签订相应的保密条款。

(三) 无效劳动合同

无效劳动合同是指当事人违反法律规定订立的劳动合同,该劳动合同不具有法律效力。根据无效程度,无效劳动合同分为部分无效和全部无效。

案例 5-20

遭遇违法竞业限制,是否需要支付违约金?

黄女士与一家公司在劳动合同中约定:其离职后的一年内,不得在与公司从事同类业务的有竞争关系的其他用人单位供职,否则,必须向公司支付6万元违约金。黄女士离职后2个月,即2021年9月3日一家与公司有着竞争关系的用人单位向她伸出了"橄榄枝"。黄女士虽有心入职,但又怕被公司追责。

黄女士想知道:她只是公司的普通员工,平时根本没有机会接触公司的商业秘密,其离职后还必须遵守合同约定的竞业限制义务或支付违约金吗?

黄女士无须遵守公司的竞业限制及违约金约定。《劳动合同法》第二十四条规定:"竞业限制的人员限于用人单位的高级管理人员、高级技术人员和其他负有保密义务的人员。竞业限制的范围、地域、期限由用人单位与劳动者约定,竞业限制的约定不得违反法律、法规的规定。在解除或者终止劳动合同后,前款规定的人员到与本单位生产或者经营同类产品、从事同类业务的有竞争关系的其他用人单位,或者自己开业生产或者经营同类产品、从事同类业务的竞业限制期限,不得超过2年。"

本案中,黄女士只是一名普通员工,在工作中接触不到公司的商业秘密,故其不属于竞业限制的对象。因此,公司与她约定的竞业限制条款属于无效,其无须受到该约定的约束。

五、劳动争议处理

劳动争议又称劳动纠纷,是劳动关系当事人之间因劳动的权利与义务发生分歧而引起的争议。其中有些属于既定权利的争议,即因适用劳动法和劳动合同、集体合同的既定内容而发生的争议；有些属于要求新的权利而出现的争议，是因制定或变更劳动条件而发生的争议。

（一）劳动争议处理范围

根据《中华人民共和国劳动争议调解仲裁法》（以下简称《劳动争议调解仲裁法》）第二条规定，劳动争议处理的范围包括以下六个方面的内容。

（1）因确认劳动关系发生的争议。
（2）因订立、履行、变更、解除和终止劳动合同发生的争议。
（3）因除名、辞退和辞职、离职发生的争议。
（4）因工作时间、休息休假、社会保险、福利、培训以及劳动保护发生的争议。
（5）因劳动报酬、工伤医疗费、经济补偿或者赔偿金等发生的争议。
（6）法律、法规规定的其他劳动争议。

（二）劳动争议处理方式

1. 协商

《劳动争议调解仲裁法》第四条规定："发生劳动争议，劳动者可以与用人单位协商，也可以请工会或者第三方共同与用人单位协商，达成和解协议。"

2. 调解

根据《劳动争议调解仲裁法》第五条规定："发生劳动争议，当事人不愿协商、协商不成或者达成和解协议后不履行的，可以向调解组织申请调解；不愿调解、调解不成或者达成调解协议后不履行的，可以向劳动争议委员会申请仲裁；对仲裁裁决不服的，除本法另有规定的外，可以向人民法院提起诉讼。"

3. 仲裁

劳动争议仲裁是劳动争议仲裁机构根据劳动争议当事人一方或双方的申请，依法就劳动争议的事实及当事人应承担的责任作出判断和裁决的活动。

4. 诉讼

劳动争议诉讼是劳动争议当事人对劳动争议裁决结果不满意，而在规定时间内向人民法院起诉的行为。在我国现行的法律体系中，劳动争议实行先裁后审制度，即劳动争议仲裁是劳动争议诉讼的前置程序，对于未经过仲裁的劳动争议申诉案件，人民法院不予受理。

案例总结

未签订劳动合同在履职中遭受网络诈骗属于劳动争议纠纷

邢某某于2021年4月17日入职河北某农业公司，从事公司日常记账工作，双方未签订劳动合同。公司财务总监因工作需要将公司账户的账号、密码告诉了邢某某，且事后并未修改密码。6月29日，邢某某遭受网络诈骗致使公司损失268 000元，事后向公安机关报警。

2021年7月14日，河北某农业公司以财产损害赔偿纠纷案由向沽源县人民法院起诉，要求邢某某赔偿公司财产损失。

　　法院认为，用人单位自用工之日起即与劳动者建立劳动关系，本案中邢某某入职时间尚短、未签订劳动合同，并不影响其劳动关系的认定。而劳动者在履职过程中，因重大过错遭受网络诈骗，造成用人单位财产损失，用人单位主张赔偿的，应先申请劳动仲裁。

　　本案中，尽管原被告之间未签订劳动合同，但被告在原告公司工作，接受原告公司管理，从事原告公司安排的劳动，原告公司对邢某某构成实际用工，本案属于劳动者在履行职务过程中导致的用人单位财产损失。该纠纷虽然与劳动报酬给付、劳动合同解除等典型意义上的劳动争议不同，但基于原被告之间存在劳动关系，损害的事实源于邢某某履行职务行为，且发生于劳动关系存续期间内，本案适用劳动争议仲裁前置，更有利于保护劳动者的合法权益。

劳动体验

我是一名普法宣传员

由于大学生在校期间缺少对劳动法律法规知识的系统学习，且欠缺社会经验，在求职的过程中，可能面对各种各样的就业陷阱及侵权行为。现组织学生开展普法宣传实践活动，收集整理大学生求职就业过程中权益保护的相关法律知识，并向周围同学普及宣传。

一、活动名称

我是一名普法宣传员。

二、活动宗旨

通过普法宣传活动，使大学生了解并熟知就业的相关政策法规，增强大学生在就业中的自我保护和维权意识，从而使其在就业过程中免受不合理的侵犯，成功就业，帮助大学生更好地走向社会。

三、活动内容

（1）查阅相关的法律书籍和在网络上搜索、搜集整理就业中自我保护和进行维权的相关法律知识。例如，实习期间的自我保护和维权，求职就业期间的自我保护和维权等。

（2）对搜集的内容进行审核，确保内容的准确性和有效性。完成内容的整理后，可向相关专业老师进行审核确认。

四、活动总结

结合自己收集整理过程中和同学们的信息反馈，写出调查报告。

参 考 文 献

[1] 安鸿章. 马克思主义基本原理概论 [M]. 北京：高等教育出版社，2013.
[2] 苏联教育科学院. 马克思恩格斯论教育 [M]. 北京：人民教育出版社，1987.
[3] 舒志定. 人的存在与教育：马克思教育思想的当代价值 [M]. 上海：学林出版社，2004.
[4] 上海师范大学教育系. 列宁论教育：上卷 [M]. 北京：人民教育出版社，2001.
[5] 何丹青. 浅谈高校思想政治教育下引导大学生树立正确人生观和价值观 [J]. 知识经济，2017（12）：148-149.
[6] 刘向兵. 劳动的名义 [M]. 北京：中国工人出版社，2018.
[7] 杨冬梅. 弘扬劳模精神 凝聚奋进力量 [N]. 工人日报，2020-11-30.
[8] 陈昊武. 新知新觉：在新时代大力弘扬工匠精神 [N]. 人民日报，2020-04-20.
[9] 杨建新. 加强大学生中华优秀传统文化教育 [N]. 光明日报，2019-01-24.
[10] 从春侠. 中华优秀传统文化与文化自信 [J]. 红旗文稿，2020（11）：41-42.
[11] 朱喜坤. 革命文化是文化自信的重要源头 [N]. 光明日报，2019-01-09.
[12] 张妙. 革命文化更自信 [N]. 山西日报，2018-02-13.
[13] 高黎华. 劳动贵贱论 [J]. 辽宁教育学院学报，1997（1）：16-18.
[14] 徐国庆，劳动教育 [M]. 北京：高等教育出版社，2020.
[15] 陈国维. 大学生劳动教育 [M] 北京：高等教育出版社，2020.
[16] 马克思，恩格斯. 马克思恩格斯文集 [M] 北京：人民出版社，2009.
[17] 何云峰，刘严宁. 劳动是社会主义自由、平等和人的价值与尊严之根源 [J]. 青年学报，2015（3）：13-20.
[18] 陈凯元. 你在为谁工作 [M]. 北京：机械工业出版社，2011.
[19] 马斌. 论高职生吃苦耐劳精神的培养：从张謇的苦乐观说起 [J]. 江苏教育（职业教育版），2015（12）：59-60.
[20] 彭新宇，陈承欢，陈秀清. 职业素养的诊断与提高 [M]. 北京：电子工业出版社，2018.
[21] 罗小秋，职场安全与健康 [M]. 北京：高等教育出版社，2014.
[22] 檀传宝. 劳动创造美好生活 [M]：北京：中国劳动社会保障出版社，2019.
[23] 顾明远，边守正. 陶行知选集 [M]. 北京：教育科学出版社，2011.
[24] 李珂. 嬗变与审视 [M]. 北京：社会科学文献出版社，2019.
[25] 刘艾玉. 劳动社会学教程 [M]. 北京：北京大学出版社，2004.

[26] 刘向兵. 新时代高校劳动教育论纲［M］. 北京. 社会科学文献出版社，2019.

[27] 董克用，李超平.《人力资源管理概论（第三版）》学习指导与案例［M］，北京：中国人民大学出版社，2013.

[28] 李艳. 人力资源管理工具大全［M］. 北京：人民邮电出版社，2009.

[29] 王志杰. 职业素养基本训练［M］. 北京：中国劳动社会保障出版社，2015.

[30] 姚裕群. 人力资源管理与劳动保障案例集［M］. 北京：清华大学出版社，2015.

[31] 拓梅梅. 引导当代大学生树立正确的就业价值观探析［J］. 好家长，2019（16）：246.

[32] 智春丽. 弘扬劳模精神（人民时评）［N］. 人民日报，2019-04-30.

[33] 高渊. 爱岗敬业展风采：记全国劳动模范徐志勇［J］. 党的生活（云南），2010（8）：46.

[34] 李春苗，林泽炎. 企业培训设计与管理［M］. 广州：广东经济出版社，2002.

[35] 李津. 习惯：成大事者必备的十二种良好习惯［M］. 北京：金城出版社，2008.

[36] 饶志雄，徐美华. 立德树人视域下高校勤工助学管理工作的创新［J］. 科教文汇（下旬刊），2017（6）：131-132.

[37] 包季鸣. 领导力与职业责任［M］. 上海：复旦大学出版社，2012.

[38] 曹建华. 职业素质教育［M］. 北京：国防工业出版社，2015.

[39] 陈川雄. 职业素质拓展［M］. 北京：高等教育出版社，2014.

[40] 陈烈强. 高职创业教育与实践［M］. 广州：华南理工大学出版社，2014.

[41] 陈春花，曹洲涛，曾昊. 企业文化［M］. 北京：机械工业出版社，2010.

[42] 陈松，张大红. 移动互联网背景下市场营销策略创新性研究［J］. 人民论坛. 学术前沿，2018（7）：100-103.

[43] 窦炎国. 职业劳动与职业道德［J］. 铁道师院学报，1997（03）25-30.

[44] 张伟. 职业道德与法律［M］. 北京：高等教育出版社，2010.

[45] 陈涛涛. 世界500强企业面试笔试攻略［M］. 北京：中国法制出版社，2015.

[46] 陈一鸣. 硅谷最受欢迎的情商课［M］. 北京：中信出版社，2013.

[47] 陈苡，史豪慧. 市场营销学［M］. 广州：暨南大学出版社，2015

[48] 陈宇，姚臻. 就业与创业指导［M］. 北京：外语教学与研究出版社，2014.